Régine Mérieux
Yves Loiseau

connexions

Méthode de français

didier

Avant-propos

Public et durée d'apprentissage

Connexions est un ensemble pédagogique sur **trois niveaux** qui s'adresse à un public de **grands adolescents** et d'**adultes**. Il couvre **100 à 120 heures** d'enseignement-apprentissage par niveau.

Objectifs

Connexions cherche à rendre les apprenants capables d'**accomplir des tâches** dans les domaines variés de la vie sociale, grâce à l'acquisition de savoirs et savoir-faire communicatifs, linguistiques et culturels et par la mise en place de réelles **stratégies d'apprentissage**.

Cadre européen commun de référence pour les langues

Les objectifs et les contenus de *Connexions* ont été définis dans le plus grand respect des buts définis dans le ***Cadre européen commun de référence pour les langues*** (Éditions Didier, 2001). L'approche retenue est également en totale adéquation avec ses préconisations : travail sur tâches, évaluation formative, autoévaluation, ouverture à la pluralité des langues et des cultures. À l'issue du niveau 2, les apprenants devraient avoir acquis les compétences du niveau A2 et certaines du niveau B1 du *Cadre européen commun de référence pour les langues*.

Démarche

Connexions est une méthode **facile à utiliser** et très **réaliste**, à la fois par ses contenus, sa progression et la mise en œuvre du travail proposé.
L'**organisation** est **claire et régulière** et les **contenus parfaitement balisés**.
Les processus d'apprentissage sont soigneusement respectés et chaque point de langue est appréhendé dans sa totalité. Ainsi l'utilisateur prend en charge son apprentissage : il découvre, déduit, réemploie et systématise chaque fonctionnement.

Structure de l'ouvrage

Quatre modules de trois unités. Chaque module présente un objectif général : *échanger des opinions, juger ; situer des événements dans le temps ; expliquer, se justifier ; argumenter*. De chacun de ces objectifs découlent d'autres objectifs et **savoir-faire** répondant aux besoins de la **communication** ; par exemple, dans *échanger des opinions, juger*, on va devoir *demander à quelqu'un son opinion, exprimer un jugement de valeur, comparer*, etc. C'est donc à partir de ces objectifs généraux, puis plus spécifiques, qu'ont été définis les outils linguistiques à l'aide desquels les apprenants vont pouvoir mettre en œuvre diverses compétences, telles que *comprendre, parler, écrire*, etc.

Évaluation

Trois types d'évaluation sont proposés dans *Connexions* :
– des **tests sommatifs** pour chacune des 12 unités. Ils proposent des activités de compréhension, d'expression, de vocabulaire et de grammaire, permettant de vérifier les acquis. Le barème de notation est indiqué aux apprenants et un corrigé est proposé dans le guide pédagogique.
– des **bilans d'autoévaluation** après chaque module. Les apprenants peuvent tester immédiatement leurs connaissances par des activités courtes et très ciblées. Un résultat leur permet de se situer aussitôt et des renvois à certaines activités du livre et du cahier leur donnent la possibilité de **remédier à leurs lacunes**.
– des pages de **préparation au DELF** après chaque module. Des activités orales et écrites permettent aux apprenants de s'initier aux épreuves de l'unité A2 du DELF 1er degré.

Mémento pour l'apprenant

Un mémento de 48 pages offre à l'apprenant un précis de phonétique, un précis de grammaire, des tableaux de conjugaison, un lexique plurilingue, les corrigés des autoévaluations, les transcriptions de tous les enregistrements et un guide des contenus. Ce mémento est **l'outil indispensable** de l'apprenant.

Ensemble du matériel

– **un livre pour l'élève** accompagné de **deux CD ou de cassettes pour la classe** renfermant toutes les activités enregistrées du livre de l'élève, ainsi que les activités complémentaires sonores du guide pédagogique.
– **un guide pédagogique** proposant des explications très détaillées sur la mise en place des activités, leur déroulement, leur corrigé, diverses informations culturelles utiles et **des activités complémentaires facultatives** (audio pour certaines) pouvant permettre de moduler la durée de l'enseignement-apprentissage selon les besoins.
– **un cahier d'exercices avec CD audio inclus** qui suit pas à pas la progression du livre de l'élève et qui propose des activités sonores et écrites. Ce cahier peut être utilisé en autonomie ou en classe.

Tableau des contenus

MODULE 2 • *Situer des événements dans le temps*
pages 41 à 74

	Unité **4** : **Le Tour du monde en 80 jours** *Page 42*	Unité **5** : **Ici et ailleurs** *Page 52*	Unité **6** : **Projets** *Page 62*
COMMUNICATION & SAVOIR-FAIRE	▸ Évoquer des souvenirs, parler du passé ▸ Exprimer l'inquiétude / réconforter quelqu'un	▸ Exprimer l'antériorité / la postériorité ▸ Exprimer la joie / la colère ▸ Exprimer la fréquence	▸ Exprimer le but (2) ▸ Exprimer le mécontentement ▸ Louer un appartement
ORAL	Raconter une anecdote au passé Commenter des photos sur l'évolution technique Comprendre le récit d'un voyage	S'exprimer sur les différentes formes de discrimination Exprimer sa joie ou sa colère en situation	Comprendre un projet architectural Exprimer des objectifs Exprimer son mécontentement S'exprimer sur la question du logement
ÉCRIT	Nominaliser Rédiger une anecdote au passé Comprendre les échanges d'un groupe de discussion Rédiger un dialogue à partir d'illustrations Comprendre un article sur l'évolution technique S'exprimer sur les progrès techniques	Comprendre un texte littéraire Comprendre un témoignage et des incitations sur une liste de diffusion S'exprimer sur la fréquence de ses propres actions Comprendre une BD sur les discriminations	Exprimer son mécontentement Comprendre les échanges d'un groupe de discussion Comprendre un article sur les tendances de l'immobilier Exprimer des revendications
GRAMMAIRE & VOCABULAIRE	L'imparfait et le passé composé *Aussi/non plus* **Les accords simples du participe passé** L'accord du participe passé avec *avoir* L'adjectif *même* **Depuis, pendant, il y a...** *Ça fait que, il y a que* La nominalisation et les suffixes	Le plus-que-parfait (formation) Imparfait, passé composé et plus-que-parfait *En* de lieu Indicateurs de chronologie : *avant (que), après (que)* Le gérondif *Toujours, souvent, jamais...* L'adjectif *tout*	Les familles de mots Les doubles pronoms *(Paul me la donne)* Les moyens de transport Le vocabulaire de l'immobilier
PHONÉTIQUE	▸ Distinction présent, passé composé, imparfait : *je pense, j'ai pensé, je pensais*	▸ Les sons [f], [v]	▸ Les sons [s], [ʃ]
CIVILISATION	▸ L'évolution technique	▸ Différences et discriminations	▸ L'habitat urbain/régional
En gras : révisions du niveau 1	▸ **Test 4**, page 181	▸ **Test 5**, page 182	▸ **Test 6**, page 183

▸ **Autoévaluation du module 2**, page 72

▸ **Préparation au DELF**, page 74

MODULE 3 · *Expliquer, se justifier*
pages 75 à 108

	Unité **7** : **Savoir-vivre** *Page 76*	Unité **8** : **Sans voiture** *Page 86*	Unité **9** : **Un monde solidaire** *Page 96*
COMMUNICATION & SAVOIR-FAIRE	▸ Exprimer l'obligation, interdire ▸ Nuances de sens dans les énoncés (intentions) ▸ Exprimer des impressions	▸ Exprimer la cause et la conséquence ▸ Reprocher, se justifier	▸ Exprimer la condition et l'hypothèse ▸ Exprimer la tristesse / la déception
ORAL	Comprendre des annonces de répondeurs téléphoniques Jouer une scène de rencontre dans la rue Exprimer ses impressions dans une situation donnée S'exprimer sur diverses règles de savoir-vivre	Comprendre des prises de position sur un sujet Reprocher, se justifier dans des situations données Réagir à un texte de presse Organiser le programme d'une manifestation	Comprendre des personnes qui parlent de leur engagement pour de grandes causes Distinguer des actes de parole variés exprimés avec le conditionnel Résoudre des énigmes Exprimer les rêves de quelqu'un
ÉCRIT	▸ Comprendre les panneaux de la ville ▸ Comprendre les informations d'un site internet ▸ Comprendre et formuler des instructions ▸ Créer des panneaux ▸ Distinguer des intentions dans des énoncés	▸ Écrire un court texte à la forme passive ▸ Comprendre des échanges sur un site internet	▸ Comprendre des commentaires explicatifs ▸ Compléter des énoncés avec des *si* ▸ Comprendre des témoignages sur un forum
GRAMMAIRE & VOCABULAIRE	▸ Les emplois du subjonctif et les conjugaisons irrégulières ▸ *Le, en, y* reprenant une proposition ▸ Verbe *manquer*	▸ *Dont* ▸ *Servir à* ▸ *Profiter de* ▸ La forme passive ▸ *Parce que, comme, puisque…* ▸ *Donc, alors, par conséquent…*	▸ Le conditionnel présent (formation et emplois) ▸ Rappel des temps de l'indicatif : présent, impératif, futur, imparfait. ▸ *Dans ce cas, au cas où*, etc.
PHONÉTIQUE	▸ Les sons [n], [ɲ]	▸ Les sons [s], [z], [ʃ], [ʒ]	▸ Les sons [k], [g]
CIVILISATION	▸ Bonnes manières et savoir-vivre	▸ La semaine de la mobilité	▸ Grandes causes et solidarité
	▸ **Test 7**, page 184	▸ **Test 8**, page 185	▸ **Test 9**, page 186

▸ **Autoévaluation du module 3**, page 106

▸ **Préparation au DELF**, page 108

MODULE 4 · *Argumenter*
pages 109 à 143

	Unité **10** : **Modes et marques** *Page 110*	Unité **11** : **Vie active** *Page 120*	Unité **12** : **Abus de consommation** *Page 130*
COMMUNICATION & SAVOIR-FAIRE	▶ Justifier un choix ▶ Protester / se plaindre	▶ Exprimer l'opposition ▶ Dialoguer au téléphone	▶ Exprimer la surprise ▶ Approuver une opinion ▶ Organiser un discours écrit ou oral
ORAL	▶ Comprendre des explications et des arguments ▶ Protester et se plaindre dans certaines situations ▶ Jouer une situation dans un magasin de vêtements ▶ Discuter des arguments d'un journaliste	▶ Retrouver la chronologie d'un récit ▶ Exprimer l'opposition dans certaines situations ▶ Jouer des dialogues au téléphone	▶ Établir les relations logiques dans un court dialogue ▶ Exprimer la surprise ▶ Approuver une opinion dans des situations ▶ S'exprimer sur le phénomène des soldes
ÉCRIT	▶ Comprendre les échanges d'un salon de discussion ▶ Comprendre un article sur la mode ▶ Protester contre une décision ▶ S'exprimer sur la mode	▶ Identifier les registres de langue ▶ Reconstituer deux dialogues mélangés ▶ Comprendre des échanges électroniques en direct ▶ Comprendre des anecdotes ▶ Raconter une anecdote	▶ Comprendre un texte argumentatif ▶ Comprendre les échanges d'un groupe de discussion ▶ Relier des idées ▶ Comprendre l'articulation d'un texte ▶ Utiliser les articulateurs du discours dans un texte ▶ Établir des relations logiques ▶ Rédiger un texte articulé
GRAMMAIRE & VOCABULAIRE	▶ Les pronoms démonstratifs *celui, celle, ça…* ▶ Les pronoms interrogatifs *lequel, laquelle…* ▶ La mise en relief ▶ Le vocabulaire de la mode	▶ La formation des adverbes en *-ment* ▶ *Depuis, il y a* et les temps grammaticaux ▶ *De plus en plus, de moins en moins* ▶ Le vocabulaire du monde du travail ▶ Le vocabulaire du téléphone	▶ Les articulateurs du discours *en fait, en effet, de plus, par ailleurs…* ▶ Les articulateurs logiques *en raison de, avoir beau, au lieu de…*
PHONÉTIQUE	▶ Les sons [R], [l]	▶ Quelques homophones lexicaux	▶ Les sons [j], [ɥ], [w]
CIVILISATION	▶ Tendances actuelles	▶ Au travail…	▶ La folie des soldes
	▶ **Test 10**, page187	▶ **Test 11**, page188	▶ **Test 12**, page189

▶ **Autoévaluation du module 4**, page 140

▶ **Épreuve de DELF A2**, page 142

1

échanger des opinions, juger

Y A UNE FILLE QU'HABITE CHEZ MOI
Bénabar

Plusieurs indices m'ont mis la puce
à l'oreille
J'ouvre l'œil
Je vais faire une enquête pour en avoir
le cœur net
Ça m'inquiète

Y a des détails qui trompent pas

Les draps, la couette et la taie d'oreiller
Sont plus dépareillés
À coté de mes fringues en boule
Y a des vêtements pliés et repassés

Y a des détails qui trompent pas
Je crois qu'y a une fille qu'habite chez moi !

Deux brosses à dents dans la salle de bain
Du savon sans savon et le sèche-cheveux
C'est certainement pas le mien
Des petites boules bizarres
Pour parfumer la baignoire
C'est un vrai cauchemar
Quelqu'un a massacré tous mes amis
cafards !

1️⃣ **Lisez le texte et imaginez l'appartement de l'homme avant son mariage. Complétez le tableau.**

Avant le mariage, quand l'homme vit seul.	Après le mariage.
1. Il y a une brosse à dents dans la salle de bain.	1. Il y a deux brosses à dents dans la salle de bain.
2. _____	2. Dans le frigo, il y a des fruits et des légumes.
3. _____	3. Dans la cuisine, il y a des sachets de thé.
4. _____	4. Le lit est bien fait.
5. _____	5. Il y a du parfum et une jolie décoration dans la salle de bain.

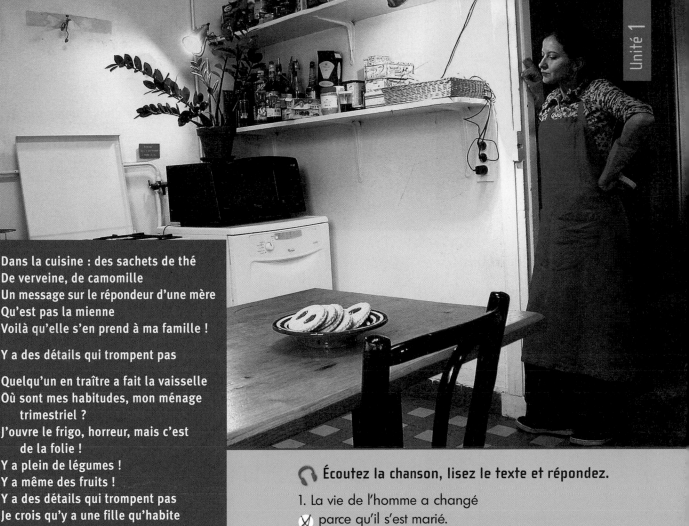

Dans la cuisine : des sachets de thé
De verveine, de camomille
Un message sur le répondeur d'une mère
Qu'est pas la mienne
Voilà qu'elle s'en prend à ma famille !

Y a des détails qui trompent pas

Quelqu'un en traître a fait la vaisselle
Où sont mes habitudes, mon ménage
    trimestriel ?
J'ouvre le frigo, horreur, mais c'est
    de la folie !
Y a plein de légumes !
Y a même des fruits !
Y a des détails qui trompent pas
Je crois qu'y a une fille qu'habite
    chez moi !
[...]

🎧 **Écoutez la chanson, lisez le texte et répondez.**

1. La vie de l'homme a changé
- ☒ parce qu'il s'est marié.
- ◯ parce que sa femme l'a quitté.
- ◯ parce que sa femme et lui ont eu un enfant.

2. Qu'est-ce qui a changé ?
- ☒ sa cuisine
- ◯ sa voiture
- ◯ son travail
- ☒ son frigo
- ☒ sa salle de bains
- ◯ sa mère

2 **Certaines phrases de la chanson sont en français familier. Écrivez-les en français standard.**

1. Y a des détails qui trompent pas.

2. Les draps, la couette et la taie d'oreiller sont plus dépareillés.

3. À côté de mes fringues en boule, y a des vêtements pliés et repassés.

4. Je crois qu'y a une fille qu'habite chez moi !

5. Un message sur le répondeur d'une mère qu'est pas la mienne.

3 **Observez l'exemple et associez les mots de gauche aux mots de droite.**

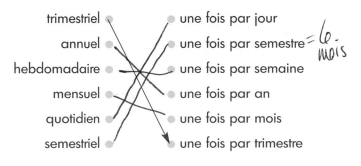

trimestriel — une fois par jour
annuel — une fois par semestre = 6. mois
hebdomadaire — une fois par semaine
mensuel — une fois par an
quotidien — une fois par mois
semestriel — une fois par trimestre

Dans la maison

4 Indiquez les objets et équipements qu'on trouve dans chaque pièce.

4. une douche

5. un évier

1. un lit

3. des draps

6. une couette

7. un lavabo

8. un oreiller

2. une baignoire

Dans la cuisine : n° _ _ _ _ _
Dans la salle de bain : n° _ _ _ _ _
Dans la chambre : n° _ _ _ _ _

Les tâches ménagères

faire...

la cuisine
le lit
la vaisselle
les vitres
le ménage
la lessive
le repassage
les courses

6 Associez chaque action à un dessin.

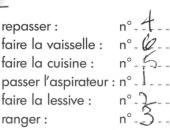

repasser : n° 4

faire la vaisselle : n° 6

faire la cuisine : n° 5

passer l'aspirateur : n° 1

faire la lessive : n° 2

ranger : n° 3

5 Par deux, associez chaque mot à un numéro de la photo. (Aidez-vous d'un dictionnaire si vous avez besoin.)

Une assiette :   n° _ _ _ _ _
Un couteau :   n° _ _ _ _ _
Une cuillère :   n° _ _ _ _ _
Une fourchette :   n° _ _ _ _ _
Un verre :   n° _ _ _ _ _
Une serviette :   n° _ _ _ _ _
Une tasse :   n° _ _ _ _ _

7 a) Regardez la BD et écrivez ce que fait la jeune femme pendant son après-midi.

Claire veut écrire un livre. Mais elle n'a pas d'idées. Elle se lève et…

b) Récrivez votre texte au passé composé.

Hier, Claire a voulu écrire. Mais elle n'a pas trouvé d'idées…

rappel

le présent
– verbes en -er : + e, es, e, ons, ez, ent.
  Je parle français.
– pour la plupart des autres verbes : + s, s, t/d, ons, ez, ent.
  Je comprends.

le passé composé
– avec avoir : J'ai compris.
– avec être : Il est parti.
  Elle s'est levée à 6 heures.

L'imparfait

« Ah, oui, ça, c'est vrai les choses ne sont plus pareilles. Avant, quand j'invitais les copains et qu'ils venaient chez moi, on mangeait n'importe quoi : des pizzas, des sandwichs… Maintenant, avec Stéphanie, je vais au marché, on achète des fruits, des légumes… et on fait de la vraie cuisine. Et l'appartement est bien rangé. Avant, il y avait des livres et des disques partout, je faisais la vaisselle quand l'évier était plein… Maintenant, tout est en ordre, tout est propre, c'est bien ! »

8 a) Lisez le texte et soulignez les verbes qui présentent la vie de l'homme avant son mariage. Pourquoi ces verbes ont-ils une forme différente ?

b) Complétez le tableau et comparez les formes des colonnes 1 et 3.

verbe à l'imparfait	infinitif du verbe	verbe au présent
j'invitais	_inviter_	nous invitons
les copains venaient	_venir_	nous _venons_
on mangeait	_manger_	nous _mangeons_
il y avait	_avoir_	nous _avons_
je faisais	_faire_	nous _faisons_
l'évier était	_être_	nous _sommes_ _étions_

c) À l'imparfait, comment se termine le verbe pour :

je : _ _ _ _ _   il/on : _ _ _ _ _   ils : _ _ _ _ _

9 Complétez le tableau.

	je	tu	il/elle/on	nous	vous	ils/elles
inviter	invit**ais**	_invitais_	_ _ _ _ _	_ _ _ _ _	invit**iez**	_ _ _ _ _
manger	_mangeais_	_ _ _ _	mange**ait**	M _ _ _ _	mang**iez**	_ _ _ _ _
venir	_ _ _ _ _	_ _ _ _ _	_ _ _ _ _	_ _ _ _ _	_ _ _ _ _	ven**aient**
faire	_ _ _ _ _	fais**ais**	_ _ _ _ _	_ _ _ _ _	_ _ _ _ _	_ _ _ _ _
avoir	_ _ _ _ _	_ _ _ _ _	av**ait**	av**ions**	_ _ _ _ _	_ _ _ _ _
être	_ _ _ _ _	_ _ _ _ _	ét**ait**	_ _ _ _ _	_ _ _ _ _	_ _ _ _ _

10 Louise raconte ses souvenirs d'enfance.
Écrivez les verbes entre parenthèses à l'imparfait.

Le dimanche, nous (avoir) _avions_ un grand repas de famille. Souvent, mon oncle et ma tante (venir) _venaient_ déjeuner à la maison. Ma mère (préparer) _préparait_ un bon repas. L'après-midi, je (jouer) _jouais_ avec mes cousins. Quand il (faire) _faisait_ beau, on (se promener) _se promenait_ près d'un lac ou dans une forêt.

11 Regardez la carte postale et imaginez comment on vivait dans cette petite ville en 1905 (vêtements, transports, nourriture, magasins...). Écrivez votre texte à l'imparfait.

l'imparfait

L'imparfait permet de décrire une situation du passé.

En 1905, il n'y avait pas de voitures. Quand j'invitais des copains, ma mère faisait un gâteau au chocolat.

Formation : on utilise la forme du verbe au présent avec *nous* + les terminaisons de l'imparfait :

venir → nous **ven**ons   je ven**ais**
                                 tu ven**ais**
                                 il/elle/on ven**ait**
                                 nous ven**ions**
                                 vous ven**iez**
                                 ils/elles ven**aient**

Sauf pour le verbe *être* : j'**ét**ais, vous **ét**iez.

phonétique

[i] (s**i**) - [y] (s**u**) - [u] (s**ou**s)

A 🎧 Écoutez et soulignez le son indiqué dans la première colonne.

[i] (s**i**)   Il y a une f**i**lle qui hab**i**te chez moi. Dans le fr**i**go, elle a m**i**s des légumes et des fru**i**ts.

[y] (s**u**)   T**u** as v**u** ces petites boules pour parf**u**mer la maison ? J**u**lie ne ve**u**t plus manger de légumes cr**u**s.

[u] (s**ou**s)   Où sont partis tous vos amis du Pér**ou** ? Vous ouvrez le livre à la page d**ou**ze.

B 🎧 Cochez ce que vous entendez, puis répétez.

a) [i] - [y]
1. ☒ C'est Paris.   ☐ C'est paru.
2. ☐ C'est trop dire.   ☒ C'est trop dur.
3. ☒ C'est divin.   ☐ C'est du vin.

b) [i] - [u]
1. ☐ Une dizaine.   ☒ Une douzaine.
2. ☐ Il est parti.   ☒ Il est partout.
3. ☒ Elles sont dix.   ☐ Elles sont douces.

c) [y] - [u]
1. ☐ Une fille russe.   ☒ Une fille rousse.
2. ☒ Tu vas bien ?   ☐ Tout va bien ?
3. ☐ Tu as vu ?   ☒ Tu avoues ?

d) [i] - [y] - [u]
1. ☒ dit   ☐ dû   ☐ doux
2. ☒ lit   ☐ lu   ☐ loup
3. ☐ mille   ☐ mule   ☒ moule
4. ☐ la mire   ☒ la mûre   ☐ l'amour
5. ☐ mari   ☒ ma rue   ☐ ma roue
6. ☐ vie   ☐ vu   ☒ vous

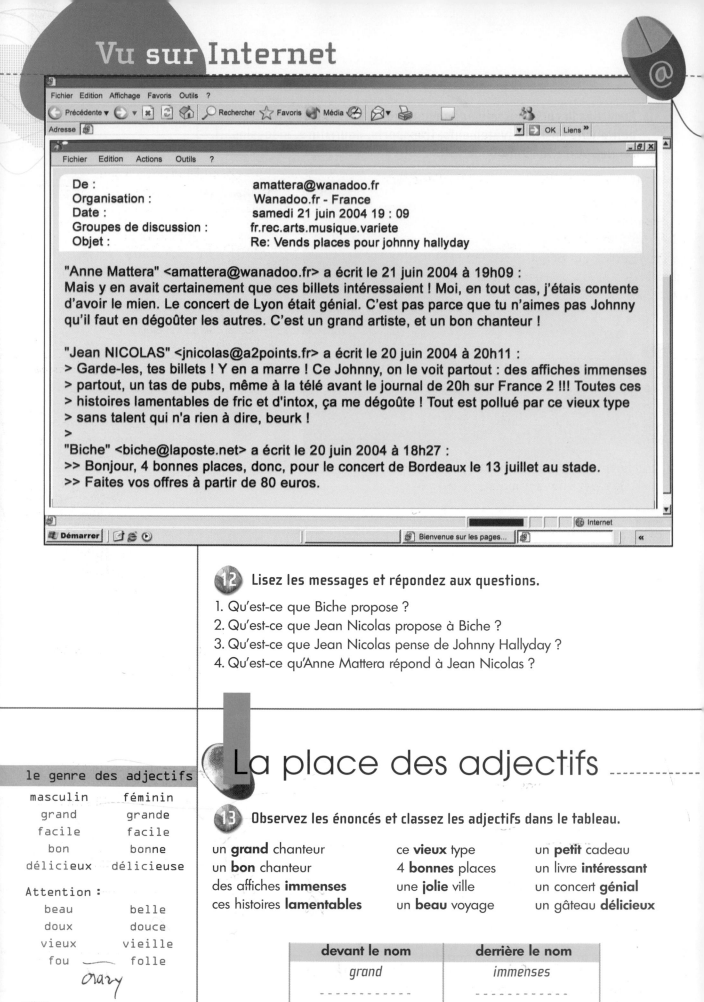

Fichier Edition Affichage Favoris Outils ?

Précédente ▾ | ▾ | ⊠ | ⟳ | ⌂ | 🔍 Rechercher ⭐ Favoris 🖿 Média ⟳ | ✉ ▾ 🖨 | ☐ | ⅏

Adresse | ▾ | ➡ OK | Liens »

Fichier   Edition   Actions   Outils   ?

De :   amattera@wanadoo.fr
Organisation :   Wanadoo.fr - France
Date :   samedi 21 juin 2004 19 : 09
Groupes de discussion :   fr.rec.arts.musique.variete
Objet :   Re: Vends places pour johnny hallyday

"Anne Mattera" <amattera@wanadoo.fr> a écrit le 21 juin 2004 à 19h09 :
Mais y en avait certainement que ces billets intéressaient ! Moi, en tout cas, j'étais contente
d'avoir le mien. Le concert de Lyon était génial. C'est pas parce que tu n'aimes pas Johnny
qu'il faut en dégoûter les autres. C'est un grand artiste, et un bon chanteur !

"Jean NICOLAS" <jnicolas@a2points.fr> a écrit le 20 juin 2004 à 20h11 :
> Garde-les, tes billets ! Y en a marre ! Ce Johnny, on le voit partout : des affiches immenses
> partout, un tas de pubs, même à la télé avant le journal de 20h sur France 2 !!! Toutes ces
> histoires lamentables de fric et d'intox, ça me dégoûte ! Tout est pollué par ce vieux type
> sans talent qui n'a rien à dire, beurk !
>
"Biche" <biche@laposte.net> a écrit le 20 juin 2004 à 18h27 :
>> Bonjour, 4 bonnes places, donc, pour le concert de Bordeaux le 13 juillet au stade.
>> Faites vos offres à partir de 80 euros.

🖳 Internet

🗲 Démarrer | 🗐 ⬤ ⊙ | | 🗐 Bienvenue sur les pages... | 🗐 | «

12 Lisez les messages et répondez aux questions.

1. Qu'est-ce que Biche propose ?
2. Qu'est-ce que Jean Nicolas propose à Biche ?
3. Qu'est-ce que Jean Nicolas pense de Johnny Hallyday ?
4. Qu'est-ce qu'Anne Mattera répond à Jean Nicolas ?

La place des adjectifs

le genre des adjectifs	
masculin	féminin
grand	grande
facile	facile
bon	bonne
délicieux	délicieuse

Attention :

beau	belle
doux	douce
vieux	vieille
fou ~~crazy~~	folle

13 Observez les énoncés et classez les adjectifs dans le tableau.

un **grand** chanteur   ce **vieux** type   un **petit** cadeau
un **bon** chanteur   4 **bonnes** places   un livre **intéressant**
des affiches **immenses**   une **jolie** ville   un concert **génial**
ces histoires **lamentables** un **beau** voyage   un gâteau **délicieux**

devant le nom	derrière le nom
grand	immenses
- - - - - - - - -	- - - - - - - - -
- - - - - - - - -	- - - - - - - - -

14 Lisez le tableau *les adjectifs* puis remettez dans l'ordre le nom et l'adjectif. Faites les accords nécessaires.

Exemple : vieux / une voiture → une vieille voiture

1. bon / une amie
2. étranger / des étudiants
3. beau / une église
4. intelligent / une femme
5. nouveau / un appartement
6. chinois / un acteur

les adjectifs

L'adjectif se place le plus souvent après le nom : *des affiches immenses.*
Mais, on place généralement avant le nom les adjectifs : *beau, joli, gros, grand, petit, jeune, vieux, bon, mauvais, nouveau, autre, premier.*

Attention :
1. *la dernière semaine de vacances* mais *la semaine dernière*
   le prochain train mais *la semaine prochaine*
2. devant un nom (singulier) qui commence par une voyelle ou certains « h » :
   beau → bel : *un bel appartement*
   nouveau → nouvel : *un nouvel album*
   vieux → vieil : *un vieil homme*

Le tien, la tienne

15 a) Dans la phrase du message d'Anne « j'étais contente d'avoir le mien », que remplace *le mien* ?

b) Associez les phrases de gauche aux phrases de droite.

1. C'est mon livre.
2. Il est à toi ?
3. C'est à vous ?
4. Le stylo est à Julien.
5. Oui, c'est le fils de Sylvie et Lionel.
6. C'est notre avion.

a. C'est le vôtre ?
b. C'est le sien.
c. C'est le nôtre.
d. C'est le leur.
e. C'est le mien.
f. C'est le tien ?

1	2	3	4	5	6
e	f	a	b	d	c

16 Lisez le tableau *les pronoms possessifs* et remplacez les mots soulignés.

1. – Pardon, c'est votre valise, là, près de la porte ?
   – Non, non, ce n'est pas <u>ma valise</u> ! *la mienne.*

2. – Vous avez mon numéro de portable ?
   – Attendez… J'ai le numéro de Pablo, mais je n'ai pas <u>votre numéro</u>. *le vôtre.*

3. – Je me suis trompé, j'ai pris le sac d'Isabelle.
   – Et elle, elle a pris <u>ton sac</u>. *le tien.*

4. – Alors, Vincent est le fils de Lucas, c'est ça ?
   – Non, non, c'est <u>mon fils</u>. *le mien.* Le fils de Lucas, c'est Simon.

5. – Ah, tu peux me donner <u>ton adresse électronique</u> ?
   – Oui. Et toi, tu me donnes <u>ton adresse électronique</u> ! *la tienne*

6. – Attends, ce n'est pas la voiture de Philippe et Béa ?
   – Non, <u>leur voiture</u> est verte. *la leur.*

les pronoms possessifs

singulier		pluriel	
le mien	la mienne	les miens	les miennes
le tien	la tienne	les tiens	les tiennes
le sien	la sienne	les siens	les siennes
le nôtre	la nôtre	les nôtres	
le vôtre	la vôtre	les vôtres	
le leur	la leur	les leurs	

Non !
C'est le mien !

C'est mon nounours !

La chanson française des années 2000

17 Lisez le texte et répondez aux questions.

	oui	non	?
1. Les Français achètent beaucoup de disques de chanteurs ou de groupes francophones.	☒	☐	☐
2. Patrick Bruel est un chanteur très connu en France.	☒	☐	☐
3. Mickey 3D a des origines antillaises.	☐	☐	☒
4. Tété chante depuis très longtemps.	☐	☒	☐
5. Beaucoup de Français connaissent le groupe Bisso Na Bisso.	☐	☒	☒
6. Dans les chansons, on peut entendre beaucoup d'instruments de musique différents.	☒	☐	☐

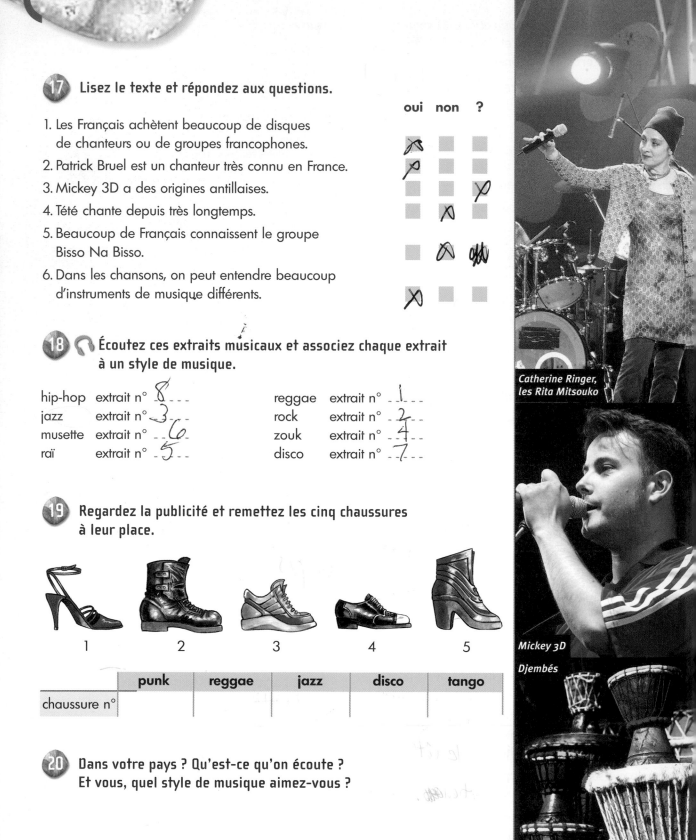

Catherine Ringer, les Rita Mitsouko

18 Écoutez ces extraits musicaux et associez chaque extrait à un style de musique.

hip-hop extrait n° _8_
jazz extrait n° _3_
musette extrait n° _6_
raï extrait n° _5_

reggae extrait n° _1_
rock extrait n° _2_
zouk extrait n° _4_
disco extrait n° _7_

19 Regardez la publicité et remettez les cinq chaussures à leur place.

1   2   3   4   5

	punk	reggae	jazz	disco	tango
chaussure n°					

Mickey 3D

Djembés

20 Dans votre pays ? Qu'est-ce qu'on écoute ? Et vous, quel style de musique aimez-vous ?

16

À chacun sa musique

En 2003, le marché du disque en France est resté à peu près stable. Près de 125 millions d'albums ont été vendus pour un chiffre d'affaires d'environ 1,2 milliards d'euros (albums + CD 2 titres). La chanson francophone se porte assez bien en ce début de XXIe siècle et elle constitue environ 62 % de toutes les ventes de disques en France.

En 2002 et 2003 presque toutes les meilleures ventes d'albums étaient francophones.

Parmi les chanteurs francophones les plus populaires, certains sont connus depuis déjà longtemps : Johnny Hallyday, Patrick Bruel, Jean-Jacques Goldman, Indochine, Les Rita Mitsouko… D'autres sont plus jeunes sur la scène nationale : Mickey 3D, Bénabar, Tété, Keren Ann, La Grande Sophie… Enfin, beaucoup connaissent une diffusion plus confidentielle et restent souvent inconnus du grand public : Merzhin, Cornu, La Rouquine du premier, Ouf! La puce, Debout sur le zinc, Bisso Na Bisso…

La production francophone a l'avantage d'offrir un large choix de rythmes et d'origines. À côté de la musique traditionnelle, on trouve du hip-hop, de la soul, du reggae, du zouk, du raï, du rock, du funky, du jazz… Les chanteurs et les groupes utilisent des instruments variés (violon, accordéon, batterie, guitare, trompette, bombarde, vibraphone, djembe, kora, n'goni…) qui révèlent leurs origines : celtes, occitanes, africaines, antillaises… Il est donc facile d'y trouver son bonheur.

À CHACUN SON STYLE

rock · house · funk · classique · rap · reggae · pop · jazz · tango · métal · punk · disco

Cadence, la nouvelle collection des chaussures Rapido

2
L'amour de l'art

CES TABLEAUX
ONT-ILS LEUR
PLACE AU MUSÉE
DES BEAUX-ARTS ?

*Tirets jaunes, jaune vert,
jaune orange, 1956,
François Morellet*

Afin de compléter ses collections, le musée des Beaux-Arts de la ville vient d'acheter deux œuvres d'art de la deuxième moitié du XXᵉ siècle.

Ces deux tableaux contemporains vont rejoindre les très belles œuvres des XVIIIᵉ et XIXᵉ siècles. Ils vont apporter une nouvelle culture dans la ville et faire réfléchir à l'évolution de l'art.

Ces deux créations provoquent de l'étonnement, bien sûr, et aussi des réactions très diverses chez les habitants.

---

1 🎧 Écoutez et cochez la réponse qui convient.

Moi, j'apprécie

               vrai faux ?

1. Monsieur Benjador aime l'art contemporain.

2. Il pense qu'il faut chercher à comprendre un tableau.

3. Mademoiselle Dupuy aime l'art italien.

4. Pour Mlle Dupuy quand c'est nouveau, c'est beau.

5. Elle n'apprécie pas les messages de la mode et de la publicité.

6. Monsieur Loison est peintre.

7. Pour lui, l'important est la force des tableaux.

8. Il pense que les tableaux sont chers.

2 Associez à chaque photo le nom de la discipline artistique qui correspond.

l'architecture - la peinture - la danse - la sculpture - la photographie - la musique - le cinéma

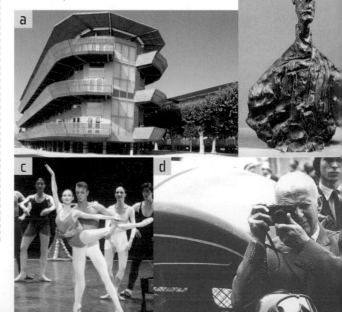

a   b

c   d

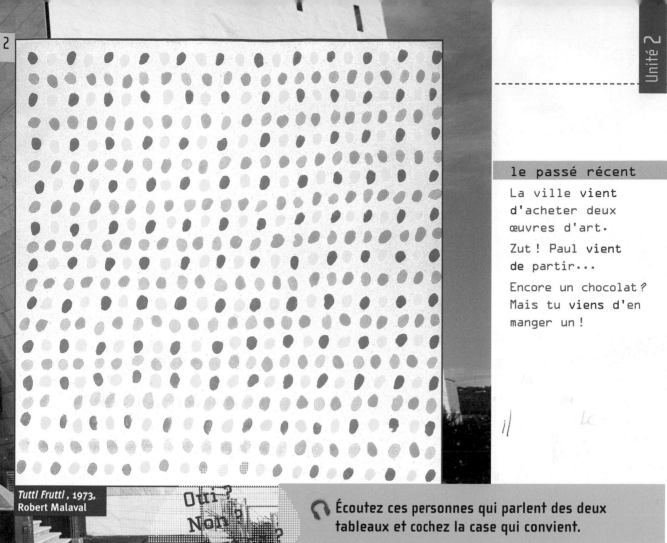

2

Tutti Frutti, 1973, Robert Malaval

Otri ? Non ? C'est...?

le passé récent

La ville vient d'acheter deux œuvres d'art.

Zut ! Paul vient de partir...

Encore un chocolat ? Mais tu viens d'en manger un !

🎧 Écoutez ces personnes qui parlent des deux tableaux et cochez la case qui convient.

	aime	n'aime pas	?
Monsieur Benjador	⊗	◯	◯
Mademoiselle Dupuy	◯	⊗	◯
Monsieur Loison	◯	◯	⊗

3 a) À l'aide du texte et du dictionnaire, complétez le tableau.

VERBES	NOMS			GENRE	
	-ion	-ure	-ment	masc.	fém.
peindre		*peinture*			**X**
sculpter	soulptation	sculpture	sculptement		X
estimer	estimation	estimature	estim.		X
étonner	étonnation	étonnure	étonnement	X	X
cultiver	cultivation	cultivure			X
apprécier	appréciation	appréciure			X
enregistrer	enregistrion		enregistrement	X	X
réfléchir	réflexion				X
créer	création				X
évoluer	évolution	évolure	évolument		X
changer	changation		changement		

b) Que remarquez-vous ?

Les mots en -ion...   sont feminin

Les mots en -ment...   sont masc

Les mots en -ure...   sont feminin

19

Demander à quelqu'un son opinion

4 a) Écoutez encore l'enregistrement et, parmi ces questions, retrouvez les trois que le journaliste utilise pour demander à quelqu'un son opinion.

1. À combien estimez-vous ces œuvres ?
2. Est-ce que les tableaux vous ont plu ?
3. Vous êtes sculpteur, c'est bien ça ?
4. Qu'étudiez-vous ?
5. Comment avez-vous trouvé ces deux nouvelles œuvres ?
6. Vous avez aimé les deux derniers tableaux achetés par la ville ?

b) Lisez ces phrases et retrouvez ce qu'elles expriment. Cochez les cases du tableau qui conviennent.

1. Qu'est-ce que vous avez pensé de ces deux tableaux ?
2. Ils font combien, ces deux tableaux ? *Combien est-ce qu'ils font ?*
3. Vous voulez bien me décrire ce tableau, s'il vous plaît ?
4. Selon vous, ces tableaux sont-ils intéressants ?
5. Tu les as vus au musée d'Art moderne ?
6. À votre avis, ces œuvres sont-elles importantes pour le musée des Beaux-Arts ?
7. Le tableau est à gauche ou à droite de l'entrée ?

	1	2	3	4	5	6	7
demander à quelqu'un son opinion.	X			X		X	
demander à quelqu'un de situer dans l'espace.					X		X
demander le prix.		X					
demander quelque chose à quelqu'un.			X				
demander une information à quelqu'un.							

L'interrogation

l'interrogation par l'inversion (avec reprise du sujet)

Ces tableaux ont-ils leur place au musée ?

Ces œuvres sont-elles importantes ?

Monsieur Benjador a-t-il aimé ces tableaux ?

7 Relisez les questions de l'activité 4 b) et trouvez une autre façon de poser les questions 1, 2 et 3.

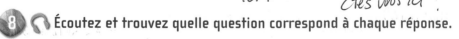

1. *familier (Vous-êtes ici ?)* 2. *Est-ce que vous êtes ici ?* (standard) 3. *formel Êtes-vous ici ?*

8 Écoutez et trouvez quelle question correspond à chaque réponse.

Question n°	Réponse
6	a. Parce que je dois quitter mon pays.
7	b. Julie, la copine de Pascal.
1	c. Moi, j'adore Bénabar.
3	d. À la boulangerie, il n'y a plus de pain.
8	e. Minuit.
2	f. On se repose à la maison ou on va voir des amis.
4	g. Ah non, on habite dans un appartement.
5	h. J'ai son adresse mais je n'ai pas son numéro de téléphone.

Centre Georges Pompidou à Paris

5 Lisez le tableau *demander à quelqu'un son opinion.*
Complétez les dialogues puis jouez-les deux par deux.

1. – _____ ce film ?
   – _____ que c'est une histoire intéressante.

2. – Tu crois que ce film _____ ?
   – Moi, je ne supporte pas _____.

3. – Qu'est-ce que vous _____ de ce journal ?
   – À mon avis, _____.

4. – Alors, ton voyage à Chypre, *ça t'a plu ?* ____ ?
   – J'ai *adoré* _____.

5. – Tu _____ les nouveaux chanteurs français ?
   – _____.

demander à quelqu'un son opinion

– *Vous avez aimé ce film ?*
– *Oui, mais j'ai préféré le film avec Emmanuelle Béart.*

– *Est-ce que ça vous a plu ?*
– *Oui, moi j'ai adoré !*

– *Qu'est-ce que tu penses de ce tableau ?*
– *Je trouve qu'il est un peu triste.*

– *Tu crois que ce livre est intéressant ?*
– *Oui mais à mon avis, il est difficile à lire.*

– *Comment trouvez-vous ce CD ?*
– *Je ne supporte pas le rap !*

6 Par groupes de deux, choisissez une œuvre et exprimez votre opinion.

Petit Oiseau, Botero

Les pieds sont lourds.

Mujer en la cocina,
Jaime Saavedra

puissant

9 Transformez les questions selon les exemples.

Exemples : Que veux-tu ? → Tu veux quoi ?
Il habite où ? → Où habite-t-il ?

1. Le directeur part bientôt à New York ?

2. Tu as combien de frères et sœurs ?

3. Ils arrivent quand, vos enfants ?

4. Avez-vous l'heure, s'il vous plaît ?

5. Prenez-vous un peu de lait dans votre thé ?

6. Quel âge a Fanny ? *Quel âge a-t-elle ?*

7. Il va où ? *Où va-t-il ?*

8. Vous faites quoi demain soir ?

10 Imaginez une question pour chaque réponse.

1. _____
   – J'en ai 20.

2. _____
   – À Zurich, en Suisse.

3. _____
   – C'est le 05 41 05 26 15.

4. _____
   – Parce que je n'aime pas ça.

5. _____
   – On y va en train ou en voiture.

Exprimer le but

JE T'AI INVITÉ POUR QUE TU VOIES UNE ŒUVRE CONTEMPORAINE.

 11 **Dans les phrases suivantes, soulignez les éléments qui expriment le but.**

1. Je t'ai invité <u>pour que</u> tu voies une œuvre contemporaine.
2. Je vais en ville <u>pour</u> acheter des chaussures.
3. Elle m'a donné des recettes de cuisine <u>afin que</u> je puisse préparer de bons plats à mes amis.
4. On se lèvera tôt <u>pour</u> partir avant 8 heures.
5. J'ai téléphoné à maman <u>pour qu'</u>elle ne soit pas inquiète.
6. Je te prête ma veste <u>pour que</u> tu n'aies pas froid.
7. Il m'a posé cette question <u>afin de</u> connaître mon opinion.

12 🎧 **Écoutez ces dialogues et dites quel est le but exprimé.**

1. Pourquoi part-il enseigner le français à Mexico ?
2. Pourquoi la ville a-t-elle acheté ces tableaux ?
3. Pourquoi est-ce qu'ils quittent Paris ?

13 **Choisissez l'élément qui convient pour compléter les phrases.**

Exemple : (afin de / pour que) → Écoutez le début de l'histoire, afin de pouvoir imaginer la suite.

1. On trie les déchets (pour / pour que) _ _ _ _ _ préserver l'environnement.
2. Il parle toujours très fort (afin de / afin que) _ _ _ _ _ tout le monde l'entende bien.
3. Je suis venue (afin que / pour) _ _ _ _ _ te parler de notre avenir.
4. Je vais appeler Maria et Yves (pour que / afin de) _ _ _ _ _ ils viennent dîner demain.

---

pour que...

avoir :

... pour que j'aie, nous ayons

être :

... pour que je sois, nous soyons

pouvoir :

... pour que je puisse, nous puissions

14 **Reliez les deux phrases avec** *pour* **ou** *pour que.*

Exemples :   Je prépare les bagages. On part en vacances cette nuit.
→ *Je prépare les bagages pour qu'on parte en vacances cette nuit.*
    Patricia prépare les bagages. Elle part en vacances.
→ *Patricia prépare les bagages pour partir en vacances.*

1. François a déménagé. Il a un plus grand appartement.
2. Elle a acheté un téléphone portable. Ses amis peuvent l'appeler plus souvent.
3. Réginald fait de la sculpture. Il se détend.
4. Il y a des tableaux de grammaire. Vous relisez les règles à la maison.
5. On passe par la rue Pasteur. On voit si Maria est chez elle ?
6. Dis-moi à quelle heure ton train arrive. Je n'attends pas deux heures.
7. Luc et Martine sont rentrés de vacances. Ils vont voir leur père à l'hôpital.
8. Je fais du théâtre. Je prends confiance en moi.

> **exprimer le but**
>
> *Il travaille pour s'offrir un voyage à Bali.*
>
> *Je vais répéter pour que vous puissiez noter les phrases.*
>
> *Elle nous a posé des questions afin de mieux nous connaître.*
>
> *Parlez fort afin que tout le monde vous entende.*

Le subjonctif

15 **Observez les phrases des activités précédentes, puis répondez.**

	l'indicatif	le subjonctif	l'infinitif
après *pour*, on utilise			☒
après *pour que*, on utilise		☒	
après *afin de*, on utilise			☒
après *afin que*, on utilise		☒	

16 **Rayez les formes des verbes qui ne conviennent pas.**

1. Son professeur l'a aidé afin qu'il (réussit - a réussi - ~~réussisse~~) son examen.
2. Matthieu veut que Mélanie (~~réponde~~ - répondra - répond) à son message.
3. Je sais que Martine (vienne - ~~viendra~~ - est venue) dimanche prochain.
4. Je suis sûr qu'il (~~va téléphoner~~ - téléphone - a téléphoné) demain matin.
5. Il faut que tu (partir - ~~partes~~ - pars) à 17 heures.
6. J'ai apporté trois livres pour que tu en (~~choisisses~~ - choisis - vas choisir) un.

> **le subjonctif**
>
> **Formation :**
> à partir du présent de l'indicatif
> (exemple : verbe *voir*)
>
> *indicatif*   *subjonctif*
> ils **voient** + e, es, e, ent → je voi**e**
>   tu voi**es**
>   il voi**e**
>   ils voi**ent**
> nous **voyons** + ions, iez → nous voy**ions**
>   vous voy**iez**
>
> **Emplois :**
> pour décrire des actions non « réalisées ».
> *Je voudrais que vous appreniez les conjugaisons.*
> *Il répète pour que tu comprennes.*
> *Elle aimerait bien que tu viennes samedi.*

17 **Posez des questions à une personne de la classe. Elle devra exprimer le but dans sa réponse.**

Exemple : – Pourquoi est-ce que tu veux être médecin ?
– Pour travailler à l'hôpital.
– Pour que mes parents soient fiers de moi.

Fichier Edition Affichage Favoris Outils ?

Précédente ▾ ▾ ✖ ↻ ⌂ Rechercher Favoris Média ✉▾ 🖨 ⬜ 👥

Adresse ▾ → OK Liens »

ARTSlistes
Partagez vos passions !

Vendredi
27 février
2004

amisdesarts@egroups.fr

www.Arts.com, le net de l'art

Adresse : amisdesarts@egroups.fr
De : Justine Cottineau
Envoyé : mercredi 25 février 2004 - 18 : 26
Objet : [amisdesarts] Nicolas de Staël

>>Je n'ai pas pu voir l'exposition Nicolas de Staël au centre
Pompidou à Paris. Étudiante en histoire de l'art, je dois faire
un travail sur ce peintre que j'aime beaucoup. Qui est-ce qui
aurait des livres à me conseiller ou des photos de l'expostion
parisienne ?
Justine, Nice, France
>Je rentre de Russie et j'ai vu l'exposition qui est maintenant
à Saint-Petersbourg. Je m'intéresse à Nicolas de Staël depuis
très longtemps et j'ai beaucoup de textes, photos, affiches,
sur lui et sur son oeuvre. Qu'est-ce qu'il vous faut exactement ?
Je peux vous aider.
Paul, Dusseldorf, Allemagne
Que voulez-vous, Justine ? J'ai des livres, des catalogues
d'expositions, des photos et je peux
vous les prêter pour votre travail. Bon courage.
Anita, Louvain, Belgique

Nicolas de Staël, *Les Martigues, 1953/1954*

🔲 Démarrer 📁 ✉ ▶   📄 Bienvenue sur les pages...   «

Internet

18 Lisez ces échanges et répondez.

REVIEW 10/27

1. Qui demande quelque chose ? Quelle est sa demande ?
2. Qu'est-ce qu'Anita propose ?
3. Qu'est-ce que Paul a fait à Saint-Pétersbourg ?

Qui est-ce qui,
qu'est-ce que... ?

19 Observez ces phrases puis reliez les éléments.

1. Qui est-ce qui aurait des livres
   à me conseiller ?
2. Qu'est-ce qu'il vous faut exactement ?
3. Que voulez-vous, Justine ?

4. Qui demande quelque chose ?
5. Qu'est-ce qu'Anita propose ?
6. Qu'a fait Paul à Saint-Pétersbourg ?

Au début de la question,
On utilise *que, qu'* pour parler ● ──── ● d'une chose
  On utilise *qui* pour parler ● ──── ● d'une personne

20 Complétez le tableau suivant.

Study difference between qui & que *STUDY*

avec *est-ce qui / que*	sans *est-ce qui / que*	avec inversion sujet-verbe
Qui est-ce que tu aimes ?	Tu aimes qui ?	*Qui aimes-tu ?*
Qu'est-ce qu'Anita propose ?	*Anita propose quoi ?*	Que propose Anita ?
Qui est-ce qui aurait des livres à me conseiller ?	----	impossible
Qu'est-ce qui est = *which* intéressant dans cette exposition ? *ce*	impossible	impossible

21 Cochez la réponse qui convient.

1. Qui est-ce que tu regardes ?
   - [X] la petite Marie
   - [ ] les photos de la petite Marie

2. Qu'est-ce que vous avez aimé dans ce film ?
   - [ ] Richard Berry
   - [X] l'histoire qui est originale

3. Qui est-ce qui a pris les photos ?
   - [X] Laure
   - [ ] l'appareil-photo numérique

4. Qu'est-ce qui va partir ce soir ?
   - [ ] les enfants
   - [X] les bagages

22 Complétez les phrases avec *qui* ou *que (qu')*.

If no subject qui becomes subject.

1. Qu'est-ce *que* tu lui as dit ?
2. Qui est-ce *que* vous avez vu hier ?
3. Qu'est-ce ..... pourrait vous aider ?
4. Qu'est-ce ..... sonne ?
5. Qui est-ce ..... a raconté ça ?
6. Qu'est-ce ..... vous voulez faire ?

l'interrogation : récapitulation

- *Tu viens avec nous ?*
- *Est-ce que vous aimez la peinture ?*
- *Pouvez-vous répéter, s'il vous plaît ?*

- ***Où*** *habitez-vous ?*
- ***Pourquoi*** *n'as-tu pas répondu ?*
- ***Quand*** *Pierre arrive-t-il ?*
- ***Qu'est-ce que*** *tu veux ?*
- *Elle s'appelle* ***comment*** *?*
- ***Combien*** *de CD as-tu ?*
- ***Qui*** *est-ce qui va faire ce travail ?*

- ***Quel*** *âge avez-vous ?*
- ***Quels*** *pays connais-tu ?*
- ***Quelle*** *heure est-il ?*
- ***Quelles*** *sont tes coordonnées ?*

phonétique

[ɛ̃](lin), [ɑ̃](lent), [ɔ̃] (long)

A Écoutez, répétez, puis soulignez les lettres correspondant :

a) au son [ɛ̃] :
1. Ils viennent demain matin ?
2. On a des examens cette semaine.
3. Venez lundi, c'est important !

b) au son [ɑ̃]
1. On part dans onze jours.
2. Laurent a une jambe cassée.
3. C'est au vingt et un rue du Temple.

c) au son [ɔ̃]
1. Ils sont très nombreux.
2. Antoine a onze ans.
3. C'est ton téléphone ?

B Écoutez et cochez la case qui convient.

	1	2	3	4	5	6	7	8
[ɛ̃]								
[ɑ̃]								
[ɔ̃]								

L'art et la culture

23 Lisez ce communiqué du maire de Paris et dites si les affirmations sont vraies ou fausses.

	vrai	faux
1. Le maire voudrait que Paris soit le symbole de la culture.	✗	
2. Il pense que peu de personnes doivent connaître l'émotion de l'art et de la culture.		✗
3. L'entrée des musées est gratuite.	✗	
4. Les collections permanentes des musées sont une grande richesse pour le pays.	✗	
5. Beaucoup d'argent peut être utilisé pour acheter des œuvres et moderniser les musées de Paris.	✗	
6. Le maire espère que maintenant, tout le monde pourra découvrir les trésors artistiques.	✗	

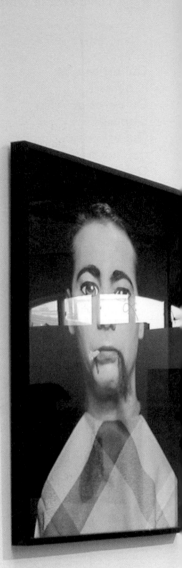

24 Regardez ces présentations. Choisissez une exposition et imaginez que vous l'avez visitée. Un journaliste vous demande votre opinion et vous devez lui répondre par écrit pour l'aider à écrire son article sur cette exposition. Aidez-vous de ses questions.

– Avez-vous aimé l'endroit choisi pour cette exposition ?
– Est-ce que cette exposition vous a plu ? Pourquoi ?
– Que pensez-vous des œuvres présentées ?
– Est-ce que vous direz à vos amis que cette exposition est intéressante ?

L'ART n'a plus de PRIX

GRATUITÉ DES COLLECTIONS PERMANENTES DES MUSÉES DE LA VILLE DE PARIS

Paris est l'une des capitales internationales de la culture et je souhaite qu'elle soit le lieu de la culture pour tous. C'est fondamental pour la démocratie. Tout le monde doit avoir la possibilité de découvrir l'art et la culture. C'est pourquoi la municipalité a décidé d'ouvrir gratuitement à tous les musées de la Ville de Paris. Les collections permanentes d'Art et d'Histoire constituent un patrimoine extraordinaire, trop peu connu du public parisien. Cette politique d'ouverture s'accompagne d'une aide financière considérable pour les collections et de la modernisation des grands musées de la Ville, avec par exemple la rénovation complète du Petit Palais et du musée Cernuschi. À travers cet effort concret, nous espérons donner à tous le plaisir de connaître ces trésors artistiques qui ont réellement une vocation universelle.

À chacune et à chacun d'en profiter, avec émotion, plaisir et enthousiasme.

Bertrand Delanoë
Maire de Paris

Pierre BURAGLIO
Prolongements et prélèvements
Musée Zadkine
16 octobre - 1er février

Pierre Buraglio est depuis le milieu des années 1960 une figure majeure de l'art contemporain français. Son œuvre a fait l'objet de très nombreuses expositions et rétrospectives en France et à l'étranger, ainsi que de monographies.

PLANTU
Sculpture et dessin
Musée Carnavalet
28 mai - 26 octobre

Réputé pour ses dessins, le journaliste et éditorialiste Plantu est aussi sculpteur.

Ses statuettes, méconnues du grand public, manifestent en trois dimensions et en couleurs ses centres d'intérêt principaux : la politique, la justice, le sort des humains et de la planète. Cette exposition permet de découvrir plusieurs facettes de l'artiste à travers la présentation de près de deux cents dessins, une cinquantaine de sculptures et des films.

MARLENE DIETRICH, création d'un mythe
Musée Galliera - Musée de la Mode de la Ville de Paris
14 juin - 12 octobre

Pour la première fois en France, une grande exposition est consacrée à Marlene Dietrich (1901-1992). Réalisée par le musée Galliera, elle est organisée en collaboration avec le Filmmuseum de Berlin où est conservée la collection de Marlene Dietrich. Plus de 250 pièces, présentées seules ou combinées pour reconstituer des silhouettes, seront exposées.

3 Toujours plus !

2

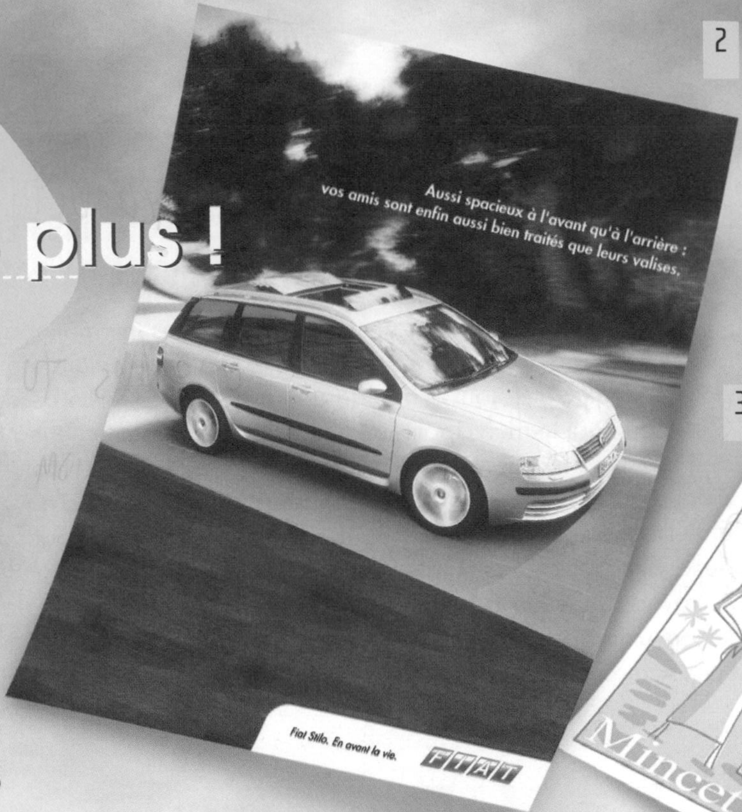

Aussi spacieux à l'avant qu'à l'arrière :
vos amis sont enfin aussi bien traités que leurs valises.
Fiat Stilo. En avant la vie.
FIAT

3

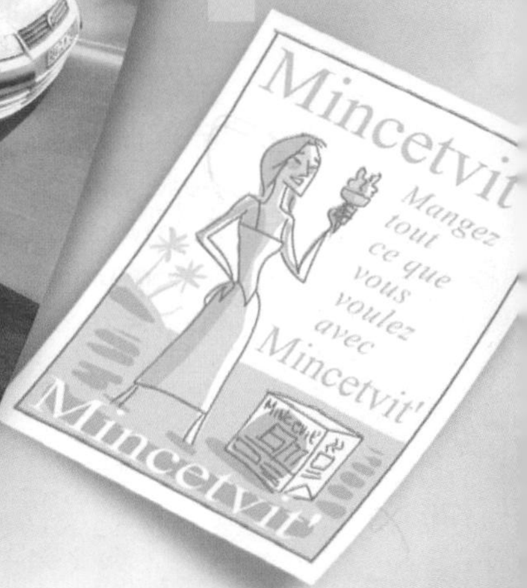

Mincetvit'
Mangez tout ce que vous voulez avec Mincetvit'
Mincetvit'

1

Ça m'intéresse, c'est encore plus intéressant d'y être abonné !

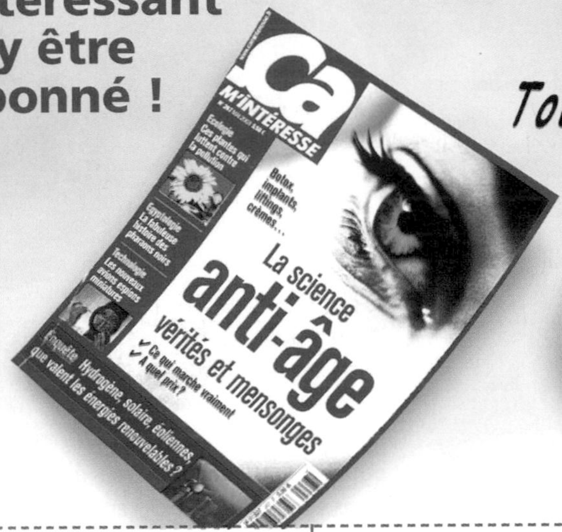

Ça m'intéresse
Botox, implants, liftings, crèmes...
La science anti-âge
vérités et mensonges
Ce qui marche vraiment
À quel prix ?
Enquête Hydrogène, solaire, éoliennes, que valent les énergies renouvelables ?

4

Toujours plus vite avec TAXI PLUS

TAXI
TAXI PLUS

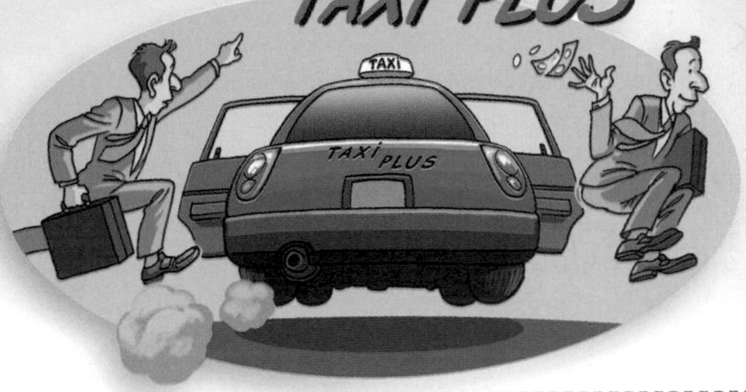

1 Écoutez ces personnes et dites si chaque affirmation est vraie ou fausse.

	1	2	3	4	5	6	7	8
vrai								
faux								

2 Associez chaque produit à un ou deux adjectif(s) de la liste.

pratique - rapide - délicieux - économique - intéressant - agréable - séduisant - confortable - efficace - bon marché - savoureux

Ça m'intéresse : - - - - -
Carrefour : - - - - -
Télé2 : - - - - -
Fiat : - - - - -
Mincetvit' : - - - - -
PMS : - - - - -
Taxis Plus : - - - - -
Chocolat Sibon : - - - - -

PMS :
Parlez plus
pour seulement
19,90€
par mois !

5

7

6

Mmm...

Moins de sucre mais autant de plaisir dans le chocolat Sibon

LE TICKET CASH CARREFOUR

LE TICKET QUI VA VOUS FAIRE ÉCONOMISER ENCORE PLUS D'ARGENT

Ticket Cash Carrefour

TICKET CASH Carrefour
d'une valeur de
20,50 Euros

Avec Carrefour je positive !

8

AVEC TELE2, SURFEZ MOINS CHER SUR INTERNET !

Oui ?
Non ?
C'est ça ?

TELE2

POURQUOI CONTINUER À TÉLÉPHONER TROP CHER ?

Observez les documents. Écrivez le numéro de la publicité correspondant à chaque produit ou marque.

publicité n° :

une voiture   - - - - -
un grand magasin d'alimentation   - - - - -
un produit pour mincir   - - - - -
une société de taxi   - - - - -
une marque de chocolat   - - - - -
un magazine   - - - - -
un téléphone portable   - - - - -
une compagnie de télécommunication   - - - - -

3 Pour chacun des produits présentés, mettez l'accent sur la/les raison(s) de l'utiliser ou sur son résultat. Utilisez les modèles de phrases proposés.

1. On lit *Ça m'intéresse* parce que le magazine est intéressant et l'abonnement est bon marché.

2. On va à *Carrefour* pour économiser de l'argent.

3. -

4. -

5. -

6. -

7. -

8. -

utilisation
– On utilise le produit X parce que…
– On utilise X (quand ?)…
– On utilise X (où ?)…
etc.

résultats
– On utilise X pour…
– On utilise X pour que…
– X, ça…
– Avec X,…
etc.

Comparer

4 Relisez les slogans pour compléter le tableau.

avec un adjectif *(beau)/* adverbe *(lentement)*	avec un nom	avec un verbe
+ : plus + adjectif/adverbe (+ que) *exemple : plus intéressant*	+ : plus de (d') + nom *exemple : - - - - -*	+ : verbe + plus *exemple : - - - - -*
– : MOiNS *exemple : - - - - -*	– : - - - - - *exemple : - - - - -*	– : - - - - - *exemple :* *Dépensez moins...*
= : auSSi *exemple : - - - - -*	= : - - - - - *exemple : - - - - -*	= : - - - - - *exemple : - - - - -*

Texte à gauche (slogans) :

▶ C'est encore plus intéressant d'y être abonné !

▶ Le ticket qui va vous faire économiser encore plus d'argent.

▶ Surfez moins cher sur Internet !

▶ Aussi spacieux à l'avant qu'à l'arrière : vos amis sont enfin aussi bien traités que leurs valises.

▶ Mangez autant que vous voulez avec Mincetvit' !

▶ PMS : Parlez plus pour seulement 19,90 € par mois !

▶ Toujours plus vite avec Taxi Plus !

▶ Hum... Moins de sucre mais autant de plaisir dans le chocolat Sibon...

5 Christophe compare son appartement avec le nouveau où il habitera bientôt. Écoutez-le et complétez le tableau.

+	–	=
- - - - -	- - - - -	- - - - -
- - - - -	- - - - -	- - - - -
- - - - -	- - - - -	

6 Observez ce tableau et complétez le texte.

LES PRATIQUES CULTURELLES À L'ÂGE ADULTE AU COURS DES DOUZE DERNIERS MOIS	Lecture de livres	Cinéma	Musée, exposition ou monument historique	Théâtre ou concert
Ensemble	58 %	50 %	45 %	29 %
Âge				
15-24 ans	72 %	89 %	46 %	40 %
25-44 ans	59 %	61 %	49 %	31 %
45-64 ans	56 %	40 %	47 %	30 %
65-74 ans	49 %	21 %	39 %	24 %
Sexe				
Femme	66 %	50 %	45 %	30 %
Homme	50 %	51 %	45 %	28 %
Lieu de résidence				
Moins de 100 000 habitants	56 %	43 %	43 %	24 %
100 000 habitants et plus	62 %	60 %	46 %	33 %
Paris et banlieue	71 %	66 %	54 %	44 %

(source : www.insee.fr/fr/ffc/lpweb/2003/ip883/listetab.htm)

On voit que les jeunes de 15 à 24 ans lisent - - - - - - - livres - - - - les personnes plus âgées. Les 65 ans lisent - - - - - que l'ensemble de la population. Ils vont - - - - - souvent au cinéma - - - - - au théâtre et

OUVERTURE 03 28 38 40 40 WWW.OPERA-LILLE.FR
OPERA DE LILLE

ils visitent _ _ _ _ _ _ _ _ _ _ musées _ _ _ _ _ les personnes plus jeunes.
On voit que les hommes visitent _ _ _ _ _ _ _ _ _ _ musées et de monuments
_ _ _ _ _ les femmes. En revanche, il est clair que les femmes lisent beaucoup
_ _ _ _ _ _ _ _ _ _ les hommes.
Dans les villes de moins de 100 000 habitants, on va _ _ _ _ _ au cinéma
_ _ _ _ _ dans les musées ou expositions.

7 **Lisez le tableau récapitulatif et complétez les phrases avec *mieux* ou *meilleur(e)(s)*.**

1. Le film est bon mais je trouve que le livre est _ _ _ _ _.

2. Ma mère a été malade mais elle va _ _ _ _ _ maintenant.

3. C'est vrai que Sarah cuisine _ _ _ _ _ que moi.

4. C'est bien de promettre un travail mais c'est _ _ _ _ _ de le faire…

5. Prends ce frigo, il est d'une _ _ _ _ _ qualité que l'autre.

6. Hum… Tes crêpes sont encore _ _ _ _ _ que d'habitude !

---

comparer

| moins aussi plus | + **adjectif/adverbe** (+ que) | Il est **plus jeune que** toi. C'est **aussi bien**. |

Attention :
moins bon(ne)(s) < aussi bon(ne)(s) < **meilleur(e)(s)**
moins mauvais(e)(s) < aussi mauvais(e)(s) < **pire(s)** / plus mauvais(e)(s)
moins bien < aussi bien < **mieux**

| **verbe** + | plus autant (que) moins | Elle dort **moins que** son frère. |

| moins **de** autant **de** plus **de** | + **nom** (+ que) | Tu veux **plus de** salade ? Elle a **autant d'**argent que lui. |

---

8 **Comparez oralement ces deux villes françaises.**

Palais des Papes

AVIGNON

Situation : à 580 km au sud de Paris
Nombre d'habitants : 90 000
Nombre d'étudiants : 7 000
Températures : moyenne de janvier : 10°
              moyenne de juillet : 27°
Pluie : 760 mm par an
Ensoleillement : 2 800 heures par an
Monuments : Pont Saint-Bénézet (XIIe siècle) ; Palais des Papes (XIVe siècle) ; dix musées

Palais des Ducs

DIJON

Situation : à 260 km au sud-est de Paris
Nombre d'habitants : 150 000
Nombre d'étudiants : 25 000
Températures : moyenne de janvier : 2°
              moyenne de juillet : 20°
Pluie : 699 mm par an
Ensoleillement : 1 700 heures par an
Monuments : Cathédrale (XIVe siècle) ; Palais des Ducs (XVIIe siècle) ; huit musées

ZURBAN PARIS

Intermittents. Menace sur les spectacles parisiens

N°151 Semaine du mercredi 16 juillet au mardi 22 juillet 2003

Nuits. Embarquez pour les meilleures soirées de l'été

0.80

TOUT CE QUE VOUS AVEZ TOUJOURS VOULU SAVOIR SUR

PARIS PLAGE

SANS JAMAIS OSER LE DEMANDER

1

L'Auberge des Gorges

La plus belle terrasse surplombant les gorges de l'Aveyron

25, rue Mèjane - 12500 ESPALION
05 65 73 12 00

2

Brézé SAUMUR

... un château sous un château

Un château habité
Des troglodytes
Une place forte souterraine
Des caves à vin
Des pressoirs
Une découverte unique !

Le plus fou des châteaux de la Loire

3

9 🎧 Écoutez et associez chaque publicité à un document.

1. _____ 2. *Brochures* 3. *Affiches*

10 Lisez le tableau *le superlatif de l'adjectif* et relevez les superlatifs dans les trois documents.

le superlatif : le, la, les plus/moins...

*C'est le musée **le moins** intéressant **de** la ville.*
***Le plus** petit **des** téléphones portables : le MWY3.*
*Ce sont les deux photos **les moins** jolies **de** l'album.*
*C'est toi qui cours **le plus** vite.*
*C'est Pierre qui travaille **le mieux**.*

Superlatifs irréguliers :
bon → le meilleur, la meilleure, les meilleur(e)(s)
bien → le mieux

La place de l'adjectif n'est pas fixe :
*C'est l'artiste **le plus** grand **de** sa génération.*
*C'est **le plus** grand artiste **de** sa génération.*

11 Associez un élément de gauche à un élément de droite et retrouvez les slogans publicitaires.

c 1. Les plus beaux cheveux
b 2. L'huile *Viergextra*
f 3. La moins chère et la plus rapide,
d 4. Les plus belles femmes
a 5. 100 % Brésil, buvez
e 6. Le moins lourd et le plus petit,

a. *Gusto*, le meilleur des cafés.
b. pour les meilleures salades.
c. sont lavés avec *Volum'Tiff*.
d. s'habillent en *Mod Plus*.
e. le nouveau téléphone portable *TS251*.
f. la nouvelle *Smarty*, 4 places.

12 Complétez avec *le mieux, le meilleur, la meilleure, les meilleurs, les meilleures.*

1. Dans la classe, c'est Mark qui comprend *le mieux* mais c'est Khadija *la meilleure* étudiante.
2. À ton avis, quel est *le meilleur* de ces deux CD ?
3. J'ai choisi cette marque d'ordinateur, je crois que c'est *la meilleure*
4. Pour moi, *les meilleurs* films sont italiens.
5. Tu parles bien chinois mais je crois que c'est ta sœur qui parle *le mieux*.

13 Par groupes de deux, imaginez quelques slogans publicitaires pour un de ces produits ou pour un aliment, un jeu vidéo, une voiture, etc.

1

2 EAU PURE

phonétique

[t] (tôt) / [d] (dos)

A Écoutez et cochez la case qui convient.

	1	2	3	4	5	6	7	8
même son (=)	X	X			X			X
son différent (≠)		X	X	X		X		X

B Écoutez et répétez ces mots.

1. toi - doigt
2. Adam - attends
3. thym - daim
4. dors - tort
5. dard - tard

C Écoutez et répétez ces phrases.

1. Ils entendent.
2. Les étudiants.
3. C'est le docteur.
4. Quelle idiote !
5. Il est détendu.

D Écoutez et cochez la case qui convient.

	1	2	3	4	5	6	7	8
[t]		X	X		X	X	X	X
[d]	X			X			X	X

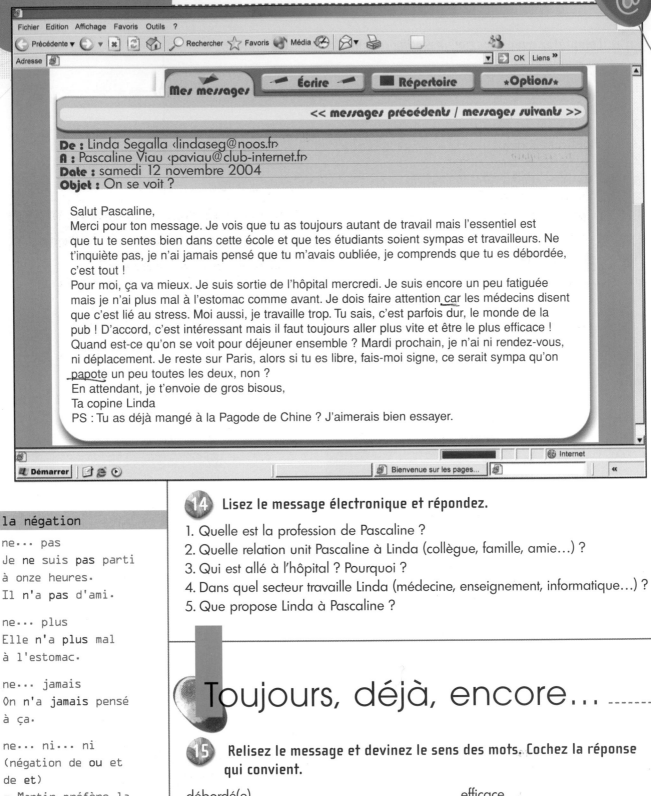

Fichier Edition Affichage Favoris Outils ?

Précédente ▼ | Rechercher | Favoris | Média | OK | Liens »

Adresse

Mes messages | **Écrire** | **Répertoire** | **★Options★**

<< messages précédents / messages suivants >>

De : Linda Segalla <lindaseg@noos.fr>
A : Pascaline Viau <paviau@club-internet.fr>
Date : samedi 12 novembre 2004
Objet : On se voit ?

Salut Pascaline,
Merci pour ton message. Je vois que tu as toujours autant de travail mais l'essentiel est
que tu te sentes bien dans cette école et que tes étudiants soient sympas et travailleurs. Ne
t'inquiète pas, je n'ai jamais pensé que tu m'avais oubliée, je comprends que tu es débordée,
c'est tout !
Pour moi, ça va mieux. Je suis sortie de l'hôpital mercredi. Je suis encore un peu fatiguée
mais je n'ai plus mal à l'estomac comme avant. Je dois faire attention car les médecins disent
que c'est lié au stress. Moi aussi, je travaille trop. Tu sais, c'est parfois dur, le monde de la
pub ! D'accord, c'est intéressant mais il faut toujours aller plus vite et être le plus efficace !
Quand est-ce qu'on se voit pour déjeuner ensemble ? Mardi prochain, je n'ai ni rendez-vous,
ni déplacement. Je reste sur Paris, alors si tu es libre, fais-moi signe, ce serait sympa qu'on
papote un peu toutes les deux, non ?
En attendant, je t'envoie de gros bisous,
Ta copine Linda
PS : Tu as déjà mangé à la Pagode de Chine ? J'aimerais bien essayer.

Internet

Démarrer | Bienvenue sur les pages... | «

---

la négation

ne... pas
Je **ne** suis **pas** parti
à onze heures.
Il **n'**a **pas** d'ami.

ne... plus
Elle **n'**a **plus** mal
à l'estomac.

ne... jamais
On **n'**a **jamais** pensé
à ça.

ne... ni... ni
(négation de **ou** et
de **et**)
– Martin préfère la
viande **ou** le poisson ?
– Il **n'**aime **ni** la
viande, **ni** le poisson.

---

14 Lisez le message électronique et répondez.

1. Quelle est la profession de Pascaline ?
2. Quelle relation unit Pascaline à Linda (collègue, famille, amie...) ?
3. Qui est allé à l'hôpital ? Pourquoi ?
4. Dans quel secteur travaille Linda (médecine, enseignement, informatique...) ?
5. Que propose Linda à Pascaline ?

Toujours, déjà, encore...

15 Relisez le message et devinez le sens des mots. Cochez la réponse
qui convient.

débordé(e)
- [ ] qui est malade
- [ ] qui est parti(e)
- [x] qui a trop de choses à faire

le stress
- [x] problème de tension, de fatigue
- [ ] activité sportive
- [ ] problème d'alimentation

efficace
- [ ] fatigué
- [x] actif, capable
- [ ] souriant

papoter (fam.)
- [ ] manger un peu
- [x] discuter, bavarder
- [ ] rire

16 Observez les phrases puis associez les éléments.

1. – Est-ce qu'Antoine est là, s'il vous plaît ?
   – Antoine ? Non, il n'est pas là. Il n'est **pas encore** rentré.

2. – Tu es **encore** malade ?
   – Non, je **ne** suis **plus** malade, je suis juste un peu fatiguée.

3. – Elle habite **toujours** à Paris ?
   – Non, elle **n'**habite **plus** à Paris ; elle est partie à Marseille.

4. – Tu as **déjà** mangé au *China Club* ?
   – Non, **pas encore**. Je vais peut-être y aller ce soir.

5. – Vous avez **déjà** visité le musée de la Marine ?
   – Non, je **ne** l'ai **jamais** visité.

encore = more, still, yet

phrase affirmative	phrase négative
encore ●	● ne… plus
toujours ●	● ne… pas encore
déjà ●	● ne… jamais

17 Répondez négativement aux questions.

1. Vous voulez encore un peu de fraises ?
2. Tu fumes toujours, Dominique ?
3. Tu as déjà essayé le parfum que je t'ai offert ?
4. Magali va toujours à l'école à pied ?
5. Vos amis sont déjà chez vous ?
6. Vous faites toujours beaucoup de sport ?
7. Tu as déjà visité Pompéi ?

18 Cochez la (les) réponses qui peut (peuvent) correspondre à chaque question.

1. Tu as toujours ta petite voiture rouge ?
   ☐ Oui, je l'ai déjà.
   ☐ Non, je ne l'ai plus.
   ☒ Bien sûr, je l'ai encore !

2. Tu n'as jamais vu la tour Eiffel ?
   ☒ Non, je ne l'ai jamais vue.
   ☐ Si, je la vois encore.
   ☒ Si, je l'ai déjà vue.

3. Vous avez déjà pris l'Eurostar de Paris à Londres ?
   ☒ Oui, nous l'avons déjà pris plusieurs fois.
   ☐ Non, nous ne l'avons plus pris.
   ☒ Non, nous ne l'avons pas encore pris.

4. Pauline est encore malade ce matin ?
   ☒ Oui, elle est encore malade.
   ☒ Non, elle n'est pas encore malade.
   ☐ Oui, elle est déjà malade.

---

toujours, déjà, ne… pas encore, etc.

ne… plus : négation de *encore* et de *toujours**

– Paul habite toujours rue Pasteur ?
– Non, il n'habite plus là depuis deux ans.

– Tu es encore malade ?
– Non, je ne suis plus malade.

ne… jamais : négation de *toujours** (souvent, parfois…) et de *déjà*

– Sam va toujours chez ses parents le dimanche.
– Ah ! Non. Tu rigoles, il ne va jamais les voir !

– Tu as déjà rencontré le mari de Béa ?
– Non, je ne l'ai jamais rencontré.

ne… pas encore : négation de *déjà*

– Tu es déjà allé au nouveau théâtre ?
– Non, je n'y suis pas encore allé.

* *toujours* a deux sens :
– tout le temps : Je mange toujours dans ce café.
– encore : Tu travailles toujours chez EMS ?

A Londres, plus vite que jamais
eurostar

La publicité

 Lisez le texte et répondez à ces questions.

1. Comment comprenez-vous la phrase *Trop de pub tue la pub* ?
2. Dans quelle phrase de la 2e partie du texte cette idée est-elle reprise ?
3. Pour quelles raisons est-ce que les publicitaires essaient d'être toujours plus originaux ?
4. Quelles idées originales voit-on naître dans les villes ?

 Quelles sont vos réactions à la lecture des deux exemples de publicités ? Trouvez-vous ces idées originales, efficaces, amusantes, choquantes, etc. ?

 Discutez en classe et trouvez des arguments pour répondre à ces questions.

1. À quoi sert la publicité ?	2. Pourquoi est-ce que la publicité peut être utile ?	3. Quels problèmes peut causer la publicité ?
1. - - - - -	1. - - - - -	1. - - - - -
2. - - - - -	2. - - - - -	2. - - - - -
3. - - - - -	3. - - - - -	3. - - - - -

 Et vous, que pensez-vous de la publicité ? Écrivez un petit texte.

Quand la pub délire

Trop de pub tue la pub. Pour sortir du lot, les publicitaires inventent des supports inédits et investissent des lieux improbables... Décapant !

Par Benjamin Douriez

Le problème avec la pub, c'est qu'il y en a trop. Chaque semaine, nous sommes exposés à plus de 1 000 messages commerciaux : *« 250 spots télévisés, 350 affiches, 150 messages radio, 450 stimuli placés dans les magasins, et 3 bandes publicitaires avant le film »*, rapporte Florence Amalou dans le livre *Le livre noir de la pub* (Éd. Stock). Devant cette avalanche[1], les publicitaires qui conçoivent les campagnes de promotion[2] n'ont qu'une obsession[3] : sortir du lot[4], trouver un support encore capable d'attirer l'attention des consommateurs blasés[5]. D'où des idées de plus en plus loufoques[6]. Exemple dans les grandes villes : les autobus, taxis ou voitures particulières transformés en panneaux publicitaires sur roues. On ne s'en étonne même plus.

Plus extravagant : l'opération menée il y a quelques années par le fabricant des poupées Barbie. *« Mattel a peint d'un rose criard toute une rue de Salford en Angleterre – maison, porche, arbre, chaussée, trottoir, chiens et voitures, tout devenant décor pour les célébrations du mois en rose de Barbie »* raconte la journaliste canadienne Naomi Kein dans *No logo : la tyrannie des marques* (Éd. Actes Sud). Dans un environnement saturé[7] de publicité, les annonceurs diffusent leurs réclames là où vous ne vous y attendez pas...

---

1. cette grande quantité.
2. séries de publicités sur un même produit.
3. une seule idée.
4. ne pas faire comme tout le monde, être différent.
5. indifférents, difficiles à surprendre.
6. très originales, un peu folles.
7. avec trop de publicité.

Mordant
Le chien publicitaire

publicitaire français. Pour l'animal, le boulot n'est pas bien compliqué : se promener tout un après-midi autour du Forum des Halles à Paris, pour être vu par le maximum de personnes.

Signe particulier : Marvin porte, tatoué sur le corps, le nom d'un jeu vidéo tout juste sorti, « Red faction 2 ». [...]

Marvin est un chien chanceux. En ce samedi 23 novembre 2002, ce labrador couleur sable qui a l'air triste a le privilège de devenir le premier chien

Pressant
Un panneau au-dessus des toilettes

Même aux toilettes, vous n'échapperez pas à la pub. La société Loomedia a placé 3 000 cadres publicitaires dans les WC des bars et restaurants branchés de l'Hexagone. [...] *« C'est un petit endroit où il n'y a rien d'autre à faire que de lire. Les enquêtes que nous avons réalisées confirment que les gens sont contents d'avoir un support visuel aux toilettes. En fait, la pub participe au confort »*, explique, le plus sérieusement du monde, Benoît Paget, directeur général de Loomedia. [...]

Les barres chocolatées Mars, par exemple, affichent un slogan sobre au-dessus des toilettes : *« On n'est pas bien là ? »*

(D'après *Réponse à tout* de juillet 2003)

Autoévaluation • 1

Je peux demander à quelqu'un son opinion

1 Dans cette liste, retrouvez les phrases utilisées pour demander à quelqu'un son opinion.

1. Ça t'a plu ?
2. Tu es allé voir l'exposition Miro ?
3. Qu'est-ce que tu penses de ce roman ?
4. Est-ce que tu as aimé ces tableaux ?
5. Vous avez trouvé le musée Van Gogh ?
6. À ton avis, c'est utile d'acheter des œuvres d'art ?
7. Comment avez-vous trouvé le musée Van Gogh ?

Je peux exprimer le but

2 Rayez la forme du verbe qui ne convient pas.

1. Arrivez bien à l'heure afin qu'on ne (perd / perde) pas de temps.
2. Je pense qu'il a dit ça pour te (faire / fasse) plaisir.
3. Pour que tout (soit / est) clair, le professeur notait toujours les règles au tableau.
4. Vous devriez relire cette lettre afin de bien la (compreniez / comprendre).

Je peux interroger de différentes manières

3 Transformez les questions comme dans l'exemple.

Exemple : Philippe est venu hier soir → Philippe est-il venu hier soir ?

1. Ben a répondu à ton message de lundi ? _ _ _ _ _ _ _ _ _ _ _ _ _
2. Vous allez à l'anniversaire de Mélanie samedi ? _ _ _ _ _ _ _ _ _ _
3. Sophie et Sylvie viendront courir avec toi demain ? _ _ _ _ _ _ _ _
4. Pierre était à la réunion, jeudi ? _ _ _ _ _ _ _ _ _ _ _ _ _
5. Elle habite où, ta cousine Marie-Pierre ? _ _ _ _ _ _ _ _ _ _
6. Vos amis sont arrivés ? _ _ _ _ _ _ _ _ _ _ _ _ _

Je peux poser des questions avec *qui est-ce qui / que, qu'est-ce qui / que*

4 Complétez les minidialogues avec le pronom qui convient.

1. – _ _ _ _ _ est-ce qui est venu à la maison ?
   – Ma copine Florence. Elle faisait des courses dans le quartier.
2. – Qu'est-ce _ _ _ _ _ tu dis ?
   – Rien. je n'ai pas parlé.
3. – _ _ _ _ _ est-ce que tu as vu au café ?
   – Il y avait Franck et Laurence.
4. – Qu'est-ce _ _ _ _ _ fait ce bruit ?
   – Ne t'inquiète pas, c'est le lave-linge.

e peux utiliser l'imparfait

5 Mettez le verbe entre parenthèses à l'imparfait.

Il (faire) - - - - - très froid à Londres. Je (être) - - - - - dans un bel hôtel à Kensington. Avec Adam, nous (visiter) - - - - - la ville toute la journée, nous (prendre) - - - - - beaucoup de photos et nous (finir) - - - - - nos soirées dans les pubs.

Comptez 1 point par bonne réponse.

Vous avez...
– 5 points : félicitations !
– moins de 5 points, revoyez les pages 12, 13 de votre livre et les exercices de votre cahier.

Je peux comparer deux éléments

6 Utilisez les éléments proposés et faites une phrase pour comparer les éléments.

1. une Ferrari - une Peugeot 306 - rouler - vite
2. un kilo de papier - un kilo de pommes - être - lourd
3. regarder la télévision - faire du sport - fatiguer
4. Avignon - Dijon - il y a - soleil

Comptez 1,5 point par bonne réponse.

Vous avez...
– 6 points : félicitations !
– moins de 6 points, revoyez les pages 30, 31 de votre livre et les exercices de votre cahier

Je peux comparer et exprimer un jugement de valeur

7 Complétez les phrases avec *mieux*, *le mieux*, *meilleur(e)(s)*, *le(s) meilleur(e)(s)*.

1. Tes crêpes étaient très bonnes mais celles de Marc sont - - - - -
2. Chloé travaille bien mais elle travaillait - - - - - l'année dernière.
3. Fabien Barthez a été - - - - - sportif de l'année.
4. À mon avis, - - - - - vins sont ceux de Bourgogne.
5. Dans ma famille, c'est ma petite sœur qui chante - - - - -.
6. Quels sont vos - - - - - desserts ?

Comptez 1 point par bonne réponse.

Vous avez...
– 6 points : félicitations !
– moins de 6 points, revoyez les pages 31, 32, 33 de votre livre et les exercices de votre cahier

Je peux répondre avec *toujours, encore, déjà, ne pas encore...*

8 Complétez les phrases.

1. – Tu vis - - - - - à Bordeaux ?
   – Non, je n'y vis plus. Maintenant, j'habite à La Rochelle.
2. – Vous avez - - - - - fini ?
   – Non, je n'ai pas encore fini. Il me faut cinq minutes.
3. – Vous avez - - - - - faim ?
   – Oui, un peu. Je vais prendre un dessert.
4. – C'est vrai que tu vas - - - - - déjeuner au petit café près de la poste ?
   – Moi ? Mais non, je ne déjeune jamais dans ce café !

Comptez 1 point par bon mot rayé.

Vous avez...
– 4 points : félicitations !
– moins de 4 points, revoyez les pages 34, 35 de votre livre et les exercices de votre cahier.

RÉSULTATS : .... points sur 40 points = ... %

Préparation au DELF A1 et A2

Oral

1 🎧 Écoutez, puis dites ce que les personnes font. Complétez le tableau.

	1	2	3	4	5	6
Demande à quelqu'un son opinion						
Exprime son opinion						
Exprime un jugement de valeur						
Compare						
Exprime des souhaits						

2 Discutez par deux. L'un demande à son voisin son opinion sur le dernier livre qu'il a lu ou le plus beau film qu'il a vu et l'autre répond.

Écrit

3 Remettez le dialogue dans le bon ordre.

a. – Ah ! Bon ? Pourquoi ?

b. – C'est vrai mais justement, on peut moins rêver et imaginer devant les œuvres de Langlois.

c. – Pourquoi pas, chacun ses goûts, après tout…

d. – Je ne peux pas te dire mais j'ai rarement détesté autant un tableau. Tu l'aimes, toi ?

e. – Oui. J'aime l'art contemporain et j'aime mieux ce tableau que celui de Langlois que tu adores.

f. – Tu le trouves comment ce tableau ?

g. – C'est vrai, je l'aime beaucoup, ce tableau de Langlois. Il est bien plus lumineux et on comprend ce qu'il décrit !

h. – Très moche.

i. – Peut-être mais moi, je préfère ce genre de peinture.

1	2	3	4	5	6	7	8	9

4 Écrivez un petit texte pour présenter un produit, une œuvre d'art ou une personne de votre choix. Utilisez chacun de ces adjectifs à la forme que vous voulez.

dernier - bon - joli - intéressant - vieux

- -

- -

5 Mettez ce texte au passé.

Il fait très beau et la mer est calme. Il y a des milliers de personnes allongées sur la plage. Les enfants jouent dans l'eau et les adultes se baignent ou lisent tranquillement sur le sable. J'observe cette scène et j'imagine que je suis seul sur cette belle plage…

- -

- -

2

Situer des événements dans le temps

41

4 Le Tour du monde en 80 Jours

1 🎧 Écoutez à nouveau l'enregistrement et répondez aux questions.

1. Dans quelle ville Phileas Fogg a-t-il commencé et fini son voyage ?

☐ Nantes ☐ Londres ☐ Paris ☐ Singapour

2. Quel jour les deux étudiants ont-il fini leur voyage ?

☐ Le 2 octobre 2002 ☐ Le 20 octobre 2002
☐ Le 31 octobre 2002 ☐ Le 21 décembre 2002

3. Pourquoi l'année 2002 était-elle une bonne année pour faire ce voyage ?

☐ Parce que le 2 octobre 2002 était un mercredi.
☐ Parce que cela faisait 130 ans que Jules Verne était mort.
☐ Parce que les étudiants étaient en vacances en octobre 2002.

4. Pourquoi les étudiants n'ont-ils pas pris les mêmes moyens de transport que Phileas Fogg ?

☐ Parce qu'ils n'avaient pas beaucoup de temps.
☐ Parce les avions ont remplacé les bateaux.
☐ Parce qu'ils aimaient mieux prendre l'avion.

5. Quel a été le problème avec le train en Inde ?

☐ Le train a été arrêté par un éléphant.
☐ Le train s'est arrêté en pleine campagne.
☐ Le train ne roulait pas très vite.

6. Pourquoi le voyage des étudiants n'a-t-il pas été aussi romantique que le voyage de Phileas Fogg ?

☐ Parce qu'ils n'ont pas voyagé à dos d'éléphant.
☐ Parce qu'ils n'ont pas rencontré de jolie jeune fille.
☐ Parce qu'ils ont été malheureux.

🎧 **Écoutez l'enregistrement et répondez.**

1. Où les deux étudiants habitent-ils ?
2. Pourquoi la station de radio interroge-t-elle les deux étudiants ?
3. Qui a écrit le roman *Le Tour du monde en 80 jours* ?
4. Qui est Phileas Fogg ?

---

2 🎧 **Écoutez une dernière fois pour vérifier vos réponses et lisez le texte.**

Vous écoutez Radio G, il est onze heures douze. La rubrique locale avec Jean-Charles Dupré.

Jean-Charles Dupré : Deux étudiants de Nantes, Augustin Lebouédec et Guillaume Goussin, viennent de faire un tour du monde un peu particulier. Nous les avons rencontrés pour qu'ils nous racontent leur voyage.

Augustin Lebouédec : Bah, on est de Nantes tous les deux, et Nantes c'est aussi la ville de Jules Verne. Alors, on connaissait *Le Tour du monde en 80 jours* et, tous les deux, on rêvait de faire le même voyage que Phileas Fogg. Et puis, le 2 octobre 2002 était un mercredi. Et comme Phileas Fogg a commencé son voyage le mercredi 2 octobre 1872, ça faisait juste 130 ans, alors on a décidé de partir.

Jean-Charles Dupré : Et vous avez traversé quels pays ?

Augustin Lebouédec : Alors, on a suivi le même parcours que Phileas Fogg. On est partis de Londres et on est passés à Paris, Brindisi, Suez, Bombay, Calcutta, Singapour, San Francisco, New York et Londres. Évidemment, on a aussi respecté les dates que Jules Verne a données dans son livre, et on était de retour à Londres le samedi 21 décembre.

Jean-Charles Dupré : Mais vous n'avez pas utilisé les mêmes moyens de transport ?

Augustin Lebouédec : Non, les paquebots du XIXe siècle n'existaient plus. Alors on a pris l'avion quelquefois.

Guillaume Goussin : Mais c'est amusant, parce que, en Inde, on a eu presque le même problème que Phileas. C'était le soir, on était dans le train, on allait vers Allahabad, et puis, tout à coup, le train s'est arrêté en pleine campagne. On était un peu inquiets. J'ai dit à Augustin : va acheter un éléphant !

Guillaume Goussin : Et puis le train est reparti après quelques minutes. On a beaucoup ri.

Augustin Lebouédec : Malheureusement, ce jour-là, on n'a pas croisé la jolie Aouda que Phileas Fogg a rencontrée. La fin du voyage a donc été un peu moins romantique.

---

même

le même... (que)
la même... (que)
les mêmes... (que)

On rêvait de faire **le même** voyage que Phileas Fogg.

aussi / non plus

- Guillaume habite à Nantes, Augustin **aussi**.
- Elle n'aime pas le thé noir. Moi **non plus**.
- Il a visité Bombay et il est **aussi** allé à Calcutta.
- Il ne parle pas japonais et il ne parle pas anglais **non plus**.

43

S'exprimer au passé

3 Observez ce que dit Guillaume Goussin et associez les éléments.

C'était le soir, on était dans le train, on allait vers Allahabad, et puis, tout à coup, le train s'est arrêté en pleine campagne. On était un peu inquiets. J'ai dit à Augustin : va acheter un éléphant ! On a beaucoup ri.

Le passé composé ●   ● présente des actions ou des états qui n'ont pas de limites de temps précises ou qui ne sont pas terminés.

L'imparfait ●   ● présente des actions ou des états qui sont terminés.

4 Écrivez les verbes entre parenthèses à l'imparfait ou au passé composé.

1. Je (attendre) . . . . . à l'arrêt de bus quand je (voir) . . . . . Coralie de l'autre côté de la rue.
2. Ah ! Te voilà ! Alex (attendre) . . . . . 30 minutes puis il (partir) . . . . . . Il (être) . . . . . très fâché.
3. Elle (dormir) . . . . . quand le téléphone (sonner) . . . . . .
4. Il (dire) . . . . . « merci » et il (sortir) . . . . . du bureau.

5 Écoutez et écrivez les verbes.

Oh, mardi soir, on regardait la télé. Il . . . . . environ 10 heures. Tout à coup, quelqu'un . . . . . à la porte. À 10 heures ! On n'. . . . . personne, bien sûr. Je . . . . . ouvrir. À la porte, il y . . . . . deux touristes avec un sac à dos, un gars et une fille. Ils . . . . . un hôtel. Il . . . . . froid, alors je leur . . . . . d'entrer.

L'accord du participe passé

7 Observez les phrases puis répondez aux questions.

a. Le journaliste a rencontré Guillaume et Augustin.
b. Nous **les** avons rencontrés pour qu'ils nous racontent leur voyage.
c. Évidemment, on a aussi respecté les dates **que** Jules Verne a données dans son livre.
d. Pendant le voyage, on n'a pas croisé la jolie Aouda **que** Phileas Fogg a rencontrée.

1. Quel est le complément du verbe dans la phrase *a* ? Est-il avant ou après le verbe ?
2. Qu'est-ce que le pronom *les* remplace dans la phrase *b* ?
3. Qu'est-ce que le pronom *que* remplace dans les phrases *c* et *d* ?
4. Le pronom *les* est le complément de quel verbe ? Est-il avant ou après le verbe ?
5. Les pronoms *que* sont les compléments de quels verbes ? Sont-ils avant ou après le verbe ?
6. Regardez la fin des verbes *rencontrer* et *donner* dans les quatre phrases. Que remarquez-vous ?

8 Écrivez le verbe entre parenthèses au passé composé.

1. Oui, Lisa est là, je la (voir) . . . . . au premier étage.

2. Géniales, tes chaussures ! Où est-ce que tu les (acheter) . . . . . ?

3. Les chocolats ? Euh, Valérie les (rapporter) . . . . . de Belgique.

4. Attends, tu vas voir les photos qu'on (prendre) . . . . . à Tahiti.

5. Quels livres tu (lire) . . . . . pendant les vacances ?

6. Chérie, je ne trouve pas tes clés. Où est-ce que tu les (mettre) . . . . . ?

7. Elles sont bonnes ces tartes, hein ? C'est Laurence qui les (faire) . . . . . .

44

6 **a)** Regardez les dessins et racontez, oralement, l'histoire de Laurent Perrot. Utilisez le passé composé et l'imparfait.

b) Écrivez maintenant l'histoire de Laurent Perrot.

---

imparfait et passé composé

L'imparfait et le passé composé présentent des actions et des états dans le passé.

L'imparfait

présente des actions ou des états sans limites de temps précises. Il présente le contexte, le décor, d'une situation.
C'était le soir. On était dans le train. On allait vers Allahabad.

Le passé composé

présente des actions ou des états finis/terminés à un moment précis. Il présente les événements de la situation.
Tout à coup, le train s'est arrêté.
J'ai dit à Augustin : va acheter un éléphant !

---

9 Écoutez et cochez la case qui convient.

1. ☐ pris   ☐ prise
2. ☐ fait   ☐ faite
3. ☐ mis   ☐ mises
4. ☐ ouvert   ☐ ouverte
5. ☐ offert   ☐ offerte
6. ☐ détruits   ☐ détruites
7. ☐ peint   ☐ peinte

l'accord du participe passé avec *avoir*.

Au passé composé, quand le complément direct du verbe est avant le verbe, le participe passé s'accorde avec ce complément.

– avec *l', les, me, te, nous, vous* :
Ma grand-mère ? Oui, je l'ai beaucoup aimée.
Vincent et Marie ? Oui, oui, nous les avons rencontrés.

– avec *que* :
On a respecté les dates que Jules Verne a données dans son livre.

– avec *quels, quelle, quelles* :
Quelles villes avez-vous visitées ?

Attention à la prononciation de certains participes passés (*pris, mis, fait*, etc.).
Tes livres ? Julien les a pris. Tes cassettes ? Julien les a prises.

10 🎧 **Écoutez et répondez.**

1. Quand est-ce que Catherine a rencontré Guillaume et Augustin ?

2. Pourquoi est-ce que Guillaume demande à Catherine si elle a *deux jours* ?

3. Qu'est-ce qui s'est passé dans le train de Douvres ?

4. Pourquoi les trois amis rient-ils ?

11 **Observez puis associez les éléments.**

Je suis arrivé ici **il y a** un an.
Il y a un an **qu'**il habite à Bordeaux.
Ça fait deux semaines **qu'**on est revenus !
Il y avait une heure **que** le train roulait vers Douvres.
Ça faisait deux jours **qu'**on voyageait.

On utilise :

il y a ● → ● pour indiquer une durée qui continue aujourd'hui.

il y a... que
ça fait... que ● → ● pour indiquer une durée qui continue dans le passé.

il y avait... que
ça faisait... que ● → ● pour indiquer un moment précis par rapport à aujourd'hui.

12 **Lisez le tableau** *les indicateurs de temps*, **puis transformez les phrases en utilisant les mots indiqués entre parenthèses.**

exemple : Elle est partie en mai 2000. Elle a travaillé ici de mai 1995 à mai 2000.
(il y avait... que) → Elle est partie en mai 2000. Il y avait 5 ans qu'elle travaillait ici.

1. Le Portugal est devenu membre de l'Union européenne en 1986.
   (il y a) → - .

2. Douze pays de l'Union européenne utilisent l'euro depuis 2002.
   (ça fait... que) → - .

3. Le franc a disparu en 2002. On l'a utilisé pendant 207 ans, de 1795 à 2002.
   (il y avait... que) → - .

4. La tour Eiffel a été construite en 1889.
   (il y a... que) → - - - - - - - - - - - - - .

5. L'université de la Sorbonne existe depuis 1257.
   (il y a) → - .

13 Complétez les phrases avec des indicateurs de temps : *pendant,*
il y a, depuis...

Sur la photo, c'est Julie. Elle est née le 17 avril 1975. Quand elle est née,
. . . . . deux ans que ses parents étaient mariés. Julie et ses parents ont habité
à Besançon . . . . . 5 ans. Puis le père de Julie a commencé à beaucoup
voyager pour son travail. . . . . . 10 ans, Julie a vécu dans douze pays
différents, en Asie et en Afrique. Elle est revenue en France . . . . . 10 ans
pour étudier l'électronique et l'informatique. Avec un bon diplôme,
elle n'a pas eu de problème pour trouver un travail.
. . . . . 1999, elle travaille dans l'entreprise Thomson. Elle vit seule,
mais elle a un petit ami. Ils vont se marier . . . . . un an.

les indicateurs de temps

Rappel :
Depuis : Il habite à Bordeaux depuis un an / depuis son mariage.
Il y a : Julie est partie il y a une heure.
Pendant : Qu'est-ce que tu vas faire pendant les vacances.
Dans : Je vais à Berlin. Je reviens dans une semaine.
En : Phileas Fogg a fait le tour du monde en 79 jours.
Jusqu'à : Je serai au bureau jusqu'à 18h30.

Pour indiquer une durée qui continue aujourd'hui :
Ça fait/Il y a un an **que** j'apprends le français.
Pour indiquer un moment précis par rapport à aujourd'hui :
Ça fait/Il y a un an **que** j'ai commencé.
Pour indiquer une durée qui continue jusqu'à un moment passé :
Il est parti en mars 2003. ***Ça faisait/Il y avait*** un an ***qu'***il habitait ici.

N.B. : *ça fait/ça faisait* peut aussi s'écrire **cela** *fait/***cela** *faisait* (plus formel).

p h o n é t i q u e

je pense, je pensais, j'ai pensé

A 🎧 **Écoutez puis répétez.**

1. Je pense. - Je pensais. - J'ai pensé.
2. Il change. - Il changeait.
3. Elle parle vite. - Elle parlait vite.
4. Je choisis. - J'ai choisi.
5. Il s'est levé. - Il se levait.
6. On arrête. - On arrêtait. - On a arrêté.
7. Elle achète. - Elle achetait. - Elle a acheté.
8. Je l'ai aidé. - Je l'aidais.

B 🎧 **Écoutez puis cochez la phrase**
que vous entendez.

1.	Il pense.	Il pensait.
2.	J'étais malade.	J'ai été malade.
3.	Je finis la vaisselle.	J'ai fini la vaisselle.
4.	J'ai préféré partir.	Je préférais partir.
5.	Elle m'appelle.	Elle m'a appelé.
6.	J'écris une lettre.	J'ai écrit une lettre.
7.	Il s'est fâché.	Il se fâchait.
8.	Je l'ai aimé.	Je l'aimais.
9.	Il l'adore.	Il l'adorait.

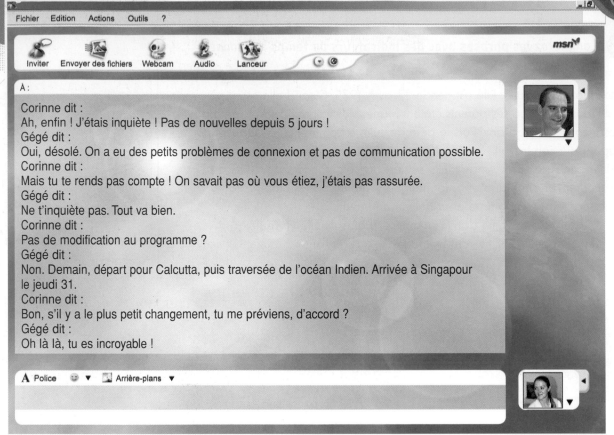

Fichier   Edition   Actions   Outils   ?

msn

Inviter   Envoyer des fichiers   Webcam   Audio   Lanceur

À :

Corinne dit :
Ah, enfin ! J'étais inquiète ! Pas de nouvelles depuis 5 jours !
Gégé dit :
Oui, désolé. On a eu des petits problèmes de connexion et pas de communication possible.
Corinne dit :
Mais tu te rends pas compte ! On savait pas où vous étiez, j'étais pas rassurée.
Gégé dit :
Ne t'inquiète pas. Tout va bien.
Corinne dit :
Pas de modification au programme ?
Gégé dit :
Non. Demain, départ pour Calcutta, puis traversée de l'océan Indien. Arrivée à Singapour
le jeudi 31.
Corinne dit :
Bon, s'il y a le plus petit changement, tu me préviens, d'accord ?
Gégé dit :
Oh là là, tu es incroyable !

A Police   ☺ ▼   Arrière-plans ▼

Démarrer   Novell-delivered...   GroupWise - Boît...   Lecteur CD - [04]...   MSN Messenger   16:06

Singapour

14 **Lisez le message et répondez oralement.**

1. Où est Gégé ?
2. Est-ce qu'il voyage seul ?
3. Pourquoi est-ce que Corinne veut communiquer avec lui ?
4. Pourquoi est-ce que Gégé dit à Corinne : « Tu es incroyable ! » ?

Exprimer l'inquiétude
et réconforter

15 **Observez les énoncés et classez-les dans le tableau.**

J'étais inquiète !   Ne t'inquiète pas.   J'étais pas rassurée.
Mais tu te rends pas compte !   Tout va bien.

exprimer l'inquiétude	réconforter

16 **Écoutez et complétez le tableau.**

	sujet de la discussion	expressions utilisées pour dire son inquiétude	expressions utilisées pour réconforter
dialogue 1	. . . .	. . . .	. . . .
dialogue 2	. . . .	. . . .	. . . .
dialogue 3	. . . .	. . . .	. . . .

s'inquiéter
• *Je suis inquiet.*
• *Je ne suis pas rassuré(e).*
• *Ça m'angoisse.*
• *Tu ne te rends pas compte !*
• *On ne va jamais y arriver !*

17 **Par deux, choisissez une situation et écrivez un dialogue en vous aidant des tableaux** *s'inquiéter - réconforter*.

réconforter
• *Ne t'inquiète pas.*
• *Ne t'en fais pas.*
• *(Tu vas voir.) On va trouver une solution.*
• *(Tu vas voir.) On va y arriver.*
• *(Tu verras.) Tout ira bien.*
• *Je vais t'aider.*
• *Ce n'est pas grave.*

La nominalisation

18 **Dans le message, retrouvez les noms qui correspondent à ces verbes :**

1. On n'a pas pu communiquer. → . . . .
2. Vous n'avez pas modifié le programme ? → . . . .
3. Demain, on part pour Calcutta, → . . . .
4. On va traverser l'océan Indien. → . . . .
5. On arrive à Singapour le jeudi 31. → . . . .
6. Rien ne va changer ? → . . . .

19 **Récrivez ce programme de voyage en remplaçant les verbes par des noms.**

Lundi : on part de Paris à 17 heures ; → . . . .
      on arrive à Istanbul à 19 h 30 ; → . . . .
      on s'installe à l'hôtel Pahali. → . . . .
Mardi : on visite le quartier historique. → . . . .
Mercredi : on achète des souvenirs dans le Grand Bazar ; → . . . .
      on traverse la mer de Marmara. → . . . .
Jeudi : on explore la région de Bursa. → . . . .
Vendredi : on retourne à Paris. → . . . .

la nominalisation

Les noms sont souvent formés à partir des verbes. Certaines transformations sont simples :
– contrôler - un contrôle ; visiter - une visite ; acheter - un achat
– traverser - une traversée ; arriver - une arrivée
Attention : partir - un départ

Pour d'autres, on ajoute, par exemple :
-tion ou *-ation* : diminuer - une diminution ; communiquer - une communication
-ment : loger - un logement ; changer - un changement
-age : passer - un passage ; décoller - un décollage
-ure : lire - une lecture ; ouvrir - une ouverture

L'évolution technique

20 Lisez le texte et répondez oralement aux questions.

1. Quels sont les exemples de l'évolution technique donnés par le texte ?
2. Comment était la vie avant cette évolution technique du XXe siècle ?
3. Quels sont, à votre avis, les autres exemples importants de l'évolution technique ?

21 Observez les photos. Que représentent-elles ? Quelle relation ont-elles avec le texte ?

22 Choisissez une machine ou un matériel et écrivez un petit texte expliquant comment cette machine ou ce matériel a modifié la vie dans votre pays.

ÉVOLUTION-RÉVOLUTION

La France a connu, au cours des cent dernières années, une évolution technique qui a radicalement transformé la vie quotidienne. Cette évolution a été possible grâce au développement des deux principales sources d'énergie que sont l'électricité et le pétrole, et elle a accompagné de petites révolutions sociales.

L'intérieur domestique

Les deux machines les plus emblématiques[1] de l'évolution technique dans les maisons sont la machine à laver et le réfrigérateur. Environ 95 % des foyers français ont aujourd'hui une machine à laver et 99 % un réfrigérateur.

Jusqu'au début du XXe siècle, c'est dans la rivière, dans un lavoir ou avec l'eau du puits qu'on lavait son linge. Des machines à laver mécaniques, en bois, existaient à la fin du XIXe siècle mais ce n'est qu'après 1930 que les machines à laver modernes ont pris place dans les maisons françaises pour libérer les femmes de ce travail difficile.

Le réfrigérateur a connu une évolution semblable. La production industrielle du frigo domestique a commencé en 1931. Avant, il y avait le garde-manger, la cave ou le grenier, les aliments étaient appropriés au mode de conservation (le jambon n'était pas sous plastique mais accroché au mur de la cuisine) et les consommateurs moins exigeants (on

mangeait des haricots verts en été et des haricots blancs en hiver).

Les communications et les transports

Durant le XXe siècle, on a beaucoup fait pour réduire les distances. Avec les télécommunications (téléphone, télévision, télématique), la voix, puis l'image et l'écrit, font instantanément le tour du monde. La révolution de la communication atteint

son maximum dans les années 1990 avec l'extension des réseaux de téléphones portables qui permettent une totale autonomie[2] de l'individu pour ses communications à distance. Pour les personnes elles-mêmes, toutefois, la téléportation n'est pas encore au point…

La révolution des transports a eu pour conséquence des changements sociaux. Avant le XXe siècle, les populations voyageaient peu. L'emploi, le commerce et le tourisme ont modifié cette donnée. Les automobiles ont commencé à remplacer les chevaux au début du XXe siècle (création des usines automobiles Peugeot en 1910, de Citroën en 1919) avant d'envahir les villes. Les trains ont gagné en confort et en vitesse (le TGV circule à 300 km/h sur les nouvelles lignes). Mais c'est surtout le développement des avions de lignes (à partir de 1933) qui a bouleversé les transports et permis que, en quelques heures, hommes et marchandises parviennent à l'autre bout du monde.

1. qui montrent très bien.
2. qui fonctionne tout seul, sans l'aide d'une autre chose ou d'une personne.

Après, il y a eu l'hiver. Jamais je n'avais eu aussi froid. Tagardit m'avait raconté autrefois tout ce qu'il y a en France en hiver : le ciel gris-noir, les lumières allumées dans les rues à quatre heures, la neige, le verglas, et les arbres tout nus, tordus comme des spectres. Mais c'était encore plus dur que ce qu'elle avait dit.

Le bébé de Houriya est arrivé en février. Quand le bébé est né, j'ai pensé que c'était peut-être la première fois que ça arrivait, un enfant qui naissait sous la terre ; si loin de la lumière du jour, comme au fond d'une immense grotte.

C'est peut-être à cause de ça que j'ai commencé à penser au Sud, à retourner vers le soleil. Pour que le bébé ait du soleil sur sa peau, pour qu'il ne continue pas à respirer l'air pourri de cette rue sans ciel.

Avec Nono, on faisait des plans. Il allait gagner son match des poids plume, il pourrait acheter une auto, et on descendrait tous vers le Sud avec Houriya et le bébé par la grande route qui passe par Évry-Courcouronnes, avec ses huit voies qui sont comme un fleuve. On irait à Cannes, à Nice, à Monte-Carlo et même jusqu'à Rome, en Italie. On attendrait avril ou mai pour que le bébé soit bien grand et puisse supporter le voyage. Ou même juin, puisque je devais me présenter au bac. Mais on n'irait pas au-delà, parce que ça serait trop long, trop tard, qu'on ne partirait plus. Juin était bien. Justement, le grand match de sélection avait lieu le 8. Nono s'entraînait tout le temps. Quand il n'était pas à la salle du boulevard Barbès, il boxait dans son garage. Il s'était fabriqué un punching-ball avec un sac de patates qu'il avait rembourré avec des chiffons.

J.M.G. Le Clézio, *Poisson d'or*, Collection Blanche (Gallimard)

---

1 **Relisez le texte et cochez la réponse qui convient.**

	vrai	faux
1. Le bébé est né sous un beau soleil.	☐	☐
2. Nono pratique la boxe.	☐	☐
3. Il a une voiture.	☐	☐
4. La route est comparée à un fleuve.	☐	☐
5. Les personnages de l'histoire partiront en avril ou en mai.	☐	☐
6. La personne qui raconte l'histoire doit passer un examen.	☐	☐
7. Le grand match de Nono est le 8 juin.	☐	☐
8. Nono ne s'est pas bien préparé pour son match.	☐	☐

2 **Complétez chaque phrase avec l'un des mots proposés. Faites les accords nécessaires.**

1. (verglas - soleil) En hiver, le _ _ _ _ _ est dangereux sur les routes.

2. (nu - tordu) La roue de ma bicyclette est _ _ _ _ _ depuis que je suis tombée.

3. (pourri - nu) Marie, ne te promène pas _ _ _ _ _ dans la maison, s'il te plaît !

4. (se présenter - s'entraîner) Paul est inquiet car il _ _ _ _ _ à son examen mardi.

5. (supporter - boxer) Ma vieille grand-mère a du mal à _ _ _ _ _ la chaleur.

6. (voie - plan) Vous avez des _ _ _ _ _ pour les prochaines vacances ?

J. M. G. LE CLÉZIO

POISSON D'OR

roman

Oui ?
Non ?
C'est ça ?

nrf

Lisez cet extrait de *Poisson d'Or* de J.M.G. Le Clézio et répondez oralement aux questions.

1. Dans quel pays se passe cette scène ?
2. En quelle saison se situe cette histoire ?
3. Comment s'appelle la maman du bébé ?
4. Pourquoi est-ce que la personne qui raconte l'histoire pense au Sud ?
5. À quoi rêve-t-elle ? Pourquoi ?

3 **Retrouvez six phrases correctes.**

1. J'ai bien compris toute
2. Elle a lu toutes
3. Tu peux m'expliquer toute
4. Tu as bien compris tout
5. J'ai fini tout
6. La secrétaire a annulé tous

a. le rapport de Jean-Louis ?
b. les enquêtes sur ce sujet.
c. l'explication du directeur financier.
d. l'organisation de cette entreprise ?
e. les rendez-vous de lundi.
f. le travail que vous m'avez demandé.

4 **Complétez les phrases avec *tout*, *toute*, *tous* ou *toutes*.**

1. J'ai fait _____ mes études à l'université de la Sorbonne.
2. Qui a mangé _____ la tarte aux pommes ?
3. J'ai revu _____ les photos de notre voyage au Liban.
4. On a dansé _____ la soirée, c'était génial !
5. Il a dormi pendant _____ l'heure de cours…
6. _____ ce travail est à faire pour demain, s'il vous plaît.

tout, tous...

Nono s'entraînait **tout** le temps.

Il s'entraîne **toute** l'année.

Tu travailles **tous** les jours ?

Tout l'immeuble a été repeint.

Il y a eu du bruit **toute** la nuit.

Je n'ai pas **toutes** les informations.

53

Se situer dans le passé

5 **a) Observez ces phrases puis, dans le tableau, cochez les cases qui conviennent.**

- Mais c'était encore plus dur que ce qu'elle avait dit.
- Il boxait dans son garage. Il s'était fabriqué un punching-ball avec un sac de patates qu'il avait rembourré avec des chiffons.
- J'ai lu le roman que tu m'avais prêté cet été.
- Il a repensé à l'histoire que son père lui avait racontée.

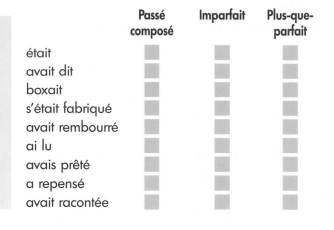

	Passé composé	Imparfait	Plus-que-parfait
était	☐	☐	☐
avait dit	☐	☐	☐
boxait	☐	☐	☐
s'était fabriqué	☐	☐	☐
avait rembourré	☐	☐	☐
ai lu	☐	☐	☐
avais prêté	☐	☐	☐
a repensé	☐	☐	☐
avait racontée	☐	☐	☐

b) Complétez.

Le plus-que-parfait se forme avec *avoir* ou _ _ _ _ _ à _ _ _ _ _ + le _ _ _ _ _ du verbe.

c) Cochez la réponse qui convient.

Le plus-que-parfait exprime :
☐ une action passée qui continue dans le présent.
☐ une action qui se passe dans le passé, avant une autre action.
☐ une action qui se passe dans le passé, après une autre action.

Exprimer l'antériorité / la postériorité

8 **Observez les phrases et classez-les dans le tableau.**

	d'abord	ensuite
J'étais angoissé après avoir regardé ce film.	*J'ai regardé ce film.*	*J'étais angoissé.*
J'avais compris la situation avant que tu me l'expliques.		
Je l'ai revue après qu'elle a eu son bébé.		
On a attaché nos ceintures avant le départ.		
On a fini le travail avant de partir.		
Après le concert, on a dîné au restaurant.		
Pierre m'a appelée avant que le train parte.		

9 **Écoutez ces quatre énoncés et choisissez ci-dessous la phrase qui correspond à chacun.**

1. a. J'ai revu Didier, puis j'ai repensé à ma vie passée.
   b. Je repensais à ma vie passée avant de revoir Didier.
2. c. Parle après que tu as réfléchi !
   d. Parle et réfléchis plus tard.

Mettez les verbes indiqués au plus-que-parfait.

1. Il m'a répondu qu'il (ne pas recevoir) _ _ _ _ ma lettre.
2. Je ne savais pas que Marie-Anne (partir) _ _ _ _ en Amérique du Sud.
3. Les enfants étaient rentrés mais elle (ne pas les entendre) _ _ _ _ _ .
4. Il faisait froid et la neige (recouvrir) _ _ _ _ les toits de la ville.

 Mettez les verbes au temps qui convient : *passé composé, imparfait* **ou** *plus-que-parfait*.

J'étais très heureuse de revoir Didier ce 17 mai. Je (attendre) _ _ _ _ longtemps ce moment. On (faire) _ _ _ _ tellement de choses ensemble, quand on _ _ _ _ (être) plus jeunes, que Didier (devenir) _ _ _ _ un très bon ami. Donc, ce 17 mai, il (venir) _ _ _ _ à Paris et on _ _ _ _ (se donner) rendez-vous dans un petit café près de mon travail. On (discuter) _ _ _ _ plusieurs heures de nos souvenirs passés : le voyage qu'on (faire) _ _ _ _ en Syrie avec ma sœur et notre groupe d'amis, les belles vacances qu'on (passer) _ _ _ _ en Auvergne ou dans le Périgord. Ensuite, on (aller) _ _ _ _ dîner dans un petit restaurant du Marais et on (rire) _ _ _ _ comme avant, de tout ! On (être) _ _ _ _ très gais et la soirée (être) _ _ _ _ vraiment agréable. C'est bon d'avoir de vrais amis !

le plus-que-parfait

Formation :
être ou *avoir* à l'imparfait + participe passé du verbe.
Elle s'était levée à 8 heures. Il n'avait rien compris.

Emploi :
pour décrire une action antérieure à une autre dans le passé.
Je savais qu'elle était déjà partie. Elle m'a montré les photos qu'elle avait prises au Cambodge.

paysage d'Auvergne

3. e. Pierre arrive avant que tu racontes ton histoire.
   f. Tu racontes ton histoire, puis Pierre arrive.
4. g. D'abord, vous téléphonerez à Marie, ensuite vous finirez votre travail.
   h. Vous finirez votre travail avant de téléphoner à Marie.

10 **Lisez le tableau, puis complétez les phrases avec** *avant, avant de, avant que, après, après que.*

1. Remplissez cette fiche _ _ _ _ payer votre inscription.
2. _ _ _ _ Philippe est parti, elle s'est mise à pleurer.
3. Bon voyage ! Et téléphonez-nous _ _ _ _ vos vacances !
4. Il faut tout me dire _ _ _ _ il soit trop tard.
5. Un proverbe dit : « _ _ _ _ la pluie, vient le beau temps. »
6. On va prendre un verre _ _ _ _ le travail ou tu dois rentrer chez toi ?
7. _ _ _ _ l'été, les arbres commencent à perdre leurs feuilles.
8. Agathe, range ta chambre _ _ _ _ ton père revienne !

avant, après…

• **avant + déterminant + nom**
Rentre avant la nuit !
• **avant de + infinitif**
Je vous donnerai mon adresse avant de partir.
• **avant que + subjonctif**
Le professeur a posé des questions avant qu'on lise le texte.

• **après + déterminant + nom**
Qu'est-ce que tu fais après les cours ?
• **après + infinitif passé**
Après avoir visité l'église, nous sommes allés dans la vieille ville.
Je lui ai téléphoné après être arrivée à l'hôtel.
• **après que + indicatif***
Tout le monde était triste après que tu es parti.
* Cet emploi est moins fréquent et on utilise plus souvent
• *quand : Tout le monde était triste quand tu es parti.*
• *après + nom : Tout le monde était triste après ton départ.*

En riant, en chantant...

11 **Écoutez la conversation entre Laïla et Nono puis cochez les réponses qui conviennent.**

1. Nono dit que…
- [ ] Loulou est très fort mais qu'il le battra.
- [ ] Loulou est trop fort pour lui.
- [ ] Loulou est fort mais qu'il est fatigué.

2. Laïla pense que…
- [ ] Nono peut gagner son match.
- [ ] Loulou va écraser Nono.
- [ ] Nono doit arrêter de s'entraîner.

3. Nono…
- [ ] ne va pas tout arrêter.
- [ ] va s'entraîner mais ne fera pas son match contre Loulou.
- [ ] fera son match contre Loulou.

12 **La forme en gras est au gérondif. Lisez la phrase puis relevez dans le texte trois autres formes au gérondif.**

Il vient de devenir champion de France des poids plume **en écrasant** Luigi Serpentini.

– Je ne suis pas fatigué mais Loulou a gagné tous ses matchs, cette saison. Il vient de devenir champion de France des poids plume en écrasant Luigi Serpentini à Monaco. Tu le sais ça ?
– Et alors ? Écoute-moi, Nono : tu sais qu'il faut qu'on quitte cette ville pourrie, ce climat pourri.

En vivant dans le Sud, le bébé verra de belles choses autour de lui, pas de la neige, du verglas et des arbres nus ! Pense aux bons moments qu'on aura tous les quatre. On vivra heureux en regardant la mer et en se chauffant au soleil !

13 **Écoutez les phrases et retrouvez le sujet du gérondif.**

1. Qui allait chez le médecin ?	☐ Christophe	☐ Louise
2. Qui attendait le bus ?	☐ Julie	☐ Christophe
3. Qui marchait dans la rue ?	☐ Yves	☐ Akiko
4. Qui a vu ce film ?	☐ Catherine	☐ Christian
5. Qui est allé au cinéma ?	☐ Catherine	☐ sa mère
6. Qui s'est blessé ?	☐ Michel	☐ Emmanuel

14 **Associez les éléments pour obtenir une phrase correcte.**

1. Sylvie s'est cassé la jambe
2. Faites attention
3. Il chante toujours
4. On a beaucoup ri
5. J'ai beaucoup appris

a. en allant à Nice, il y a du verglas sur les routes.
b. en suivant les cours de Monsieur Dany.
c. en lisant ta carte postale.
d. en faisant du surf des neiges.
e. en prenant sa douche.

15 Transformez les phrases comme dans l'exemple.

Exemple : J'ai pensé à toi quand j'ai vu cette photo.
→ J'ai pensé à toi en voyant cette photo.

1. Il a salué tout le monde quand il est arrivé.

2. Lucia a souri quand elle a compris la situation.

3. Tu écoutes de la musique quand tu fais tes exercices ?

4. Quand j'ai revu Didier, j'ai repensé à nos joyeuses vacances.

5. Quand j'ai découvert cette petite maison, je me suis tout de suite senti chez moi.

6. J'ai tout compris quand j'ai lu ton message.

7. Tu ronfles quand tu dors ?

8. On l'a su quand on a vu Marianne avec Olivier.

---

le gérondif

Il est invariable.
Formation : nous all~~ons~~ → en all**ant**
nous pren~~ons~~ → en pren**ant**
exceptions : être → en étant - avoir → en ayant -
savoir → en sachant

Emploi : il indique que deux actions se font en même temps :
Je marche sous la pluie en chantant.

Attention : Le gérondif a toujours le même sujet que le verbe principal de la phrase.
En allant au cinéma, j'ai rencontré Noé.
(*Je suis allé au cinéma ; j'ai rencontré Noé*)

---

phonétique

[f] (**f**ont) / [v] (**v**ont)

A 🎧 Écoutez et cochez la case qui convient.

	1	2	3	4	5	6	7	8
même son (=)								
son différent (≠)	X							

B 🎧 Écoutez et dites si le son [v] est au début du mot *(vrai)*, au milieu *(dévaler)*, à la fin *(active)* ou si on ne l'entend pas *(refuse)*.
Cochez la case qui convient.

	1	2	3	4	5	6	7	8	9	10
début										
milieu	X									
fin										
on n'entend pas [v]										

C 🎧 a) Écoutez et complétez avec *f*, *ff*, *ph*, ou *v*.

1. Tu as l'air - - - raiment - - - atigué, - - - rançois.

2. Nous a - - - ons o - - - ert un joli - - - ase à - - - alérie pour son anni - - - ersaire.

3. - - - ous a - - - ez - - - os - - - otos du - - - ietnam ?

4. J'ai dix-neu - - - ans dans - - - ingt et un jours.

5. Christo - - - e a - - - ait beaucoup d'e - - - orts pour arri - - - er a - - - ant les en - - - ants.

6. - - - la - - - ie, la nou - - - elle - - - emme de Xa - - - ier est très acti - - - e et - - - raiment sympathique.

b) Relevez un exemple où on écrit *f* et on entend [v].

- - - - - - - - - - - - - -

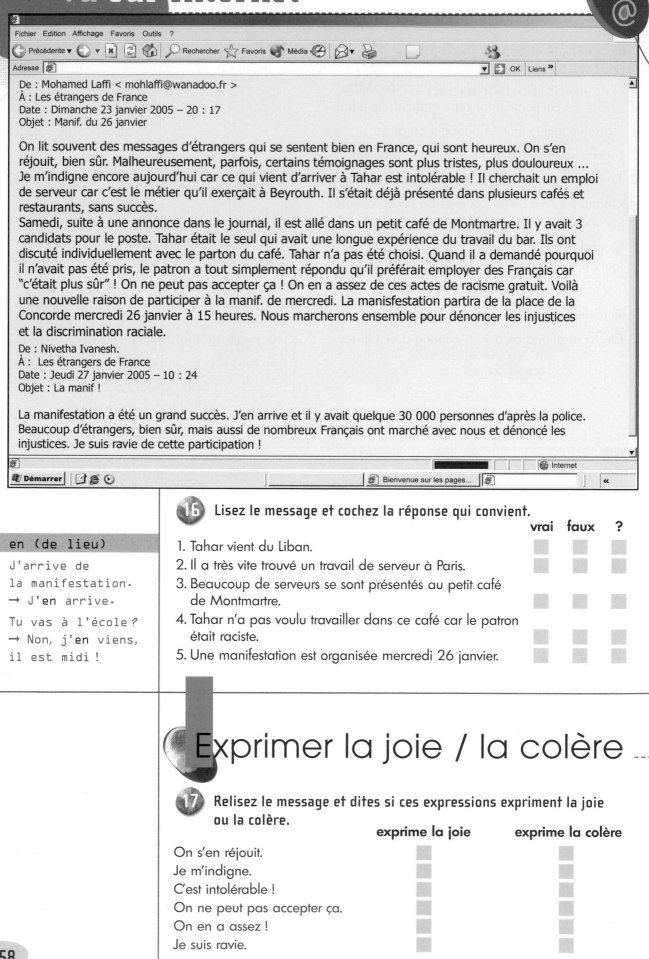

Fichier Edition Affichage Favoris Outils ?

Précédente ▼ | ▼ | 🔎 Rechercher ⭐ Favoris Média | ☑ ▼ | 🖨 | 🔲 | 🔳

Adresse | ▼ | → OK | Liens »

De : Mohamed Laffi < mohlaffi@wanadoo.fr >
À : Les étrangers de France
Date : Dimanche 23 janvier 2005 – 20 : 17
Objet : Manif. du 26 janvier

On lit souvent des messages d'étrangers qui se sentent bien en France, qui sont heureux. On s'en réjouit, bien sûr. Malheureusement, parfois, certains témoignages sont plus tristes, plus douloureux … Je m'indigne encore aujourd'hui car ce qui vient d'arriver à Tahar est intolérable ! Il cherchait un emploi de serveur car c'est le métier qu'il exerçait à Beyrouth. Il s'était déjà présenté dans plusieurs cafés et restaurants, sans succès.
Samedi, suite à une annonce dans le journal, il est allé dans un petit café de Montmartre. Il y avait 3 candidats pour le poste. Tahar était le seul qui avait une longue expérience du travail du bar. Ils ont discuté individuellement avec le parton du café. Tahar n'a pas été choisi. Quand il a demandé pourquoi il n'avait pas été pris, le patron a tout simplement répondu qu'il préférait employer des Français car "c'était plus sûr" ! On ne peut pas accepter ça ! On en a assez de ces actes de racisme gratuit. Voilà une nouvelle raison de participer à la manif. de mercredi. La manisfestation partira de la place de la Concorde mercredi 26 janvier à 15 heures. Nous marcherons ensemble pour dénoncer les injustices et la discrimination raciale.

De : Nivetha Ivanesh.
À : Les étrangers de France
Date : Jeudi 27 janvier 2005 – 10 : 24
Objet : La manif !

La manifestation a été un grand succès. J'en arrive et il y avait quelque 30 000 personnes d'après la police. Beaucoup d'étrangers, bien sûr, mais aussi de nombreux Français ont marché avec nous et dénoncé les injustices. Je suis ravie de cette participation !

Internet

🏁 Démarrer | | | | 🔲 Bienvenue sur les pages… | | | | «

---

en (de lieu)

J'arrive de
la manifestation.
→ J'en arrive.

Tu vas à l'école ?
→ Non, j'en viens,
il est midi !

---

16 Lisez le message et cochez la réponse qui convient.

	vrai	faux	?
1. Tahar vient du Liban.	▪	▪	▪
2. Il a très vite trouvé un travail de serveur à Paris.	▪	▪	▪
3. Beaucoup de serveurs se sont présentés au petit café de Montmartre.	▪	▪	▪
4. Tahar n'a pas voulu travailler dans ce café car le patron était raciste.	▪	▪	▪
5. Une manifestation est organisée mercredi 26 janvier.	▪	▪	▪

Exprimer la joie / la colère

17 Relisez le message et dites si ces expressions expriment la joie ou la colère.

	exprime la joie	exprime la colère
On s'en réjouit.	▪	▪
Je m'indigne.	▪	▪
C'est intolérable !	▪	▪
On ne peut pas accepter ça.	▪	▪
On en a assez !	▪	▪
Je suis ravie.	▪	▪

18 Écoutez ces personnes. Dites si elles expriment la joie ou la colère et indiquez ci-dessous quelles expressions elles utilisent. Aidez-vous des encadrés.

1. exprime la joie : *Je suis très contente !*
2. _____
3. _____
4. _____
5. _____
6. _____

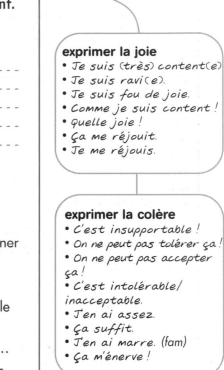

exprimer la joie
• *Je suis (très) content(e)*
• *Je suis ravi(e).*
• *Je suis fou de joie.*
• *Comme je suis content !*
• *Quelle joie !*
• *Ça me réjouit.*
• *Je me réjouis.*

19 Que dites-vous dans ces situations ? Par groupes de deux, jouez des minidialogues correspondant à ces situations.

1. Vous apprenez par un ami, que bientôt, il va falloir travailler plus et gagner autant.
2. Votre ami(e) qui habite très loin vous annonce sa visite dans votre ville.
3. Vous avez rendez-vous à 20 heures avec un(e) ami(e). Il/elle vous appelle à 19 h 45 pour vous dire qu'il/elle ne sera pas au rendez-vous.
4. Vous avez gagné un voyage pour deux personnes dans une île de rêve…
5. Votre femme/mari vous informe que sa mère va vous accompagner dans votre voyage de rêve.

exprimer la colère
• *C'est insupportable !*
• *On ne peut pas tolérer ça !*
• *On ne peut pas accepter ça !*
• *C'est intolérable/inacceptable.*
• *J'en ai assez.*
• *Ça suffit.*
• *J'en ai marre. (fam)*
• *Ça m'énerve !*

Exprimer la fréquence

20 *Toujours* ou *jamais* expriment la fréquence d'une action. Dans le premier message, relevez deux expressions qui servent à exprimer la fréquence.

_____   _____

il ne faut jamais dire jamais.

21 Entourez ci-dessous les 10 mots qui expriment la fréquence.

de temps en temps - chaque jour - demain - tous les mardis - enfin - ensuite - toujours - rarement - ici - souvent - quelquefois - derrière - jamais - ce matin - parfois - tous les ans

22 Lisez l'encadré, puis écrivez une phrase avec chacun des indicateurs de fréquence. Dites ce que vous faites *toujours, de temps en temps, jamais…*

Exemple : Je vais souvent au cinéma. Je ne suis jamais allé à l'opéra.

exprimer la fréquence

toujours > souvent > quelquefois, de temps en temps, parfois > rarement > (ne) jamais

59

Différences et discrimination

23 Lisez la BD et répondez.

1. Quelles sont les trois formes de discrimination évoquées ici ?
   Connaissez-vous d'autres formes de discrimination ?
2. Lequel de ces quatre hommes a certainement le plus de difficultés ?
   Pourquoi ?

24 Écoutez et répondez.

1. D'où vient cet homme ?
2. À quel âge a-t-il rencontré le racisme ?
3. À son avis, d'où vient le racisme ?
4. Est-ce que, d'après cet homme, l'école joue bien son rôle ? Pourquoi ?
5. Quelles sont ses idées pour combattre le racisme ?

25 Discutez en classe : les formes de discrimination peuvent
   être nombreuses : origine ethnique, religion, handicap,
   âge, habitudes culturelles... Avez-vous déjà souffert
   de discrimination ?

   Avez-vous, vous-même fait preuve de discrimination
   parfois ? À quelle occasion ?

   Selon vous, quels sont les meilleurs moyens pour
   éviter les discriminations ?

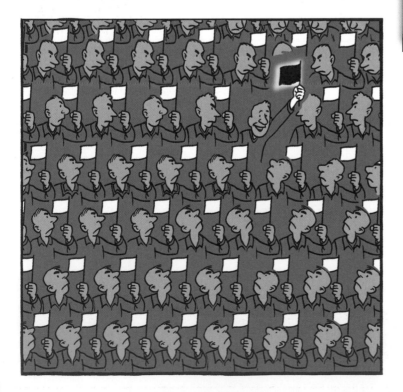

UN MONDE DE DIFFÉRENCES

Extrait de la BD *Moi Raciste*, pour la Commission européenne

Le Vaisseau de pierre,
Enki Bilal et Pierre Christin

1 **a) Dans le projet de construction, quel moyen de transport va aller de la nouvelle ville à la vieille ville ?**

☐ un téléphérique   ☐ un télésiège   ☐ un tramway   ☐ un funiculaire   ☐ un autobus

b) Dans l'enregistrement, on parle de moyens de transport non polluants.
À votre avis, quels sont ces moyens de transport non polluants (ou peu polluants).

☐ un autobus   ☐ un TGV   ☐ une moto   ☐ une voiture électrique
☐ un tramway   ☐ un vélo   ☐ un avion   ☐ un bateau à voiles

Écoutez l'enregistrement et cochez la réponse qui convient.

	vrai	faux	?
1. On va construire une nouvelle ville.	●	●	●
2. On va détruire l'ancienne ville.	●	●	●
3. On va détruire le vieux château.	●	●	●
4. Un hôtel sera installé dans un grand bâtiment.	●	●	●
5. Les habitants du village pourront rester dans leur maison.	●	●	●
6. On va construire une autoroute.	●	●	●
7. Il y aura beaucoup d'arbres dans la ville.	●	●	●

2 Lisez le texte puis retrouvez les mots pour compléter le tableau.

Notre cabinet Van Eekert et Faivre a pour objectif de créer ici un nouveau centre régional dynamique qui prendra en compte les dimensions humaines et le respect de l'environnement.

Notre projet comporte d'abord un programme d'aménagement à l'ouest du village. Nous construirons un grand bâtiment en haut de la falaise, à la place du château que nous allons détruire, pour accueillir un ensemble de sociétés de service (banque, assurance…) et, dans les étages supérieurs, un hôtel de luxe. À droite de ce bâtiment, des appartements avec terrasse et vue sur la mer.

Nous installerons la nouvelle ville derrière ce bâtiment. Nous y regrouperons, autour d'une place centrale, des appartements, des magasins (magasins d'alimentation, boutiques, restaurants, hôtels…) et des bâtiments culturels (cinéma, musée régional, théâtre, médiathèque…).

Un funiculaire partira de la nouvelle ville pour rejoindre l'ancien village. Nous allons rénover entièrement les vieilles maisons afin que le village puisse accueillir confortablement les touristes. Le port, après modification, pourra recevoir les bateaux de plaisance.

Enfin, nous avons prévu de planter de nombreux arbres le long des rues de la nouvelle ville pour que les habitants aient la sensation de vivre plutôt dans un parc que dans une ville. De plus, de façon à protéger plus encore l'environnement, nous avons l'intention d'ouvrir largement la ville aux innovations techniques écologiques, par exemple, les moyens de transport non polluants.

Grâce à l'ensemble des travaux, nous aurons ici une des plus belles réalisations de France qui associera la ville et la campagne, le développement économique et l'individu, la modernité et l'écologie.

nom	verbe
la création	*créer*
- - - - - - - - -	respecter
- - - - - - - - -	aménager
la construction	- - - - - - - - -
la destruction	- - - - - - - - -
- - - - - - - - -	voir
la rénovation	- - - - - - - - -
l'accueil	- - - - - - - - -
- - - - - - - - -	(se) développer
- - - - - - - - -	modifier

Exprimer le but

3 a) Soulignez les éléments qui expriment le but.

1. Notre cabinet Van Eekert et Faivre <u>a pour objectif de</u> créer un nouveau centre régional.
2. Nous construirons un vaste bâtiment pour accueillir un ensemble de sociétés de service.
3. Nous allons rénover les vieilles maisons afin que le village puisse accueillir les touristes.
4. Enfin, nous avons prévu de planter de nombreux arbres le long des rues de la ville nouvelle pour que les habitants aient la sensation de vivre plutôt dans un parc que dans une ville.
5. Par ailleurs, de façon à sauvegarder plus encore l'environnement, nous avons l'intention d'ouvrir largement la ville aux innovations techniques écologiques.

b) Classez les éléments soulignés dans le tableau.

Sont suivis d'un verbe à l'infinitif	Sont suivis d'un verbe conjugué (au subjonctif)
a pour objectif de	

4 Observez la photo. Ces personnes manifestent contre la construction d'un aéroport. Imaginez ce qu'elles disent et complétez les phrases.

1. Nous manifestons pour que _____
2. Nous avons prévu de _____
3. Nous allons rencontrer le maire de la ville de façon à _____
4. Nous avons l'intention de _____
5. Nous avons rencontré des journalistes afin de _____

5 Qu'est-ce que vous voudriez changer dans votre travail, votre école ou votre vie ? Utilisez les éléments qui indiquent le but pour faire des propositions.

_____

---

exprimer un but, un objectif

Ces formes sont suivies de l'infinitif :
• avoir pour objectif de
• prévoir de
• avoir l'intention de
• envisager de
• pour
• afin de
• de façon à
On envisage de partir deux mois à Tahiti.

Ces formes sont suivies du subjonctif :
• pour que
• afin que
• de façon que
J'ai contacté M. Legal afin qu'il organise une autre réunion lundi prochain.

6 🎧 **a)** Écoutez et complétez le tableau.

	type de transport	lieux de départ et d'arrivée	lieux traversés
doc. 1	- - - - - - - - - -	- - - - - - - - - -	- - - - - - - - - -
doc. 2	- - - - - - - - - -	- - - - - - - - - -	- - - - - - - - - -
doc. 3	- - - - - - - - - -	- - - - - - - - - -	- - - - - - - - - -

b) Associez les illustrations à un des projets.

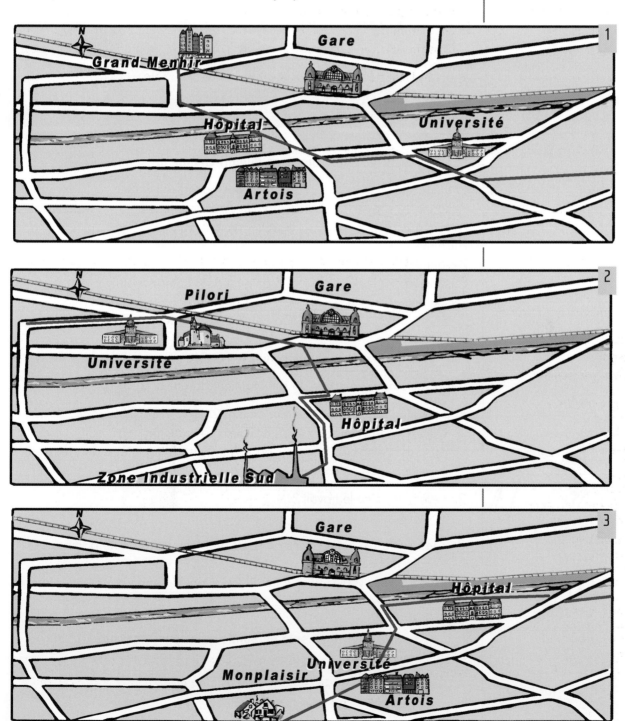

7  **Écoutez et retrouvez ce que dit chaque personne.**

Personne 1
Personne 2
Personne 3
Personne 4
Personne 5
Personne 6

- Ce n'est pas normal.
- Ce projet est scandaleux !
- Je suis vraiment déçue.
- Je trouve ça lamentable.
- Nous protestons contre ce projet.
- On a voulu nous tromper.
- On n'est pas d'accord.
- On ne peut pas l'accepter.

8 **Complétez les dialogues avec les phrases suivantes.**

On a voulu nous tromper. - Je suis vraiment déçu(e). - C'est scandaleux !

1. – Il y a un problème, Messieurs Dames ?
   – Oui. On est venus hier et on a acheté ce vase. On nous a dit que c'était un vase Ming. ----- : ce n'est pas un vase Ming ! Regardez, ici, c'est écrit *fabriqué à Mâcon*.

2. – Alors, tu as eu le travail ?
   – Non, ils ont dit que j'étais trop jeune. -----

3. – Je suis désolé, nous avons de petits problèmes. L'avion ne partira pas avant 17 heures.
   – Quoi ? Vous voulez nous faire attendre toute la journée ? ----- Trouvez un autre avion !

9  **Écoutez et dites si la personne qui répond est contente ou mécontente.**

	1	2	3	4	5	6
contente						
mécontente						

10 Par deux, choisissez un dessin et préparez un dialogue
(7 à 10 lignes). Jouez-le ensuite.

1

2

3

exprimer le mécontentement

Ce n'est pas normal.

C'est lamentable.

C'est scandaleux.

Je suis vraiment déçu(e).

Je suis très mécontent(e).

Je ne suis pas d'accord.

Je ne peux pas accepter ça.

Je proteste.

Je refuse.

Vous vous trompez.

Vous avez voulu me tromper.

phonétique

[s] (pen**s**e) / [ʃ] (pen**ch**e)

A 🎧 Écoutez puis répétez.

1. seize ; chaise
2. des bus ; des bûches
3. santé ; chanter
4. casser ; cacher
5. douce ; douche
6. sale ; châle
7. une tasse ; une tache
8. c'est ça ; ses chats

B 🎧 Écoutez puis cochez la case qui convient.

1.	Voilà la sienne.		Voilà la chienne.
2.	Je n'ai pas de sous.		Je n'ai pas de choux.
3.	Il va baisser.		Il va bêcher.
4.	Oh ! Quelle jolie brosse !		Oh ! Quelle jolie broche !
5.	Elle ne pense pas.		Elle ne penche pas.
6.	La fosse est importante.		La fauche est importante.
7.	Il est déçu.		Il est déchu.

C 🎧 Écoutez puis répétez les virelangues.

1. Ce chef sèche ses sachets si chic.

2. Six chats cherchent six sushis.

3. Sous ces souches, ce chat chasse.

Vu sur Internet

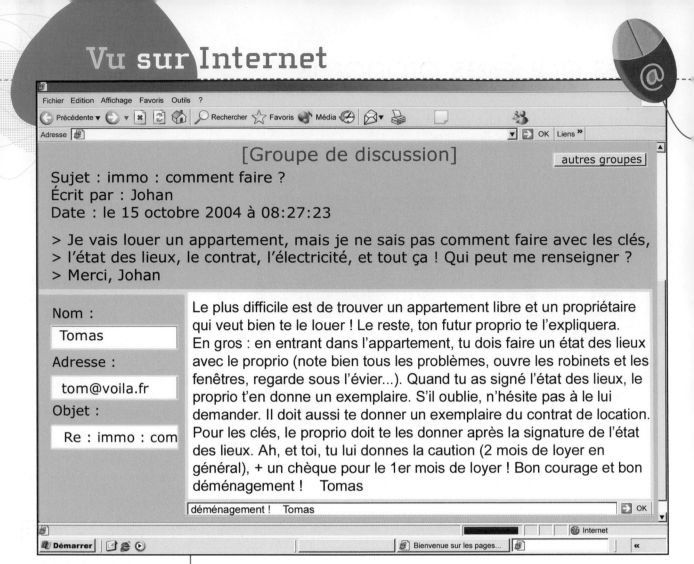

Fichier Edition Affichage Favoris Outils ?

Précédente ▾ | ▾ | Rechercher | Favoris | Média | | | |

Adresse | | ▾ → OK | Liens »

[Groupe de discussion]

autres groupes

Sujet : immo : comment faire ?
Écrit par : Johan
Date : le 15 octobre 2004 à 08:27:23

> Je vais louer un appartement, mais je ne sais pas comment faire avec les clés,
> l'état des lieux, le contrat, l'électricité, et tout ça ! Qui peut me renseigner ?
> Merci, Johan

Nom :

Tomas

Adresse :

tom@voila.fr

Objet :

Re : immo : com

Le plus difficile est de trouver un appartement libre et un propriétaire qui veut bien te le louer ! Le reste, ton futur proprio te l'expliquera.
En gros : en entrant dans l'appartement, tu dois faire un état des lieux avec le proprio (note bien tous les problèmes, ouvre les robinets et les fenêtres, regarde sous l'évier...). Quand tu as signé l'état des lieux, le proprio t'en donne un exemplaire. S'il oublie, n'hésite pas à le lui demander. Il doit aussi te donner un exemplaire du contrat de location. Pour les clés, le proprio doit te les donner après la signature de l'état des lieux. Ah, et toi, tu lui donnes la caution (2 mois de loyer en général), + un chèque pour le 1er mois de loyer ! Bon courage et bon déménagement !   Tomas

déménagement !   Tomas → OK

Démarrer | | Bienvenue sur les pages... | «

11 Lisez le message et cochez les cases qui conviennent.

	vrai	faux	?
1. Johan a écrit à Tomas.			
2. Tomas veut changer d'appartement.			
3. Johan ne sait pas comment on loue un appartement.			
4. Il est difficile de trouver un appartement.			
5. Johan est un ami de Tomas.			
6. Pour louer un appartement, il faut signer un état des lieux.			
7. Le propriétaire doit faire un contrat de location.			

12 Voici les différentes étapes d'une location d'un appartement. Par deux, mettez-les dans l'ordre chronologique qui convient à cette situation.

a. Apporter ses meubles.
b. Lire les annonces dans le journal.
c. Obtenir un rendez-vous avec le propriétaire.
d. Obtenir les clés.
e. Signer un chèque pour la caution et un autre pour le loyer du premier mois.
f. Signer un contrat de location.
g. Signer un état des lieux.
h. Visiter l'appartement.

1	2	3	4	5	6	7	8

Les doubles pronoms

13 Observez les phrases et retrouvez dans le message de Tomas ce que remplacent les pronoms.

1. Le reste, ton futur propriétaire pourra **te l'**expliquer.
te = ...   l' = ...

2. Le proprio **t'en** donne un exemplaire. t' = ...   en = ...

3. N'hésite pas à **le lui** demander.
le = ...   lui = ...

4. Le proprio doit **te les** donner après la signature de l'état des lieux.
te = ...   les = ...

14 Relisez les phrases de l'activité précédente et cochez les réponses qui conviennent.

1. Quand il y a le pronom *te* dans la phrase, le second pronom (*le*, *en*) est placé
☐ avant le pronom *te*.
☐ après le pronom *te*.

2. Quand il y a le pronom *lui* dans la phrase, l'autre pronom (*le*) est placé
☐ avant le pronom *lui*.
☐ après le pronom *lui*.

15 Lisez le tableau *les doubles pronoms* puis remplacez le mot souligné par un pronom.

1. – Vous n'avez pas les clés ?
– Euh, non, je vais vous donner <u>les clés</u> demain.

2. – J'ai acheté le dernier disque de Tryo.
– Oh, tu peux me passer <u>le disque de Tryo</u> ?

3. – Le guide ne m'a pas rendu mon billet.
– Il faut lui demander <u>ton billet</u> !

4. – Oh, là, là, Muriel t'a dit ? Il y a un problème !
– Non, elle ne m'a pas parlé <u>de ce problème</u> !

5. – Sylvie m'a demandé de l'argent.
– Tu ne lui as pas prêté <u>d'argent</u>, j'espère !

6. – Des tomates ? Oui, combien ?
– Donnez-moi <u>deux kilos de tomates</u>, s'il vous plaît.

7. – Euh, ça y est, j'ai fini les exercices !
– Demain, je vais vous apporter <u>d'autres exercices</u>.

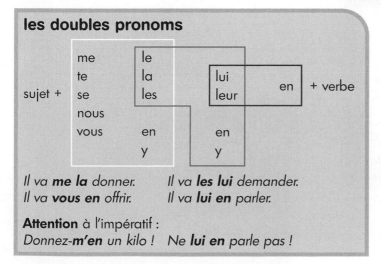

les doubles pronoms

sujet +	me te se nous vous	le la les en y	lui leur en y	en	+ verbe

*Il va **me la** donner.*   *Il va **les lui** demander.*
*Il va **vous en** offrir.*   *Il va **lui en** parler.*

Attention à l'impératif :
*Donnez-**m'en** un kilo !*   *Ne **lui en** parle pas !*

L'habitat urbain/régional

 16 Lisez le texte et le tableau. Répondez oralement aux questions.

1. Quel est le problème présenté dans les documents ?
2. Pourquoi les appartements et les maisons sont-ils plus chers dans certaines villes ?
3. Quelles sont les personnes qui n'achètent pas de maison ou d'appartement mais qui les louent ?
4. Pourquoi Éric et Anna vont-ils devoir *se serrer la ceinture* ?

 17 Comparez les prix des logements dans votre pays avec ceux pratiqués en France.

18 Retrouvez la photo qui correspond à chaque description.

1. Dans le nord de la France, près de Lille, beaucoup de maisons sont en briques rouges. Le toit est couvert de tuiles rouges également. Les maisons se ressemblent beaucoup. Elles sont étroites et collées les unes aux autres.

2. Le long de la côte Atlantique, en Vendée par exemple , les maisons sont peintes en blanc. Elles ont des portes et des volets de couleur, souvent bleu ou vert. Le toit est fait de tuiles rouges.

3. Dans la vallée de la Loire, en Anjou et en Touraine, les murs des vieilles maisons sont en pierres blanches et le toit est fait avec une pierre noire, l'ardoise.

4. En Alsace, les murs des maisons typiques sont en bois et en brique. On peut voir les structures en bois à l'extérieur, les briques sont peintes en blanc. Le toit est en tuiles grises.

5. Dans les Alpes, beaucoup de maisons sont construites entièrement en bois. On appelle ces maisons, les *chalets*.

IMMOBILIER : la flambée des prix

Lyon, près du parc de la Tête d'Or. Éric et Anna visitent l'appartement qu'ils viennent d'acheter 1 500 euros/m². Ils savent que, pendant quinze ans, ils vont devoir se serrer la ceinture, tant les mensualités sont importantes. Anna est inquiète, mais Éric n'a pas de regret. *« On annonce depuis deux ans que les prix vont s'arrêter de grimper. Deux appartements auxquels je tenais me sont passés sous le nez,* explique-t-il. *Bientôt, les taux remonteront. J'ai préféré prendre le risque. »* Éric n'est pas le seul à raisonner de cette façon. [...]

Dans les grandes métropoles provinciales, Marseille surfe sur une hausse de 15 %, Bordeaux grimpe d'environ 10 à 12 % l'an, Montpellier avec une hausse de 10 % atteint des prix déraisonnables. Nantes (+ 10,8 %) et Rennes (+ 8,7 %) sont en plein essor, tout comme Lyon, où les prix ont augmenté de 32,2 % en cinq ans. [...] D'autres villes comme Nice, Aix, Toulon, Angers dépassent encore les 10 % de hausse.

La rareté de l'offre, l'amélioration de l'habitat, l'attitude bienveillante des banques, les incitations fiscales ont créé une « bulle psycholo-gique » incitant à l'achat tout en dévalorisant la location dans l'esprit de beaucoup de jeunes gens et de leurs parents, location qui reste toutefois une solution des ménages aux petits budgets expulsés du marché. [...]

Certains professionnels craignent que la remontée du chômage n'affecte la bonne santé du marché, les ménages réfléchissant à deux fois avant de changer de logement, surtout si le climat social se dégrade.

D'après Yves Le Grix et Dominique Thiébault, « Immobilier, les prix de la rentrée », *Le Nouvel Observateur* n° 2025

Prix moyens en euros par mètre carré				
	Appartement neuf		**Maison**	
Ville	Achat	Location	Achat	Location
Besançon	2 225	8,3	1 543	7,3
Chamonix	5 423	17,5	4 396	13,1
Clermont-Ferrand	2 215	7	1 293	7,4
Lyon (3e)	2 168	8,6	2 260	10,5
Montpellier	3 184	9	1 777	9,9
Nantes	2 239	8,2	1 663	13,1
Paris (16e)	6 802	21,4	7 779	38
Paris (20e)	3 838	18,5	4 875	22,5
Perpignan	2 453	6,9	1 415	7
Quimper	1 708	6,9	1 168	5,9
Rennes	2 173	8,9	2 032	9,4
Tours	2 341	7	1 368	7
Versailles	4 390	14,2	2 559	14,8

LYON, PARC DE LA TÊTE D'OR
135 000 €
Magnifique 87,7 m² dans immeuble standing avec balcon, entrée, cuisine, grand séjour de 31 m², 2 chambres, SDB, WC, cave et parking

VALENCE
MAISON 192 000 €
Très belle maison neuve 128 m² dans quartier résidentiel. RDC, entrée, cuisine, séjour, WC. Étage : 3 chambres, SDB. Cave, garage, jardin de 124 m²

Autoévaluation • 2

Je peux réconforter quelqu'un

1 Choisissez la réponse qui convient.

1. – J'ai un examen de maths demain ! Je crois que je ne vais pas réussir.
   – ☐ Tout ira bien. Tu verras. ☐ Oui, ça m'angoisse. ☐ C'est grave.
2. – Oh, non, ce n'est pas possible ! Je vais manquer l'avion !
   – ☐ On ne va jamais y arriver ! ☐ Tu ne te rends pas compte !
   ☐ Ne t'en fais pas !
3. – Il ne reste plus que deux jours pour tout organiser.
   – ☐ Je ne suis pas rassuré ! ☐ On va y arriver. Tu verras. ☐ Ça m'inquiète.

Comptez 1 point par phrase correcte.

Vous avez…
– 3 points : félicitations !
– moins de 3 points, revoyez les pages 44, 45 de votre livre et les exercices de votre cahier.

Je peux exprimer la joie ou la colère

2 Associez les phrases soulignées aux phrases de droite.

1. – Alors, tu vas aller au Maroc ?
   – Oui, je suis très content.
2. – Le train aura une heure de retard !
   – Encore ! Je suis très mécontent !
3. – Laure va venir t'aider demain.
   – Ah, je suis content de travailler avec elle.
4. – Demain, tu vas travailler avec Laure.
   – Ah, non, je n'aime pas travailler avec elle.

a. C'est intolérable !
b. Je suis ravi !
c. Je me réjouis de travailler avec elle.
d. J'en ai marre de travailler avec elle.

Comptez 1 point par phrase correcte.

Vous avez…
– 4 points : félicitations !
– moins de 4 points, revoyez les pages 58, 59 de votre livre et les exercices de votre cahier.

Je peux exprimer le but

3 Rayez le mot qui ne convient pas.

1. Je vais réserver [de façon que ; pour] être sûr d'avoir une table.
2. On va revoir ça lundi [afin que ; de façon à] tout soit prêt pour la réunion.
3. Fabienne va le contacter [afin de ; pour que] il vienne ici plus tôt.

Comptez 1 point par phrase correcte.

Vous avez…
– 3 points : félicitations !
– moins de 3 points, revoyez les pages 64, 65 de votre livre et les exercices de votre cahier.

Je peux utiliser les indicateurs de temps

4 a) Transformez les phrases soulignées avec les mots entre parenthèses.

1. Nous sommes le 30 mai. J'ai envoyé la commande le 15 mai.
   (il y a… que) -
2. Il est 21 heures. Je t'attends depuis 20 heures.
   (ça fait… que) -
3. Le roi Louis XIV est mort en 1715. Il était roi de France depuis 1643.
   (il y avait… que) -

b) Complétez les phrases avec *avant, avant de, avant que, après, après que.*

1. On essaie de se revoir - - - - - tu quittes la France, d'accord ?
2. Je suis sûr que j'ai fermé la porte à clé - - - - - partir au travail ce matin.
3. Et qu'est-ce qu'il a fait - - - - - tu lui as tout raconté ?
4. Le directeur veut te parler - - - - - la réunion.

Comptez 1 point par phrase correcte.

Vous avez…
– 7 points : félicitations !
– moins de 7 points, revoyez les pages 42, 43 de votre livre et les exercices de votre cahier.

Je peux situer un événement dans le passé

5 Écrivez le verbe entre parenthèses au temps qui convient.

1. On regardait la télévision quand quelqu'un (sonner) _ _ _ _ _ à la porte.
2. J'ai couru jusqu'à la gare, mais le train (partir) _ _ _ _ _ depuis deux minutes.
3. Il l'a vue dans la rue. Il l'a appelée mais elle (ne pas l'entendre) _ _ _ _ _ .
4. Tu as perdu ? Tu vois ! Je te (dire) _ _ _ _ _ de ne pas jouer avec lui.
5. Je n'ai pas eu le temps de lui parler parce que je (être) _ _ _ _ _ très en retard.
6. J'ai acheté le dernier livre de Shan Sa. Arrivé à la maison, j'ai vu que ma femme (acheter) _ _ _ _ _ le même livre.

Comptez 1 point par phrase correcte.

Vous avez…
– 6 points : félicitations !
– moins de 6 points, revoyez les pages 40, 41, 54, 55 de votre livre et les exercices de votre cahier.

Je peux accorder le participe passé

6 Écrivez le verbe entre parenthèses au passé composé.

1. Alors, cette photo, c'est Julie qui la (prendre) _ _ _ _ _ .
2. Sylvie, oui, je la (voir) _ _ _ _ _ hier.
3. Quelles villes est-ce que vous (visiter) _ _ _ _ _ en Slovaquie ?
4. Je ne trouve pas mes lunettes. Je ne sais pas où je les (mettre) _ _ _ _ _ .
5. Attends, je vais te montrer la bague que Vincent me (offrir) _ _ _ _ _ .
6. Non, Amélie ne va pas venir, pourtant je la (inviter) _ _ _ _ _ .

Comptez 1 point par phrase correcte.

Vous avez…
– 6 points : félicitations !
– moins de 6 points, revoyez les pages 40, 41 de votre livre et les exercices de votre cahier.

Je peux utiliser le gérondif

7 Transformez les phrases comme dans l'exemple.

Exemple : J'ai pensé à toi quand j'ai vu cette photo.
→ *J'ai pensé à toi **en voyant** cette photo.*
1. Il a claqué la porte quand il est sorti du bureau.
2. Quand je suis monté dans l'avion, j'ai vu quelque chose de bizarre.
3. Quand Philippe a vu Anne, il a tout de suite compris.
4. Il est tombé quand il est monté dans le bateau.
5. J'ai fait une erreur quand j'ai recopié la liste.
6. On a cueilli des fleurs quand on s'est promenés.

Comptez 1 point par phrase correcte.

Vous avez…
– 6 points : félicitations !
– moins de 6 points, revoyez les pages 56, 57 de votre livre et les exercices de votre cahier.

Je peux utiliser deux pronoms compléments

8 Remplacez le mot souligné par un pronom.

1. Ce n'est pas grave si tu n'as pas de cadeau pour Léa, tu lui offriras <u>un cadeau</u> plus tard.
2. Je sais que tu as des problèmes et j'aimerais que tu me parles <u>de tes problèmes</u>.
3. Oui, je vais vous donner <u>l'adresse de Madame Zhang</u>. Un instant, s'il vous plaît.
4. Maÿlis ? Non ! Tu pourrais me présenter <u>ta collègue Maÿlis</u> ?
5. Oui, le réceptionniste de l'hôtel nous a indiqué <u>trois restaurants végétariens</u>.

Comptez 1 point par phrase correcte.

Vous avez…
– 5 points : félicitations !
– moins de 5 points, revoyez la page 69 de votre livre et les exercices de votre cahier.

→ RÉSULTATS : ……… points sur 40 points = ……… %

Oral

1 🎧 Écoutez, puis répondez aux questions.

1. Quel est le travail de l'homme ?

2. Dans quelle ville travaille-t-il ?

3. Sa femme et lui gagnent, ensemble, par mois :

   ■ moins de 1 600 euros   ■ 1 600 euros   ■ plus de 1 600 euros

4. Quel est le problème que l'homme a rencontré ?

5. Quelle est la cause de ce problème ?

2 Que représente le dessin ?
À quel(s) problème(s) fait-il référence ?
Que pensez-vous de ce document ?

3 Quel grand voyage aimeriez-vous
faire ? Où iriez-vous et pourquoi ?

Oui, 400 euros pour 15 m², ça peut paraître cher, mais vous avez vue sur le jardin.

Écrit

4 Lisez le texte et répondez aux questions.

Enfant, je voulais être comme les héros de westerns [...] sans attaches, libre. Mon rêve ? Devenir le Christophe Colomb des temps modernes : traverser l'Atlantique et partir à la conquête de l'Amérique. Mes parents m'avaient transmis le virus ! Ils ont voyagé à travers toute l'Europe, à chaque nouvelle mutation de mon père, ouvrier métallurgiste. Puis ils ont divorcé, j'avais 3 ans. Ils m'ont placé chez mon grand-père maternel, au Havre. Une famille de marin, de père en fils ! Au début du siècle, mon arrière-grand-père naviguait sur le Transatlantique. Lui aussi rêvait d'aventure, il avait décidé de vivre à New York... J'avais 6 ans quand ma mère est venue me chercher. Elle avait un nouveau mari, qui voyageait beaucoup. J'ai suivi le mouvement jusqu'à 14 ans. J'ai alors embarqué comme mousse sur un bateau de pêche, direction le pôle Nord. C'était pas l'Amérique, mais je m'en rapprochais ! De retour au Havre, j'étais un peu le héros de la famille. J'étais fier, mais quatre mois sans escale, douze heures de travail quotidien, c'était trop dur. Je suis retourné à l'école. Devenu capitaine, j'ai repris la mer sur des bateaux de plaisance cette fois. C'est égoïste un rêve. [...]

Steeve, capitaine dans la marine.

Tous n° 1, déc. 2003

1. Quelle est la profession de cet homme ?

2. Quelles sont les quatre raisons qui lui ont donné envie d'exercer cette profession ?

3. Pourquoi est-ce qu'il a été « *un peu le héros de la famille* » ?

4. Pourquoi est-ce qu'il est « *retourné à l'école* » ?

5 Vous venez d'emménager dans un nouvel appartement mais vous
êtes déçu(e). Vous écrivez une lettre à un ami français pour lui parler
des problèmes de ce nouvel appartement. (100 mots environ)

3

expliquer, se justifier

75

Écoutez et associez chaque minidialogue à un document.

1	2	3	4	5	6

Écoutez encore une fois les minidialogues et dites dans lequel la personne voudrait...

	dialogue
manger un sandwich.	- - - - -
pouvoir circuler à pied.	- - - - -
qu'on fasse le ménage dans sa chambre.	- - - - -
coller une affiche.	- - - - -
s'allonger sur les pelouses.	- - - - -
que son ami éteigne son téléphone.	- - - - -

Pour la tranquilité de tous, veuillez éteindre votre téléphone portable.

d

ICI VOUS POUVEZ
MUSER, CONVERSER, FUMER, ÉTUDIER, TOUCHER, SOUILLER, REGARDER, MANGER, CONTEMPLER, DÉCOUVRIR, DESSINER, PHOTOGRAPHIER, FLÂNER

e

Oui ?
Non ?
C'est ça ?

f

Interdit de marcher sur la pelouse.

Dites où on peut trouver chacun de ces documents. Choisissez parmi ces propositions.

dans un restaurant - dans un jardin public - dans une école - dans un musée - sur un mur de la ville - dans un hôtel - dans une piscine - dans la rue - dans une banque

document a : _ _ _ _ _   document d : _ _ _ _ _
document b : _ _ _ _ _   document e : _ _ _ _ _
document c : _ _ _ _ _   document f : _ _ _ _ _

---

3 a) Cochez la réponse qui convient.

La phrase *L'Angleterre me manque.* signifie :

☐ L'Angleterre me plaît.
☐ Pour moi, c'est difficile de vivre loin de l'Angleterre.
☐ Je n'aime pas du tout l'Angleterre.
☐ Je ne connais pas l'Angleterre.

b) Utilisez le verbe *manquer* **pour écrire des phrases équivalentes.**

Exemple : Pour Louise, c'est difficile de vivre sans Marc.
→ *Marc manque à Louise / Marc lui manque.*

1. En France, Fatima pense souvent à son pays.
   Son pays _ .
2. Je ne suis pas bien quand tu n'es pas avec moi.
   Tu _ .
3. Je vais être triste sans mes enfants !
   Mes enfants _ _ _ _ _ _ _ _ _ _ _ _ _ _ _ _ _ _ .
4. Augustin n'est pas très heureux à Paris. Il a besoin du soleil de son pays.
   Le soleil _ .

manquer

Ce verbe a une construction particulière et plusieurs sens :
1. **Elle** est loin de <u>ses enfants</u>. **Ils lui** manquent.
2. On est en retard, on va manquer le train !
3. 23,40 €? Zut, je n'ai que 22,90 ! Il me manque 0,50 € !

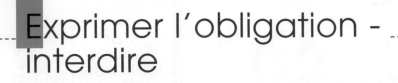

Exprimer l'obligation - interdire

4 Relevez, dans les documents de la page 76, les différentes façons d'exprimer l'obligation ou d'interdire.

exprimer l'obligation	interdire
Merci de faire ma chambre	*Ne pas déranger*
- - - - - - - - - - - - - - -	- - - - - - - - - - - - - - -
- - - - - - - - - - - - - - -	- - - - - - - - - - - - - - -
- - - - - - - - - - - - - - -	

Sur une porte de garage…

5 Écoutez ces personnes et retrouvez qui dit quoi. Cochez la case qui convient.

	annonce 1	annonce 2	annonce 3	annonce 4
Vous devez laisser votre message.	☐	☐	☐	☐
Laisse ton message.	☐	☐	☐	☐
Confiez votre message à mon répondeur.	☐	☐	☐	☐
Laisse tes coordonnées.	☐	☐	☐	☐

Dans un café…

6 Dites si on utilise ces phrases à l'oral ou à l'écrit.

1. Prière de ne pas sonner.
2. Écris-moi vite !
3. Défense d'entrer.
4. Maintenant, il faut écouter.
5. Interdiction formelle de pénétrer dans ce bâtiment.
6. Vous devez essayer de comprendre…
7. Ne pas déranger.
8. Interdit de manger dans le magasin.

à l'oral : phrases n° - - - - - - - - - - - à l'écrit : phrases n° - - - - - - - - - - -

7 Complétez ces instructions avec le verbe qui convient à la forme correcte.

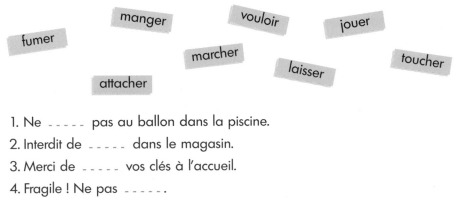

manger vouloir jouer fumer marcher laisser toucher attacher

1. Ne - - - - - pas au ballon dans la piscine.
2. Interdit de - - - - - dans le magasin.
3. Merci de - - - - - vos clés à l'accueil.
4. Fragile ! Ne pas - - - - - .
5. - - - - - votre ceinture de sécurité.
6. Prière de ne pas - - - - - sur les pelouses.
7. Défense de - - - - - .
8. - - - - - éteindre vos téléphones portables.

8 Complétez ces écriteaux.

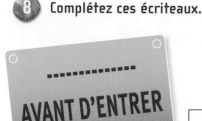

- - - - - - - -
AVANT D'ENTRER

DÉFENSE
- - - - - - - - - - - - -
Loi du 29 juillet 1881

Prière de ne pas
- - - - - - - - -

Il est interdit
- - - - - - - - -

---

exprimer l'obligation
- *Merci de me rappeler.*
- *Prière de respecter la tranquillité des voisins.*
- *Attachez votre ceinture de sécurité.*
- *Veuillez éteindre votre téléphone portable.*
- *Sonnez avant d'entrer.*
- *Il faut écouter.*
- *Vous devez répondre aux questions.*

---

9 Par groupes, imaginez les annonces écrites que l'on peut trouver dans chacune des situations proposées.

1. Pour interdire de fumer dans un aéroport.
3. Pour demander de ne pas se garer dans la rue le 11 novembre 2005 de 8 heures à 19 heures.
4. Pour demander de ne pas parler au chauffeur du bus.
5. Pour demander de ne pas boire, ni manger dans les salles de classe.

---

interdire
- *Merci de ne pas déranger.*
- *Prière de ne pas faire de bruit.*
- *Ne fumez pas dans les salles de cours*
- *Veuillez ne pas toucher les objets.*
- *Ne pas sonner.*
- *Interdit de prendre des photos.*
- *Défense d'entrer.*

---

10 Écoutez ces personnes, puis complétez les différentes façons d'exprimer l'obligation.

1. - - - - - que tu viennes demain.
2. - - - - - finir votre test avant midi.
3. Il est absolument nécessaire que - - - - - à toutes ces questions.
4. On n'a pas le choix, on doit - - - - - partir dimanche.
5. Tu fais la vaisselle et - - - - -
6. - - - - - téléphoner à ta banque !
7. Le professeur exige - - - - - à 9 heures tous les matins.

11 Toutes ces personnes expriment la même intention : elles veulent qu'on ferme la fenêtre. Écoutez bien et classez ces répliques de la plus aimable à la plus autoritaire.

1. Tu peux fermer la fenêtre ?
2. Mais, c'est pas possible, tu es sourd ou quoi ? Ça fait vingt fois que je te le dis !
3. Ouh…, il ne fait pas très chaud, ici !
4. Pardon, est-ce que tu pourrais fermer la fenêtre, s'il te plaît ?
5. Ça caille !
6. Ah ! mais, tu vas la fermer cette fenêtre, oui ou non ?
7. Tu fermes la fenêtre, oui ?

BAIGNADE INTERDITE

Exprimer des impressions

12 🎧 **Regardez le document et écoutez le dialogue entre Anne et Philippe. Répondez aux questions.**

1. Où sont les deux amis ?
2. Que pense Philippe de l'écriteau qu'il découvre près d'un tableau ?
3. Anne est-elle d'accord ?
4. Pourquoi Philippe est-il surpris ?

NE PAS TOUCHER
LES OEUVRES

[NE PAS TOUCHER LES OEUVRES]

Claude Monet, *Impression soleil levant*, 1873.

13 🎧 **a) Écoutez encore une fois le dialogue et complétez le texte.**

– Je ----- on ait enfin un peu de temps pour visiter le Louvre !
– Bah ! moi aussi ! Depuis le temps que ----- on vienne ici…
– Tu as vu, ----- on ne puisse pas lire ces inscriptions jusqu'au bout, non ?
– Bof… C'est ----- on soit obligés de deviner le message. C'était plus simple de l'écrire en entier, non ?
– Oh ! Tu parles ! C'est pas difficile à comprendre… Et puis on voit tout de suite ce qui se passe si on touche les œuvres !
– D'accord, mais moi ----- on me dise les choses clairement.
– Pourquoi tu dis ça ? C'est plutôt drôle, je trouve. Tu es bizarre par moment !
– Bon, on va pas se disputer pour ça, Philippe. On est heureux d'être ensemble ici, profitons-en !
– Tu as raison, mais je ----- que tu aies si peu d'humour !
– Oh !
– Bon, je me tais, promis. Viens voir l'expo Delacroix, c'est par là.

b) Relevez les expressions qui expriment des impressions et dites quelle est la forme du verbe qui suit chacune.

Je suis content que ------------------- -------------------

---

exprimer des impressions

- *Je regrette, je rêve, je désire… que tout aille bien.*
- *Je suis heureux, désolé, surpris… qu'elle ne soit pas là.*
- *C'est dommage, génial, agréable… qu'il pleuve encore.*
- *Il n'est pas bon, souhaitable… que nous organisions une réunion.*
- *J'ai envie, peur, besoin… qu'il vienne avec nous.*

---

14 **Par deux, préparez un dialogue et jouez la scène.**

- Deux amis **A** et **B** se rencontrent dans la rue. Ils ne se sont pas vus depuis très longtemps.
- Ils se saluent, sont heureux de se revoir et **A** invite **B** à son anniversaire samedi prochain.
- **B** est désolé parce qu'il doit partir à Lyon pour son travail le week-end prochain.
- **A** regrette beaucoup.
- **B** regrette aussi et pense que c'est vraiment dommage.
- **A** et **B** se promettent de se téléphoner plus souvent et d'essayer de se voir.
- **B** dit à **A** qu'il l'invitera à passer un week-end dans sa maison de campagne avec d'autres amis au printemps prochain.
- **A** et **B** se quittent.

Emplois du subjonctif

15 Associez un élément de gauche à un élément de droite.

Exemple : 1b

1. Je suis surpris
2. Je pense
3. C'est triste pour elle
4. Pierre est sûr
5. Nous sommes désolés

a. que tu peux en parler à tes parents.
b. que tu aies si peu d'humour.
c. qu'il réussira.
d. que vous ne puissiez pas venir à notre mariage.
e. que son père ne veuille plus la voir.

---

quelques formations irrégulières au subjonctif

rappel :

avoir : j'aie, nous ayons
être : je sois, nous soyons
pouvoir : je puisse, nous puissions

vouloir : je veuille, nous voulions
devoir : je doive, nous devions
aller : j'aille, nous allions
faire : je fasse, nous fassions
savoir : je sache, nous sachions

il pleut → il pleuve - **il faut** → il faille

---

16 **a) Écoutez ces répliques et dites si le 2ᵉ verbe est à l'indicatif ou au subjonctif. Cochez la case qui convient.**

Exemples : 1. Je crois qu'il est là. - 2. Je suis heureux qu'il soit là.

	1	2	3	4	5	6	7	8	9	10
à l'indicatif	X									
au subjonctif		X								

b) Rayez la forme qui ne convient pas.

1. Je pense que Pierre (soit / est) prêt pour son examen.
2. Je suis étonné que tu me (dis / dises) ça.
3. Elle est très fière que son fils (a réussi / ait réussi).
4. Vous croyez que Majid et Inès (viennent / viendront) ?
5. Je regrette que vous ne (puissiez / pouvez) pas venir avec nous.

17 **Lisez le tableau et mettez le verbe entre parenthèses à la forme qui convient.**

1. J'espère que tu (comprendre) _ _ _ _ _ bien ce que je veux dire.
2. Mes parents ont peur que je (sortir) _ _ _ _ _ seule le soir.
3. Je ne crois pas que tu le (connaître) _ _ _ _ _ _.
4. Je crois que tu (pouvoir) _ _ _ _ _ m'aider.
5. C'est génial que tu (être) _ _ _ _ _ avec moi.

---

emplois du subjonctif

• pour décrire des actions non « réalisées » qui expriment :
– **un souhait** : j'ai envie, je désire, je souhaite… qu'il vienne ce soir.
– **une volonté** : je voudrais, je veux, je demande… que ma mère soit là.
– **un jugement** : il faut, il est bon, il est important, il est nécessaire… que tu comprennes bien.
– **un doute** : je doute, il n'est pas certain, il n'est pas possible, je ne crois pas… que nous rentrions samedi.

• pour exprimer une impression :
je regrette, j'ai peur, je suis heureux, triste, désolé, surpris…

• après certaines expressions : *pour que, afin que, sans que, avant que…*
Remarque : pour parler d'une action (ou d'un événement) terminée, on utilise le subjonctif passé.
Le 27, il faut que tu prépares la réunion.
Le 27, il faut que tu aies préparé la réunion.

---

18 **Observez la situation ; lisez et imaginez ce que peuvent dire chacun des personnages.**

Pour la première fois, Alice va décoller en aile delta. Son petit ami est très inquiet et la mère d'Alice va essayer de le rassurer. Son père est très fier de sa fille.

– Le petit ami (j'ai peur, je regrette, je doute, j'espère…)
– La mère (il n'est pas possible, je ne pense pas, je ne crois pas…)
– Le père (je suis heureux que, je suis sûr que, il faut que…)

Vu sur Internet

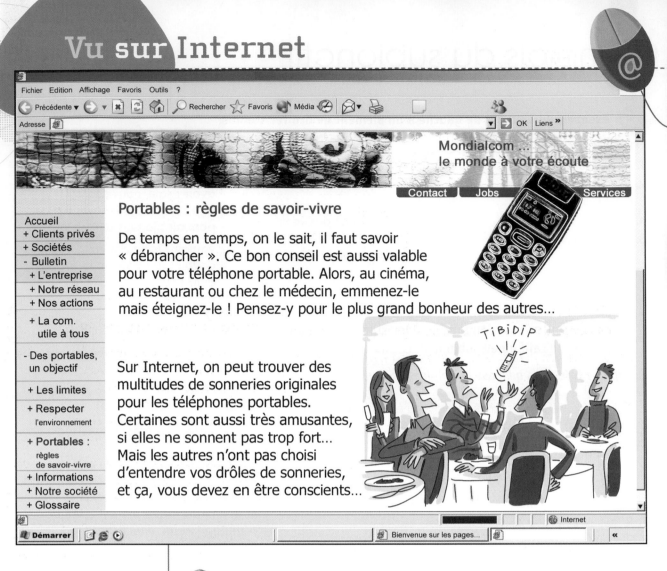

Fichier   Edition   Affichage   Favoris   Outils   ?

Précédente ▾   ▾   ✖   ⟳   🏠   🔍 Rechercher   ⭐ Favoris   📀 Média   ⊘   ✉▾   🖨   ☐   😎   OK   Liens »

Adresse

Mondialcom ...
le monde à votre écoute

Contact   Jobs   Services

Portables : règles de savoir-vivre

De temps en temps, on le sait, il faut savoir
« débrancher ». Ce bon conseil est aussi valable
pour votre téléphone portable. Alors, au cinéma,
au restaurant ou chez le médecin, emmenez-le
mais éteignez-le ! Pensez-y pour le plus grand bonheur des autres...

Sur Internet, on peut trouver des
multitudes de sonneries originales
pour les téléphones portables.
Certaines sont aussi très amusantes,
si elles ne sonnent pas trop fort...
Mais les autres n'ont pas choisi
d'entendre vos drôles de sonneries,
et ça, vous devez en être conscients...

TIBIDIP

Accueil
+ Clients privés
+ Sociétés
- Bulletin
  + L'entreprise
  + Notre réseau
  + Nos actions
  + La com.
    utile à tous
- Des portables,
  un objectif
  + Les limites
  + Respecter
    l'environnement
  + Portables :
    règles
    de savoir-vivre
  + Informations
  + Notre société
  + Glossaire

Internet

Démarrer   🔲 🅔 ⓔ ⓞ   Bienvenue sur les pages...   «

---

19 Regardez la page de ce site et retrouvez le sens des mots
et expressions.

« débrancher »
☐ penser à autre chose   ☐ partir   ☐ ne pas parler

une multitude de
☐ quelques   ☐ trop de   ☐ beaucoup de

abuser
☐ jouer   ☐ exagérer   ☐ rire

20 Parmi ces propositions, retrouvez les deux qui sont traitées
dans l'extrait ci-dessus.

1. Pour ne pas gêner les gens autour de vous, éteignez votre portable quand
   vous ne l'avez pas tout près de vous.

2. Avant d'appeler quelqu'un, assurez-vous toujours que vous êtes
   dans une atmosphère agréable, loin du bruit et de l'agitation.

3. Veillez à ne pas choisir une sonnerie trop originale et trop forte.

4. Dans les lieux publics, déplacez-vous dans un endroit isolé pour que
   tout le monde ne profite pas de vos conversations.

5. Pensez à éteindre votre téléphone quand vous êtes entouré de gens.

6. Si vous ne pouvez pas répondre, n'oubliez pas d'activer votre messagerie
   pour qu'on puisse vous laisser des messages.

Le, en, y

 21 Relisez les phrases où on retrouve les trois extraits ci-dessous.
Que remplacent les pronoms *le, y* et *en* ? Reliez les éléments.

… on le sait… - Pensez-y… - … vous devez être conscients…

Vous devez être conscients ●   ● qu'il faut oublier ses soucis quotidiens.

On sait ●   ● à éteindre votre téléphone portable.

Pensez ●   ● que les autres n'ont pas choisi
d'entendre vos drôles de sonneries.

22 Lisez le tableau puis transformez les phrases
en remplaçant les éléments soulignés par un pronom.

Exemple : Mais oui, je ferai attention <u>à bien refermer la porte</u>.
→ Mais oui, j'y ferai attention !

1. Nous n'acceptons pas <u>de travailler plus sans gagner plus</u> !

2. Elle est passionnée d'art moderne. Elle s'intéresse de plus
en plus <u>à l'art moderne</u>.

3. On a bien profité <u>de nos vacances au Sénégal</u>.

4. Je sais bien <u>qu'il est parti au Brésil l'année dernière</u> !

5. Je suis sûre <u>qu'ils ne viendront pas samedi</u> !

6. Il est amoureux <u>des paysages qu'il a vus dans le grand
Ouest américain</u>.

> ### *le, en, y*
> ### reprenant une proposition
>
> *le, en, y* permettent de reprendre une idée
> déjà exprimée en évitant des répétitions.
> • l'idée est complément direct du verbe
> → *le*
> *J'aimerais vous revoir. Je le souhaite vraiment. (Je souhaite vraiment vous revoir.)*
>
> • le verbe utilisé se construit avec *de* → *en*
> *Il faut que tu m'expliques ! J'en ai besoin.
> (J'ai besoin que tu m'expliques.)*
>
> • le verbe utilisé se construit avec *à* → *y*
> *Où on part en août ? On n'y a pas encore
> réfléchi. (On n'a pas encore réfléchi où on
> partait en août.)*

phonétique

[n] (ci**n**é) / [ɲ] (si**gn**é)

A 🎧 Écoutez et cochez la case qui convient.

	1	2	3	4	5	6	7	8
même son (=)								
son différent (≠)								

C 🎧 Écoutez et dites si vous entendez
le son [ɲ] au début, au milieu
ou à la fin du mot.

	1	2	3	4	5	6	7	8
début								
milieu								
fin								

B 🎧 Écoutez et cochez la case qui convient.

	1	2	3	4	5	6	7	8
[n]								
[ɲ]								

23 **a)** Écoutez ces étrangers qui racontent quelques expériences surprenantes qu'ils ont connues en France.
Retrouvez à quelle photo correspond chaque histoire.

b) Connaissez-vous des règles de savoir-vivre très différentes de celles de votre pays ? D'où viennent-elles ?
Que pensez-vous de ces règles ?

c) Et vous, vous êtes-vous déjà trouvé dans des situations comme celles que vous venez d'écouter. Racontez.

24 Lisez l'article sur les bonnes manières. Dites si les affirmations sont vraies ou fausses et corrigez-les si elles sont fausses.

1. En France, les bonnes manières sont démodées.

2. Autrefois, les hommes laissaient toujours entrer les femmes les premières au restaurant.

3. Dans les grandes villes, on n'a pas envie de respecter les autres.

4. Au restaurant, les femmes ne paient jamais l'addition.

5. Qu'est-ce que le SBAM ?

6. Au travail, on a le droit d'être un peu impoli le vendredi.

7. On ne se salue plus beaucoup, surtout dans les grandes villes.

8. Pour écrire poliment à quelqu'un, il ne faut pas utiliser le message électronique.

9. On peut très bien vivre heureux sans connaître toutes les règles de comportement social.

Nadine de Rothschild

Le bonheur de séduire, l'art de réussir

LE SAVOIR-VIVRE DU XXIe SIÈCLE

Nouvelle édition

Robert Laffont

150 000 exemplaires vendus en France

LES COMPORTEMENTS SOCIAUX

Livres, guides, cours… plus possible d'être impoli si on est français. On croyait les bonnes manières démodées, balayées par les années 70 et leur « il est interdit d'interdire », mais non ! De nouveau, les Français aspirent à la politesse, au respect et à de nouveaux comportements.

Autrefois, sur les trottoirs, les hommes ne laissaient jamais leurs femmes marcher du côté des voitures ; ces messieurs entraient toujours les premiers dans les cafés ou les restaurants afin de s'assurer que tout était calme avant de laisser entrer Madame. Ces comportements sont bien lointains… Dans la rue, on voit beaucoup de bousculades, de grossièretés, d'agressivité, notamment dans les grandes villes, et c'est peut-être pour cela qu'on aspire à revenir à un plus grand respect des autres.

Les bonnes manières ont aussi évolué en fonction des réalités sociales. Maintenant, par exemple, dans un dîner professionnel, la femme qui invite paie et entre la première dans le restaurant.

Les entreprises exigent aujourd'hui que leurs employés sachent parfaitement communiquer. Le SBAM (sourire - bonjour - au revoir - merci) est enseigné partout. Les univers de la banque, de la politique ou du luxe sont devenus très codés. On trouve même de nouveaux métiers comme « conseiller en image personnelle » : leur objectif est d'enseigner à bien se comporter lors de négociations professionnelles ou de dîners d'affaire. S'il est vrai qu'aujourd'hui, il est de bon ton de s'habiller de façon assez décontractée le vendredi, on ne tolère jamais les infractions au code de bonne conduite.

Dans les villes, les rituels de salutation ont changé. Il semble que, dans les lieux publics par exemple, plus les villes sont importantes moins les gens se saluent. Dans *La Société incivile* (Éditions Seuil), Sébastien Roché, sociologue, explique que « L'indifférence est une forme de politesse urbaine. Dans le métro, on fait semblant d'ignorer la promiscuité… »

Dans la vie quotidienne, on peut aussi s'interroger sur l'usage de la messagerie électronique ou du fax pour répondre poliment à quelqu'un. Peut-on se le permettre ou doit-on ne recourir qu'à la lettre formelle envoyée par la poste ? Quel usage aussi doit-on faire du portable ou des messageries vocales ? Il apparaît, en tout cas, que les bonnes manières sont un signe d'intégration sociale. Si l'on ne possède pas les règles, il est difficile de vivre confortablement en société. En conséquence, on peut affirmer que les règles de savoir-vivre constituent un mode de « tri social ». Mais la reconnaissance sociale d'un individu peut-elle, doit-elle, avoir pour base ses capacités à utiliser les bonnes manières créées par la société ?

8
Sans voiture

Ah, c'est bien,
parce qu'il n'y a pas de bruit,
pas de pollution.

servir à

- Ça sert à quoi ?
- Ça sert à ouvrir les bouteilles.

- À quoi sert cet appareil ?
- Il sert à contrôler les billets.

- Pourquoi tu ne veux pas l'inviter ?
- Ça ne sert à rien de l'inviter : il ne viendra pas.

1 🎧 **a) Écoutez à nouveau l'enregistrement. Dans les phrases suivantes, repérez les informations qui sont fausses et faites les corrections nécessaires.**

1. La journée sans voiture a lieu une fois par an.

2. La mairie interdit aux voitures d'aller dans le centre ville de 9 heures le matin jusqu'à 9 heures le soir.

3. Les bus sont interdits dans le centre ville toute la journée.

4. Cette ville a déjà organisé sept journées sans voiture durant les dernières années.

5. Le chauffeur de taxi pense que, avec la journée sans voiture, tout le monde est plus gentil dans la rue.

6. Pour le responsable de l'Association des usagers du vélo, cette journée montre qu'on peut vivre avec un maximum de cent voitures dans le centre ville.

7. Une femme dit que la journée sans voiture serait mieux avec plus de bus.

8. La mairie de la ville va réaliser des mesures de pollution de l'eau et des études sociales sur les commerçants.

La journée sans voiture ?
Bon, sincèrement,
ça sert à quoi, hein ?

... et les bus
sont gratuits
toute la journée.

🎧 **Écoutez et complétez le tableau.**

	Qui est cette personne ?	Est-ce qu'elle aime la journée sans voiture ?	Pourquoi ?
1ʳᵉ personne	. . . .	. . . .	. . . .
2ᵉ personne	. . . .	. . . .	. . . .
3ᵉ personne	une femme (qui fait les magasins)	. . . .	. . . .
4ᵉ personne		oui	– Les bus sont gratuits – Il faut réfléchir à la place des différents moyens de transport.

b) Lisez le texte pour vérifier vos réponses.

– La journée sans voiture ? Vous demandez ça à un chauffeur de taxi ? Bon, sincèrement, ça sert à quoi, hein ? Ça ne sert à rien. C'est de la démagogie pure ! C'est toujours pareil : il faut être gentil avec tout le monde, alors, deux fois par an, les politiques décident d'être gentils avec les écolos… C'est tout ! Il y a bien d'autres problèmes dont la mairie devrait s'occuper.
– Cette journée sans voiture a été organisée par la mairie avec notre association, l'Association des usagers du vélo. Et, avec cette journée, on montre qu'on peut vivre sans voiture dans le centre ville. C'est une véritable chance pour les cyclistes. Mais, c'est dommage : ça n'arrive que deux fois par an. Donc aujourd'hui, il faut en profiter, et faire du vélo !
– Ah, oui, oui, moi, j'aime bien. J'en profite pour me promener dans le centre ville et faire les magasins. Ah, bah, oui, c'est bien parce qu'il n'y a pas de bruit, pas de pollution. Enfin, je regrette quand même une chose : il y a encore des voitures qui arrivent à passer, tenez, regardez, et puis il y a les bus. Alors, ce n'est pas vraiment sans voiture, hein ? Il faut quand même faire attention…
– Vous, vous aimeriez qu'il n'y ait pas de bus ?
– Ah, bah, oui ce serait encore mieux ! Allez, tout le monde à pied !
– La ville participe à cette opération pour la septième année consécutive. Aujourd'hui, toutes les rues du centre ville sont fermées aux voitures de 9 heures à 19 heures, et les bus sont gratuits toute la journée. Afin de connaître les conséquences de la journée sans voiture, des mesures de pollution de l'air et des mesures de niveau sonore seront réalisées. Et une enquête auprès des commerçants est également prévue. Cela nous permettra d'obtenir les informations dont la mairie a besoin pour réfléchir à la place des différents moyens de transport dans la ville.

```
profiter de

– Je vais profiter
  de mes vacances
  pour lire plein
  de romans.

– Comme on passe
  à Rouen, on va
  en profiter pour
  aller vous voir.

– On profite du beau
  temps pour se
  promener avec
  les enfants.

– C'est gratuit
  aujourd'hui,
  profitez-en !
```

Outils

Reprocher - se justifier

2 Observez les phrases puis, pour les deux dessins, écrivez un mini-dialogue avec les éléments en gras.

1. **C'est toujours pareil** : il faut être gentil avec tout le monde, alors, deux fois par an, les politiques décident d'être gentils avec les écolos…

2. **C'est dommage** : ça n'arrive que deux fois par an.

3. **C'est dommage**, c'est trop cher pour nous !

4. **Je regrette** quand même une chose : il y a encore des voitures qui arrivent à passer.

5. **Je regrette** mais vous ne pouvez pas entrer sans cravate.

3 Associez les reproches aux justifications.

reproches	justifications
C'est dommage, c'est un peu cher. ●	● Je sais, je l'ai lu et puis j'ai oublié !
Ah, te voilà, j'attends depuis une heure ! ●	● J'ai eu un problème avec ma voiture.
Tu n'as pas répondu à son message ? Tu exagères ! ●	● Mais, c'est de la bonne qualité.

Dont

6 **a) Observez les phrases. Retrouvez ce que *dont* remplace et récrivez les phrases.**

– Il y a bien d'autres problèmes **dont** la mairie devrait s'occuper.
→ La mairie devrait s'occuper _ _ _ _ _.

– Les enquêtes, **dont** les résultats seront connus en décembre, ont été réalisées en collaboration avec le ministère de l'Écologie.
→ Les résultats _ _ _ _ _ seront connus en décembre.

– Cela nous permettra d'obtenir les informations **dont** la mairie a besoin.
→ La mairie a besoin _ _ _ _ _

b) Cochez les réponses qui conviennent.

Dans ces phrases, *dont* remplace :
☐ un complément direct
☐ un complément avec « à »
☐ un complément avec « de »

Dans ces phrases, *dont* remplace :
☐ un complément du nom
☐ un complément du verbe

4 🎧 Écoutez les dialogues et indiquez si les phrases servent à reprocher ou à se justifier.

	reprocher	se justifier
1. Nous avons fait tout notre possible.	▨	▨
2. Dites donc, vous avez vu l'heure ?	▨	▨
3. Vous pourriez faire moins de bruit !	▨	▨
4. Il n'est même pas minuit.	▨	▨
5. Il ne faut pas vous gêner !	▨	▨
6. Je fais ce que je veux !	▨	▨
7. Excusez-moi, mais j'étais avant vous.	▨	▨
8. Il faut faire la queue, madame.	▨	▨
9. Je suis pressée.	▨	▨

reprocher
- *Dites donc, vous avez vu l'heure ?*
- *Ah, te voilà, j'attends depuis une heure !*
- *Il ne faut pas vous gêner !*
- *Excusez-moi, mais j'étais avant vous.*
- *Je regrette, j'étais avant vous.*
- *Il faut faire la queue !*
- *C'est toujours pareil !*
- *C'est dommage, c'est un peu cher.*
- *Tu exagères !*

5 Par deux, choisissez une situation et jouez la scène.

1. Vous êtes dans un bus. Vous vous êtes assis parce que vous vous êtes blessé(e) à la jambe en faisant du sport et vous ne pouvez pas rester debout. Une personne âgée vous reproche de ne pas laisser votre place à une femme enceinte qui vient de monter dans le bus.

2. Vous arrivez (encore) en retard à votre travail (ou à votre école). Votre directeur (ou votre professeur) vous demande des explications.

3. Vous avez commandé un livre dans une librairie il y a deux mois. Le livre n'est pas encore arrivé. Vous demandez des explications au libraire.

se justifier
- *Nous avons fait tout notre possible.*
- *Je fais ce que je veux !*
- *Il n'est même pas minuit.*
- *Je suis pressée.*
- *J'ai eu un problème.*
- *J'ai oublié.*
- *Mais c'est de la bonne qualité.*

7 Lisez le tableau puis faites une seule phrase en utilisant *dont*.

Exemple : Tu te rappelles ce client ? Nous avons parlé de ce client lundi.
→ Tu te rappelles le client dont nous avons parlé lundi ?

1. Comment s'appelle le livre ? Tu as besoin de ce livre.

2. Carcassonne est une petite ville merveilleuse. J'apprécie le calme et la beauté de cette petite ville merveilleuse.

3. L'étudiante japonaise veut vous rencontrer. Vous m'avez parlé de cette étudiante ce matin.

4. La Chine est un beau pays. J'ai toujours rêvé de ce pays.

5. Est-ce que tu connais cette fille ? Alex est amoureux de cette fille.

6. Les enfants ont entre 5 et 8 ans. Je m'occupe de ces enfants.

7. Le directeur m'a parlé d'une personne. J'ai oublié le nom de cette personne.

8. Il a fini par acheter la grosse voiture rouge. Il avait envie de cette grosse voiture rouge.

dont

On utilise *dont* pour remplacer un complément construit avec *de* :
– complément d'un verbe *(parler de, rêver de, avoir besoin de…)* :
*Nous avons reçu les enquêtes dont nous vous **parlions** lundi.*
– complément d'un nom :
*Les commerçants participent à une enquête dont **les résultats** seront connus en décembre.*
– complément d'un adjectif :
*Il a trouvé un appartement dont il est très **content**.*

La forme passive

8 Lisez le texte, complétez puis répondez aux questions.

1. a) Cette journée sans voiture **a été** *organisée* par la mairie.
   b) _ _ _ _ _ a organisé cette journée sans voiture.

2. a) Toutes les rues du centre ville **sont** *fermées* de 9 heures à 19 heures.
   b) La mairie _ _ _ _ _ toutes les rues du centre ville de 9 heures à 19 heures.

3. a) Des mesures de pollution de l'air **seront** *réalisées*.
   b) La mairie _ _ _ _ _ des mesures de pollution de l'air

4. a) Et une enquête auprès des commerçants **est** également *prévue*.
   b) La mairie prévoit également _ _ _ _ _ auprès des commerçants.

1. Quel est le sujet du verbe dans chaque phrase ?
2. Quels sont les compléments du verbe dans chaque phrase ?
3. Que remarquez-vous ?
4. Quel est le temps des éléments en **gras** ?
5. À quel temps avez-vous écrit le verbe dans les phrases 2.b et 3.b ? Pourquoi ?

Brève

Toutes les rues du centre ville sont fermées aujourd'hui de 9 heures à 19 heures dans le cadre de l'opération « Journée sans voiture ». Cette journée a été organisée par la mairie en collaboration avec l'ADEME et le ministère de l'Écologie et elle permettra de mener des études sur les déplacements en centre ville. Des mesures de pollution de l'air seront réalisées et une enquête auprès des commerçants est également prévue cette semaine. La mairie a, en outre, mis en place plusieurs animations sur les moyens de transport et l'environnement urbain. Les bus seront gratuits toute la journée.

9 Transformez les phrases comme dans l'exemple.

Exemple : La mairie réalisera une enquête au mois de mai.
→ Une enquête sera réalisée par la mairie au mois de mai.

1. Le directeur organisera une nouvelle réunion.
2. La banque n'a pas accepté mon chèque.
3. Les éditions Gallimard vont publier mon livre.
4. Chanel a créé une nouvelle eau de toilette.

10 Transformez les phrases comme dans l'exemple (sans reprendre le sujet).

Exemple : La secrétaire a envoyé la lettre hier. → La lettre a été envoyée hier.

1. Ses amis vont très bien accueillir Isabelle.
2. On contrôle les machines tous les matins.
3. La femme de ménage n'a pas fait la chambre.
4. Le théâtre avait vendu toutes les places.

11 🎧 Écoutez et cochez la case qui convient.

la phrase est...	1	2	3	4	5	6	7	8
à la **forme active**								
à la **forme passive**	X							

12 Écrivez un texte à la forme passive pour présenter les différentes étapes de production d'un journal.

effectuer des reportages - écrire tous les articles - mettre en page les articles - choisir les photos - imprimer le journal - vendre les journaux

matin

après-midi

après-midi

Kiosque Presse

nuit

matin

la forme passive

– **La forme passive :** *Les rues ont été fermées par la mairie.* s'oppose à **la forme active** : *La mairie a fermé les rues.*

– **Formation :** *être* + participe passé du verbe.
Les rues ont été fermées par la mairie.
[*La mairie a fermé les rues.*]
Des mesures de pollution de l'air seront réalisées.
[*La mairie réalisera des mesures…*]

– **Emplois :**

• La forme passive permet de donner plus d'importance aux actions.
Dans *La mairie a fermé les rues*, on parle de **la mairie** (et de ce qu'elle fait).
Dans *Les rues ont été fermées par la mairie*, on parle **des rues** (et de ce qui arrive dans les rues).

• Pour indiquer qui fait l'action, on utilise *par*.
*Les rues ont été fermées **par** la mairie.*

phonétique

[s] (**s**aine) / [z] (**z**en) / [ʃ] (**ch**aîne) / [ʒ] (**g**êne)

A 🎧 Écoutez puis répétez.

1. [s] samedi
cassette
France

2. [z] zéro
douzaine
fraise

3. [ʃ] cheval
machine
bouche

4. [ʒ] jaune
logique
voyage

B 🎧 Écoutez et cochez la case qui convient.

	[s]		[z]		[ʃ]		[ʒ]
1.	casse		case		cache		cage
2.	sape		zappe		chape		jappe
3.	laissant		lésant		les chants		les gens
4.	rossé		rosé		rocher		Roger
5.	cesse		seize		sèche		sais-je

C 🎧 Écoutez et répétez ces virelangues.

1. Suis-je chez ce cher Serge ?

2. Douze choux suisses hachés sans eau et onze saucisses sèches.

3. Six anges âgés choisissent six chants enchanteurs.

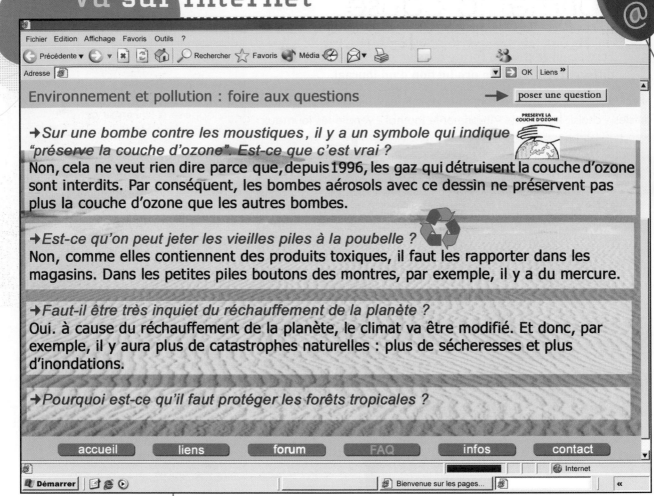

Fichier Edition Affichage Favoris Outils ?

Précédente | Rechercher Favoris Média | OK Liens »

Adresse

Environnement et pollution : foire aux questions   → poser une question

→ *Sur une bombe contre les moustiques, il y a un symbole qui indique "préserve la couche d'ozone". Est-ce que c'est vrai ?*
Non, cela ne veut rien dire parce que, depuis 1996, les gaz qui détruisent la couche d'ozone sont interdits. Par conséquent, les bombes aérosols avec ce dessin ne préservent pas plus la couche d'ozone que les autres bombes.

→ *Est-ce qu'on peut jeter les vieilles piles à la poubelle ?*
Non, comme elles contiennent des produits toxiques, il faut les rapporter dans les magasins. Dans les petites piles boutons des montres, par exemple, il y a du mercure.

→ *Faut-il être très inquiet du réchauffement de la planète ?*
Oui. à cause du réchauffement de la planète, le climat va être modifié. Et donc, par exemple, il y aura plus de catastrophes naturelles : plus de sécheresses et plus d'inondations.

→ *Pourquoi est-ce qu'il faut protéger les forêts tropicales ?*

accueil   liens   forum   FAQ   infos   contact

Internet

Démarrer | Bienvenue sur les pages...

(13) Lisez le texte et cochez les réponses qui conviennent.

1. Lesquels de ces produits trouve-t-on habituellement dans une bombe aérosol ?

☐ un produit contre les moustiques.
☐ du lait.
☐ de la peinture.
☐ du jus de fruit.

2. Le verbe « préserver » signifie :

☐ détruire.
☐ ne pas détruire.
☐ faire devenir plus grand.
☐ faire devenir plus petit.

3. On utilise des « piles » dans :

☐ les montres.
☐ les fours.
☐ les bombes aérosols.
☐ les télévisions.

4. Le mercure est un produit toxique

☐ vrai   ☐ faux

5. Il y a sécheresse

☐ quand la terre est très chère.
☐ quand la terre est très sèche.
☐ quand la terre est très polluée.
☐ quand la terre est très froide.

6. Les forêts tropicales sont

☐ des forêts situées près des tropiques et de l'équateur.
☐ des forêts situées dans des zones très polluées.
☐ des forêts très pauvres.
☐ des forêts très petites.

Exprimer la cause et la conséquence

 a) Relisez le document et trouvez les mots qui indiquent la cause.

Le symbole « préserve la couche d'ozone » n'est pas utile _ _ _ _ _ les gaz qui détruisent la couche d'ozone sont interdits depuis 1996.

_ _ _ _ _ les piles contiennent des produits toxiques, il faut les rapporter dans les magasins.

Le climat va être modifié _ _ _ _ _ réchauffement de la planète.

b) Retrouvez les mots qui indiquent la conséquence.

Les gaz qui détruisent la couche d'ozone sont interdits _ _ _ _ _ les bombes aérosols avec ce dessin ne sont pas meilleures.

Le climat va être modifié _ _ _ _ _ il y aura plus de sécheresses et plus d'inondations.

15 Associez les causes et les conséquences.

Il y aura plus de sécheresses
- [ ] parce que
- [ ] à cause de

le réchauffement de la planète.
le climat de la planète va changer.

Il n'y a plus de « mauvais » gaz dans les aérosols
- [ ] parce que
- [ ] par conséquent

les gaz qui détruisent la couche d'ozone sont interdits depuis 1996.
les bombes avec le symbole « préserve la couche d'ozone » ne sont pas meilleures que les autres.

Les piles peuvent polluer
- [ ] parce que
- [ ] par conséquent

il faut les rapporter dans les magasins.
elles contiennent des produits toxiques.

 Répondez par écrit à la dernière question du document : « Pourquoi est-ce qu'il faut protéger les forêts tropicales ? » Vous pouvez utiliser les éléments suivants.

Beaucoup d'animaux vivent dans les forêts.

Il y a beaucoup de plantes qu'on ne connaît pas encore.

Les forêts produisent de l'oxygène.

Il faut des centaines d'années pour obtenir une forêt tropicale.

On coupe des arbres qui sont très vieux.

la cause et la conséquence

- **parce que** (avec *parce que*, on explique la cause)
  *Le climat va changer **parce que** la Terre se réchauffe.*
- **comme** (avec *comme*, les personnes qui parlent connaissent la cause)
  ***Comme** la Terre se réchauffe, le climat va changer.*
- **puisque** (avec *puisque*, la cause est connue et évidente)
  ***Puisque** la terre se réchauffe, le climat va changer.*
- **à cause de** (pour présenter une chose négative)
  *Le climat va changer **à cause du** réchauffement de la Terre.*
- **grâce à** (pour présenter une chose positive)
  *La pollution va diminuer **grâce au** recyclage.*
- **donc, alors, par conséquent, en conséquence**
  *La Terre se réchauffe **donc** / **alors** / **par conséquent** / **en conséquence** le climat va changer.*

Certains verbes expriment également la cause ou la conséquence :
*Le réchauffement de la planète va **causer** / **provoquer** / **être responsable de** beaucoup de changements climatiques*

La semaine de la mobilité

 Lisez les trois documents « Les chiffres de la mobilité ».
Dites quelles informations sont les plus surprenantes.
Expliquez pourquoi.

 Lisez le document « La boîte à idées » puis répondez aux questions.

1. Qui a écrit ce document ? Pour qui ?
2. Quels sont les objectifs des idées proposées ?
3. Lesquelles de ces activités peut-on particulièrement proposer :
   – à des enfants et adolescents ?
   – à des adultes ?
   – à des personnes âgées ?
   – à des automobilistes ?

19 Imaginez une semaine de la mobilité dans votre ville.
Que pouvez-vous proposer pour l'organisation de cette semaine ?

Les chiffres de la mobilité

Les usagers

- Près de 27% millions de Français utilisent les transports publics urbains.

- 20% des déplacements ont lieu entre le domicile et le travail et ils représentent 20% de l'ensemble des kilomètres parcourus par un automobiliste.

Semaine
ropéenne
a mobilité
transpo

Les chiffres de la mobilité

Les transports publics

- 1 tramway peut contenir 240 personnes soit 3 autobus ou 177 voitures.
- Le coût moyen d'un billet est de 0,99 euros en France.
- 1 km de métro coûte 61 millions d'euros à la construction. C'est le plus cher des transports en commun, mais aussi le plus rapide.

ET SI ON NETTOYAIT LA VILLE

LA BOÎTE À IDÉES

L'objectif de cette boîte à idées est de vous donner des exemples d'initiatives afin d'organiser votre « Semaine européenne de la mobilité et du transport public ».

Informations voyageurs :
– Profiter de la semaine pour distribuer des **brochures** sur les transports en commun et leurs améliorations (horaires, lignes, etc.). Effectuer cette distribution sur les parkings par exemple, parce que ce sont avant tout les automobilistes qu'il faut informer.
– Des **bus d'information** peuvent être mis en place afin de sillonner les marchés, les zones à la limite de la ville…
– Profiter de la semaine pour lancer des **études de satisfaction** auprès des habitants. Les résultats peuvent être communiqués après la semaine.

Animations diverses :
– **Théâtre, musique, lectures** effectuées par des comédiens dans les lieux de transport public , **animations sportives** diverses…
– Des **balades** peuvent être proposées en ville, en voiture à cheval par exemple, des sorties VTT peuvent être organisées.
– **Décoration** des bus sur le thème de la semaine.
– Des **jeux** concours peuvent être organisés auprès de tous les publics afin d'informer les citoyens de l'importance des transports publics dans la ville (tombolas, concours de photos par exemple).
– Distribution de **petits déjeuners**, confiseries…

Les chiffres de la mobilité

La voiture

- En France, la circulation automobile a été multipliée par 4,4 depuis 1960.
- 28% des déplacements en voiture en milieu urbain ne dépassent pas 1 kilomètre.
- Une personne qui se déplace en automobile est responsable d'une pollution 10 à 20 fois plus importante que si elle se déplace en bus.

LLE, SANS MA VOIT

9 Un monde solidaire

A

B

NE LAISSEZ PERSONNE PRIVER
LES DÉFENSEURS DES DROITS HUMAINS
DE LEUR LIBERTÉ DE PAROLE.

Pour agir : www.amnesty.asso.fr

Amnesty international

FONDATION ABBÉ PIERRE
POUR LE LOGEMENT DES DÉFAVORISÉS

C

unicef
Fonds des Nations Unies pour l'enfance

Photos : Ljubisa Danilovic/Fondation Abbé Pierre,
Séb Godefroy/Association Emmaüs.

1 De quel domaine s'occupe chacune des associations présentées ? Complétez le tableau.

	santé	lutte contre la pauvreté	enfance	respect des droits de l'homme	entraide, solidarité
documents	- - - - -	- - - - -	- - - - -	- - - - -	- - - - -

2 Lisez ces commentaires et retrouvez ceux qui correspondent aux associations présentées.

1. Cette association a pour mission principale d'agir pour que même les plus pauvres aient un logement.
Ses actions consistent à accueillir les personnes qui vivent dans la rue et à financer la construction
et la rénovation de logements sur l'ensemble du pays.

2. Cette association a pour objectif d'aider les enfants et les jeunes issus de familles pauvres à bénéficier
de séjours en centres de vacances et de loisirs.

3. Cette association, créée en 1920, lutte contre le cancer. Elle apporte son aide à la recherche, mène une
action auprès des malades et s'occupe de la prévention de cette grave maladie.

2 Si partout dans le monde chacun respectait les droits de l'homme et de l'enfant, on n'aurait pas besoin de nous...

3 Si chaque personne aide un peu l'association, on trouvera de nouveaux médicaments et vaccins pour guérir les maladies graves.

4 Beaucoup de Français seraient sans abri si cet homme n'existait pas...

5 Si vous donnez un peu d'argent, nous sauverons la vie d'une personne qui meurt de faim.

D

Il y a 3 ans ce microbe faisait ce qu'il voulait, aujourd'hui, il a 10 chercheurs sur le dos.

www.frm.org

Le don utile

FONDATION RECHERCHE MÉDICALE

E

La faim tue toutes les 4 secondes

AVEC NOUS, COMBATTEZ LA FAIM :
E N V O Y E Z   V O S   D O N S
ACF · 4, rue Niepce 75014 Paris · www.acf-fr.org

ACTION
CONTRE LA
FAIM

Oui ?
Non ?
C'est ça ?

Regardez les documents et lisez les slogans.
Associez chaque slogan à un document.

document	A	B	C	D	E
slogan					

4. La mission première de cette association, fondée en 1988, est l'aide chirurgicale aux enfants malades ou blessés qui ne peuvent pas être opérés dans leur pays d'origine. Ces enfants sont pris en charge bénévolement par des spécialistes de la chirurgie pédiatrique et accueillis pendant quelques semaines dans des familles, quand ils sortent de l'hôpital.

3 🎧 Écoutez ces personnes qui parlent d'autres associations puis complétez le tableau.

	Médecins sans frontières	Jeunesse au plein air	Frères des hommes	Secours populaire	Association des paralysés de France
domaine traité (santé, pauvreté, etc.)					
but de l'association					
comment la personne aide l'association					

Le conditionnel

4 Regardez ces situations. Relevez les formes au conditionnel et dites ce que chacune exprime. Cochez les cases qui conviennent dans le tableau.

« Cette association fournirait du travail aux plus démunis et leur offrirait de nombreuses possibilités de logement. »

« Tu pourrais travailler avec d'autres étudiants, ça t'aiderait. »

« Qu'est-ce que tu dirais d'un petit resto chinois ce soir ? »

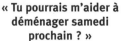

« Ça me plairait bien de vivre au soleil toute l'année. »

« Tu pourrais m'aider à déménager samedi prochain ? »

	1	2	3	4	5
un souhait					
un conseil					
une demande polie					
une information incertaine					
une proposition					

5 Observez les formes verbales que vous avez relevées, puis complétez.

Le conditionnel présent se forme comme au _ _ _ _ _ _ mais avec les terminaisons de _ _ _ _ _ _ : ais, _ _ _ _ _, _ _ _ _ _, ions, _ _ _ _ _, _ _ _ _ _.

6 Mettez le verbe proposé au conditionnel présent.

1. Tu (pouvoir) _ _ _ _ _ répondre à cette question, s'il te plaît ?

2. Tu (devoir) _ _ _ _ _ écrire plus souvent à tes grands-parents.

3. Ça vous (plaire) _ _ _ _ _ d'inviter les Ballet pour fêter les vacances ? On les appelle ?

4. Ce (être) _ _ _ _ _ vraiment génial que tu viennes avec nous au Viêtnam l'été prochain !

5. Le président (devoir) _ _ _ _ _ arriver à Yaoundé dans la matinée.

6. Il (falloir) _ _ _ _ _ m'expliquer où vous habitez ; je ne le sais pas.

7. Vous (aimer) _ _ _ _ _ partir à Katmandou l'année prochaine ?

8. Tu (vouloir) _ _ _ _ _ bien revoir le test de français avec moi ?

7 Imaginez la réplique qui manque dans chacun de ces minidialogues.

1. – Qu'est-ce que je pourrais faire pour avoir de meilleures notes en français ?
   – ....

2. – Tu as entendu ? Il y a des grèves d'étudiants ?
   – ....

3. – ....
   – Oh ! Excuse-moi, tu veux un autre thé ? Je vais en refaire tout de suite.

4. – ....
   – Au ciné ? Oui, d'accord. C'est sympa.

5. – Tu rêves de quoi pour tes prochaines vacances ?
   – ....

6. – ....
   – Ah ! oui alors, ça nous plairait beaucoup.

QU'EST-CE QUE JE POURRAIS FAIRE POUR AVOIR DE MEILLEURES NOTES EN FRANÇAIS ?

8 a) Écoutez ces répliques et retrouvez celles qui contiennent une forme au conditionnel. Cochez la case qui convient.

	1	2	3	4	5	6	7	8
conditionnel								

b) Lisez le tableau. Écoutez encore ces répliques et relevez chaque forme au conditionnel.

Exemple : je partirais.

....
....

le conditionnel présent

formation :
formes du futur simple avec terminaisons de l'imparfait : je fer**ais**, nous partir**ions**...

emplois : il peut exprimer
– une demande polie :
  Vous pourriez m'aider ?
– une proposition :
  Ça te dirait un bon restaurant ?
– un souhait :
  On aimerait bien vous revoir.
– un conseil :
  Il faudrait demander au professeur.
– une information incertaine :
  La direction signerait les nouveaux accords jeudi matin.

Je ferais bien un petit voyage au soleil avec toi !

Venez rejoindre notre association si vous voulez vous engager pour une bonne cause !

9 **Lisez les répliques puis cochez la ou les réponse(s) qui convient (conviennent).**

Le verbe directement après *si* peut être :
- [ ] au présent
- [ ] au futur
- [ ] à l'impératif
- [ ] à l'imparfait

L'autre verbe peut être :
- [ ] au présent
- [ ] à l'impératif
- [ ] au futur
- [ ] au conditionnel

Si on donne un peu d'argent, on peut sauver la vie d'un enfant.

Si chaque personne aide un peu l'association, on trouvera de nouveaux médicaments.

Beaucoup de Français seraient sans abri si cet homme n'existait pas.

L'AVANTAGE DE CE GENRE DE VÉLO

C'EST QUE SI JE SUIS FATIGUÉ À L'ALLER

JE NE SUIS PAS OBLIGÉ DE ME TAPER LE RETOUR

10 **Écoutez et complétez le tableau.**

	condition/hypothèse	résultat
1.	Si je ne suis pas là à 5 heures,	commencez la réunion sans moi !
2.	_____ ,	je n'irai pas faire les magasins samedi.
3.	Si tous les amis étaient là,	_____ .
4.	_____ ,	appelez-nous !
5.	Si j'étais riche,	_____ .

11 **a) Écoutez et relevez les différentes façons d'exprimer la condition. Complétez.**

1. : *dans ce cas*
2. : _ _ _ _ _ _ _
3. : _ _ _ _ _ _ _
4. : _ _ _ _ _ _ _
5. : _ _ _ _ _ _ _
6. : _ _ _ _ _ _ _

b) Écoutez encore une fois ces phrases et récrivez-les en gardant le même sens et en utilisant *si*.

1. Si _____ , dînez sans moi.

2. Si _____ , demande un plan à Patricia.

3. S'il _____ , qu'est-ce qu'il fera l'année prochaine ?

4. Téléphone-moi au bureau, si _____ .

5. Si _____ , on partira samedi matin avant 7 heures.

6. Si vous _____ , vous _____ .

12 Complétez les phrases avec le verbe proposé à la forme qui convient.

1. Si tu (vouloir) _ _ _ _ _, on peut aller jouer au squash demain soir.
2. Je n'attendrais pas jusqu'à 20 heures si tu (ne pas être sûr) _ _ _ _ _ de venir !
3. Jean-Luc nous emmènera peut-être. Dans le cas contraire, on (prendre) _ _ _ _ _ le bus.
4. Samedi, on ira à la piscine s'il (faire) _ _ _ _ _ beau ?
5. Si tout le monde (aimer) _ _ _ _ _ le fromage, je fais un gratin de pâtes.
6. Si on avait son numéro, on (appeler) _ _ _ _ _ Frédéric pour sa fête le 18 juillet.
7. (Rentrer) _ _ _ _ _ si tu as froid !

13 Imaginez ce qui manque dans chaque phrase.

1. Si je _, je partirais à Brest le week-end prochain.
2. Pas de problème, on vous téléphonera si _.
3. On va écouter ce CD si _.
4. Si tu veux aller au concert de Mickey 3 D, _.
5. Cours vite si _.

14 Essayez de résoudre cette énigme en discutant tous ensemble et en interrogeant votre professeur qui ne peut répondre à vos questions que par « oui » ou « non » (solution page 104).

Louisville est en partie française et en partie anglaise.
Si 70% de la population parle anglais et 60% de la population parle français, quel pourcentage de la population parle les deux langues ?

15 Regardez cette illustration et imaginez ce que Juliette pense. Aidez-vous des expressions proposées et exprimez ses rêves.

vouloir être une grande chanteuse, être très célèbre, avoir un public enthousiaste, vendre des milliers de disques, passer à la télévision, faire des concerts dans le monde entier, gagner beaucoup d'argent, se marier avec un acteur très connu, connaître des gens intéressants, aller dans les grands hôtels…

---

la condition / l'hypothèse

– Avec si :

si + présent + présent
Si tu veux tu peux reprendre un café.

si + présent + futur
Si vous voulez, on ira au musée du Louvre.

si + présent + impératif
Si Luc est là, parlons-lui du problème !

si + imparfait + conditionnel présent
Si j'étais riche, je ferais le tour du monde.

Remarques :
– Si + il/ils = s'il(s)
– On peut parfois trouver d'autres mots avec si :
Même si *elle lui a raconté, il a tout oublié.*
J'arriverai à 5 heures, **sauf si** *j'ai un problème.*

– On peut aussi exprimer la condition :

1. avec des expressions :
Vous venez samedi ? **Dans ce cas**, *je préparerai un bon tajine.*
On part ensemble, **dans le cas contraire**, *on s'attend à Rodez.*
Au cas où *vous voudriez revenir, appelez-moi.*
Imaginez que *vous gagnez au loto, qu'est-ce que vous ferez ?*
En cas de *pluie, le concert sera annulé.*

2. Avec deux propositions :
Tu viens à 14 heures, on aura le temps de prendre un petit café.

Fichier Edition Affichage Favoris Outils ?

Précédente ▼ | ⊙ ▼ | ✕ | 🔄 | 🏠 | 🔍 Rechercher | ⭐ Favoris | 🎵 Média | 🔄 | ✉▼ | 🖨 | | 🏴

Adresse | | ▼ | ➡ OK | Liens »

Débattre

Liste des Forums | Nouveau sujet | Remonter au début | Retour au sujet | Vue plane | Message précédent

Rassemblons-nous !

Rassemblons-nous ! C'est à cet appel que j'avais répondu le 8 novembre 2003.
Je voulais moi aussi m'engager dans une cause humanitaire et ça a marché. Comme Gérald,
je suis parti pendant 6 mois dans ces pays pauvres. C'est vrai qu'on a pu aider des gens
malades en les réconfortant, en leur montrant qu'ils n'étaient pas seuls…

Mais cela ne suffit pas à soulager leur misère et leurs maladies. Oui, j'aurais tellement voulu
qu'on puisse les soigner ! Mais pour cela, aucun moyen ! Le gouvernement français est prêt
à envoyer des bénévoles sur place pour venir en aide aux peuples en difficulté mais…
comment faire avec des aides financières trop peu importantes, très peu de médicaments,
trop peu de personnes, de médecins... ?

Trop souvent, je me suis senti impuissant devant la misère des gens. Je ne m'attendais pas
à ça et je ne pense pas repartir en mission pour une association humanitaire. Ça me rend trop
malheureux de voir qu'en fait, on ne peut pas aider tous les gens qui en ont besoin.

🖳 Démarrer | 📁 🌐 ⏵ | | 🖳 Bienvenue sur les pages... | | «

---

16 **Lisez ce message et choisissez les réponses qui conviennent.**

La personne qui écrit est
☐ satisfaite. ☐ impatiente. ☐ déçue. ☐ heureuse.

Les pauvres et les malades ont pu être
☐ guéris. ☐ soignés. ☐ réconfortés. ☐ soulagés.

D'après la personne qui écrit, les aides apportées aux pays pauvres sont
☐ très suffisantes. ☐ suffisantes. ☐ insuffisantes.

Exprimer la tristesse / la déception

17 **Dans le message électronique, relevez une façon d'exprimer sa tristesse et deux façons d'exprimer sa déception.**

18 Écoutez et dites ce que les personnes expriment.
Pour chaque réplique, cochez la case qui convient.

	1	2	3	4	5	6	7	8
la tristesse								
une déception								
une obligation								
un conseil								
un but								

> **exprimer la tristesse**
> • *C'est plutôt triste, non ?*
> • *Vraiment, quel dommage !*
> • *Ça me rend triste/ malheureux.*
> • *J'ai du mal à supporter ça.*

19 Lisez les encadrés, puis, par groupes de deux, jouez la situation suivante.

Vous êtes parti(e) en vacances dans un pays de rêve : plage, soleil, mer bleue… Malheureusement, vous avez eu des problèmes avec votre avion, l'hôtel était inconfortable et très cher, il a plu, etc. Vous êtes déçu(e) de votre voyage. À votre retour, vous rencontrez un(e) ami(e) qui vous pose des questions sur ce voyage.

> **exprimer la déception**
> • *Je ne m'attendais pas à ça !*
> • *Oh ! si j'avais su !*
> • *Je suis déçu(e).*
> • *C'est très décevant.*
> • *Ce n'est pas du tout ce que je croyais !*

phonétique

[k] (car) / [g] (gare)

A **a)** Écoutez et répétez les mots.

1. coup – goût
2. ongle – oncle
3. griller – crier
4. grec – Greg
5. écart – égard

b) Écoutez et répétez les phrases.

1. Quelle galère !
2. Je me coupe les ongles.
3. Elle est sur le quai de la gare.
4. Il y a la queue au guichet quatre.
5. On va manger un gros coq.

B Écoutez et cochez la case qui convient.

	1	2	3	4	5	6	7	8
même son (=)								
son différent (≠)	X							

C Écoutez et cochez la case qui convient.

	1	2	3	4	5	6	7	8
[k]	X							
[g]								

Grandes causes et solidarité

20 Lisez le texte et dites si vous êtes étonné(e) par certaines opinions des jeunes. Pourquoi ? Êtes-vous d'accord avec toutes ces opinions ? Discutez.

Un rapport critique à la société

Une enquête récente de la SOFRES[1] montre que 90 % des jeunes de 18 à 25 ans se sentent bien dans la société française. Seulement 20 % déclarent s'y sentir très bien.

Cependant, ces jeunes interviewés sont très critiques sur certains de ses aspects.

À la question : quels sont les principaux défauts de la société française, la première réponse est « l'argent y tient une place trop importante ». Ensuite, 37 % des personnes interrogées pensent que la France n'est pas égalitaire, 27 % estiment qu'elle ne donne pas assez de place aux jeunes et 24 % qu'elle est trop individualiste.

Ils sont aussi 62 % à penser que le pays évolue vers moins de solidarité (38 % vers plus de solidarité).

Défendre une grande cause : les associations ?

Pour défendre une cause, 39 % des jeunes préfèrent agir dans le cadre d'une association. De nombreux autres modes d'action sont cités : agir en dehors de toute association (61 %), avec des personnes de mon entourage (19 %), dans une organisation internationale non gouvernementale (18 %), de manière individuelle (10 %), dans un club (8 %), dans un syndicat (4 %), dans un parti politique (2 %). On voit

bien, par ces réponses, que les jeunes veulent bien s'engager mais en préservant toutefois des marges de manœuvres, de l'efficacité et surtout leur liberté.

Le rôle des entreprises

Pour 72 % des 18-25 ans, les entreprises ne doivent pas avoir un rôle strictement économique mais elles doivent s'engager de multiples façons dans la société. De plus, jouer un rôle dans le domaine de la solidarité ne doit pas se limiter à donner de l'argent. Ces entreprises doivent se mobiliser concrètement sur le terrain de la solidarité : insertion de populations en difficultés, respect des droits de leurs employés, droit à la formation, etc.

Il est donc frappant de constater que pour les jeunes, les entreprises peuvent et doivent agir dans de nombreux domaines. Leur rôle doit être fort et multiple.

....

1. SOFRES (Société Française d'Enquête par Sondage) : institut de sondage, d'études marketing et d'opinion.

21 Lisez et commentez les trois tableaux. Et vous, que répondriez-vous aux trois questions posées ? Quelles sont les ressemblances et les différences entre vos réponses et celles des jeunes interrogés ? Pourquoi, à votre avis ?

Solution de l'activité 14, page 101

Réponse : 30 %
Si 70 % parlent anglais, 30 % ne le parlent pas.
Si 60 % parlent français, 40 % ne le parlent pas.
On peut donc dire que 70 % (30 + 40) de la population ne parlent pas soit l'un ou l'autre.
Donc 70 % des gens ne parlent pas ces deux langues.
30% de la population (100 − 70), parlent donc les deux langues.

Question : *Je vais vous citer des mots. Pour chacun d'eux, dites s'il représente pour vous quelque chose de très positif, assez positif, pas très positif ou pas positif du tout.*

	Très positif	Assez positif	Pas très positif	Pas du tout positif
La famille	82	15	2	1
L'amitié	78	21	1	0
La liberté	74	20	4	2
L'égalité	60	29	7	4
La tolérance	56	30	10	4
Le sens des responsabilités	52	42	5	1
Le travail	38	54	6	2
L'effort	37	52	10	1
L'engagement	37	50	12	1
L'écologie	37	40	16	7
L'argent	19	53	21	7
L'autorité	17	47	28	8
La religion	13	36	33	18
Le profit	8	35	36	21

Question : *Parmi les causes suivantes, quelles sont celles qui vous paraissent les plus importantes ? En premier ? Et en second ?*

	Cite en première réponse		Cite en première en seconde réponse	
	%	Rang	%	Rang
La lutte contre l'enfance maltraitée	38	1	53	1
Le SIDA (prévention, aides aux personnes atteintes...)	13	2	27	2
La faim dans le monde	9	3	18	4
La recherche médicale (cancer, maladies génétiques, etc.)	9	3	24	3
La paix et le désarmement dans le monde	8	5	18	4
La lutte contre le racisme	7	6	18	4
La défense de l'environnement	4	7	8	9
L'insertion des personnes en difficulté (personnes défavorisées, chômeurs, femmes seules...)	4	7	11	7
La drogue	3	9	4	11
L'alphabétisation et le soutien scolaire	3	9	6	10
L'aide aux malades et aux handicapés	2	11	10	8

Question : *Faites-vous ou seriez-vous prêt à faire partie d'une organisation ou d'une association de type suivant :*

	En fait partie	Serait prêt à en faire partie	Non
Une association pour l'insertion des personnes en difficulté (personnes défavorisées, chômeurs, femmes seules...)	1	73	26
Une association pour l'alphabétisation et le soutien scolaire	3	71	26
Une association contre l'enfance maltraitée ou d'aide aux enfants maltraités	1	71	28
Une association de lutte contre le SIDA ou de soutien aux personnes atteintes	2	67	31
Une association contre le racisme	2	67	31
Une organisation non gouvernementale contre la faim dans le monde	2	66	32
Une association pour la recherche médicale (cancer, maladies génétiques, etc.)	2	65	33
Une association pour la paix et le désarmement dans le monde	1	65	34
Une association d'aide aux malades et aux handicapés	2	60	38
Une association de défense de l'environnement	1	53	46
Une association contre la drogue ou de soutien aux personnes droguées	2	50	48

Enquête réalisée auprès d'un échantillon national représentatif de 400 jeunes âgés de 18 ans et plus.

Autoévaluation • 3

Je peux exprimer l'obligation / interdire

1 Complétez les phrases avec l'un des verbes proposés à la forme qui convient.

marcher - éteindre - sonner - vouloir - remplir - attacher

1. _ _ _ _ _ avant d'entrer.
2. Il faut _ _ _ _ la fiche d'inscription.
3. Ne _ _ _ _ _ pas sur les pelouses.
4. _ _ _ _ _ ne pas fumer.
5. Vous devez _ _ _ _ votre ceinture de sécurité.
6. Prière de _ _ _ _ vos téléphones portables.

Je peux reprocher quelque chose à quelqu'un / me justifier

2 Dites si ces phrases servent à reprocher ou à se justifier. Cochez la réponse qui convient.

	reprocher	se justifier
1. Désolé mais j'ai eu un gros problème.	☐	☐
2. J'ai fait mon possible !	☐	☐
3. Vous pourriez peut-être m'écouter ?	☐	☐
4. Pardon, mais j'étais avant vous, Madame !	☐	☐
5. Je fais ce que je veux, quand je veux !	☐	☐

Je peux utiliser le conditionnel

3 Mettez le verbe proposé au conditionnel présent.

1. Nous (aller) _ _ _ _ _ bien à Bilbao pour visiter le musée Guggenheim.
2. Tu (vouloir) _ _ _ _ _ une fille ou un garçon ?
3. Vous (pouvoir) _ _ _ _ _ m'aider, s'il vous plaît ?
4. Quelques étudiants (rencontrer) _ _ _ _ _ le président de l'université cet après-midi.
5. Je te (conseiller) _ _ _ _ _ plutôt d'aller voir le Docteur Soufflet.

Je peux exprimer la condition

4 Reformulez chaque phrase avec l'expression proposée.

1. Si mon train a du retard, je vous appellerai.
   (au cas où) _
2. Si le temps est mauvais, le match sera reporté au 22 mars.
   (en cas de) _
3. Si un jour tu gagnes au loto, qu'est-ce que tu feras ?
   (imagine que) _
4. Si tu viens avec moi, je pourrai te montrer le nouveau musée.
   (dans ce cas) _
5. S'il fait beau, on ira à la plage ; s'il ne fait pas beau, on restera à la maison.
   (dans le cas contraire) _

Je peux exprimer la condition et l'hypothèse

5 Complétez les phrases avec le verbe entre parenthèses à la forme qui convient.

1. Si on (pouvoir) _ _ _ _ _ , on irait au théâtre plus souvent.
2. Demande à Dominique si tu ne me (croire) _ _ _ _ _ pas !
3. Si vous (vouloir) _ _ _ _ _ , je peux vous réserver une table pour ce soir.
4. Il t'écrira s'il (penser) _ _ _ _ _ à toi.
5. Je prendrai le train de 18 h 05, sauf si je (sortir) _ _ _ _ _ plus tôt du bureau.

> Comptez 1 point par bonne réponse.
>
> Vous avez...
> – 5 points : félicitations !
> – moins de 5 points, revoyez les pages 100, 101 de votre livre et les exercices de votre cahier.

Je peux utiliser la forme passive

6 Transformez ces phrases à la voix passive.

1. Des centaines de personnes ont signé cette lettre de protestation.
2. On demande le Docteur Sonneville à la réception.
3. Le 23 décembre, le maire recevra les personnes âgées.
4. On attendrait plus de 10 000 personnes au rassemblement pour la paix le 30 juin prochain.

> Comptez 1 point par phrase correcte.
>
> Vous avez...
> – 4 points : félicitations !
> – moins de 4 points, revoyez les pages 90, 91 de votre livre et les exercices de votre cahier.

Je peux exprimer des impressions

7 Mettez le verbe entre parenthèses au temps qui convient.

1. Je suis désolé que tu ne (pouvoir) _ _ _ _ _ pas venir avec moi le week-end prochain.
2. Tu crois que Lisa (aller) _ _ _ _ _ à San Francisco en juillet dernier ?
3. Pierre est très étonnée que vous (ne jamais l'appeler) _ _ _ _ _ quand il était malade.
4. Je suis sûr que Nina (être) _ _ _ _ _ médecin en 2008 ; elle a d'excellents résultats.
5. C'est bien que tu (savoir) _ _ _ _ _ tout ça avant de partir. Tu n'auras pas de surprise !

> Comptez 1 point par bonne réponse.
>
> Vous avez...
> – 5 points : félicitations !
> – moins de 5 points, revoyez les pages 80, 81 de votre livre et les exercices de votre cahier.

Je peux exprimer la cause et la conséquence

8 Complétez les phrases avec une expression qui convient.

1. _ _ _ _ _ vous comprenez l'anglais, vous pouvez m'expliquer ce que Bob a dit ?
2. Il est malade, _ _ _ _ _ il ne sera pas à la réunion à 17 heures.
3. Appelle-moi de temps en temps _ _ _ _ _ tu n'as pas le temps d'écrire !
4. Elle est fatiguée _ _ _ _ _ de son travail qui est de plus en plus dur.
5. Elle pleure _ _ _ _ _ elle n'a pas d'amis et elle se sent très seule.

> Comptez 1 point par bonne réponse.
>
> Vous avez...
> – 5 points : félicitations !
> – moins de 5 points, revoyez la page 93 de votre livre et les exercices de votre cahier.

→ **RÉSULTATS :** .... points sur 40 points = ... %

Oral

1 Observez cette situation et imaginez ce que peut se dire chaque personne.

Exemples : Le père : *Je suis content que, satisfait que, fier que…* / La mère : *J'ai peur que, ce n'est pas bon que, je pense que…* / La fille : *Je suis sûre que, mes parents veulent que…*

2 Regardez cette photo, qui, pour beaucoup de personnes, représente le bonheur. À votre avis, pourquoi ? Et vous, que pensez-vous de cette photo ?

Écrit

3 Lisez cet article puis répondez aux questions.

22 septembre : Journée sans voiture !

Les centres de 99 villes seront fermés, mercredi, à la circulation automobile afin d'encourager les modes de transports alternatifs.

Comme chaque 22 septembre, des animations se tiendront dans toutes les villes participantes : activités pédagogiques sur les ravages de la pollution de l'air, prêt de vélos et de trottinettes, randonnées vélos-rollers…

Des itinéraires fléchés seront mis en place dans de nombreuses villes pour permettre aux promeneurs de découvrir dans les meilleures conditions les richesses architecturales.

Succès grandissant

À Bordeaux, commune qui organise une journée sans voiture par mois, des navettes électriques et un bus au gaz seront mis en circulation. À Bourges, les rues commerçantes seront recouvertes de pelouses. À La Rochelle, ville pionnière de l'opération, un pique-nique géant se tiendra sur le port. Enfin, à Paris, le périmètre fermé aux voitures s'étendra sur 772 hectares, et les Parisiens pourront exceptionnellement aller jusqu'à Boulogne-Billancourt par les voies sur berges.

La journée sans voiture rencontre aussi un succès grandissant hors des frontières françaises. Soutenue par l'Union européenne, l'opération concernera cette année 778 villes européennes.

Pour la première fois, trois villes canadiennes se sont également associées à la manifestation : Montréal, Toronto et Victoria.

Source : La Voix du Nord

	vrai	faux	?
1. Les centres des villes seront fermés pour encourager les gens à rester chez eux.	■	■	■
2. On pourra faire du vélo et de la trottinette gratuitement.	■	■	■
3. Il y aura des indications pour que les gens puissent découvrir, à pied, les monuments de leur ville.	■	■	■
4. À Bordeaux, à Bourges et à Paris il y aura de la pelouse dans les rues.	■	■	■
5. Berlin, Porto et Malaga participent à l'opération « journée sans voiture ».	■	■	■
6. L'Amérique ne s'intéresse pas du tout à cette opération.	■	■	■

4 Imaginez que vous puissiez changer de vie. Que feriez-vous ? Où habiteriez-vous ? Quelle vie mèneriez-vous ? Etc.

- -

- -

4

Argumenter

10 Modes et marques

1 🎧 Écoutez et lisez le début de l'interview. D'après le contexte, donnez un synonyme ou expliquez oralement les mots en bleu.

Journaliste : Vos enfants portent-ils des marques ? Les adolescents semblent accros[1] aux marques que ce soit pour les vêtements ou les derniers modèles de téléphones portables. Les filles s'habillent en lolita[2] et les garçons adorent les logos liés au monde du sport. Nous avons essayé de comprendre comment, dans les familles, on vit avec cette folie pour les marques. Vincent Ducroc, vous êtes sociologue. Vous avez écrit un livre intitulé *Bas les marques !* Vous pouvez nous expliquer ce phénomène ?

V. Ducroc : Chez les jeunes, les marques ont un double rôle. D'abord, les marques ça permet de s'identifier aux autres, à ses copains, et si on n'a pas de marques, on est un peu rejeté par les autres. Si on n'a pas de marques, les autres disent qu'on n'est pas à la mode, qu'on n'a pas d'argent. Alors, c'est pour ça que les jeunes portent des marques, pour être comme les autres. Et puis, il faut en avoir pour se différencier des autres groupes. Et les jeunes ont l'impression, avec les marques, d'acquérir une personnalité.

Journaliste : Ce sont les marques qui donnent une personnalité ?

V. Ducroc : Hé, oui, c'est ce qu'ils pensent. Les marques, c'est pour se donner une image, ça sert à dire à quel groupe on appartient, quel genre d'homme on est. Au sein d'un même groupe, tout le monde porte les mêmes marques. Si par exemple, un groupe a adopté la marque, je ne vais pas citer de nom, la marque Tartempion, tous les membres du groupe vont se reconnaître par cette marque Tartempion. Voyez-vous, ça devient une marque du groupe. Et parce qu'ils se reconnaissent dans le groupe, parce qu'ils se sentent reconnus grâce à la marque, alors ils se sentent plus forts. [...]

---

1. *accro : de accroché ; dépendant d'une chose, qui ne peut pas vivre sans cette chose.*
2. *lolita : jeune fille (de 7 à 13 ans environ) qui adopte le comportement vestimentaire et les manières de femmes adultes (vêtements à la mode, maquillage...).*

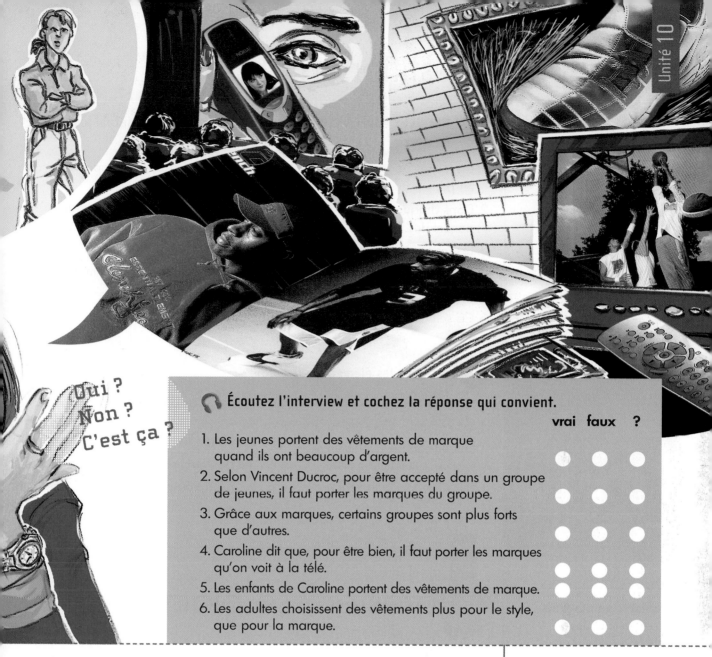

Oui ?
Non ?
C'est ça ?

Écoutez l'interview et cochez la réponse qui convient.

	vrai	faux	?
1. Les jeunes portent des vêtements de marque quand ils ont beaucoup d'argent.	○	○	○
2. Selon Vincent Ducroc, pour être accepté dans un groupe de jeunes, il faut porter les marques du groupe.	○	○	○
3. Grâce aux marques, certains groupes sont plus forts que d'autres.	○	○	○
4. Caroline dit que, pour être bien, il faut porter les marques qu'on voit à la télé.	○	○	○
5. Les enfants de Caroline portent des vêtements de marque.	○	○	○
6. Les adultes choisissent des vêtements plus pour le style, que pour la marque.	○	○	○

2 Dans les phrases qui suivent, rayez le mot qui ne convient pas.

1. Tu es prêt ? Tu n'as pas (mis ; porté) de pull ? Il fait froid ce matin !

2. Ah ! tiens, voilà Virginie. Oh, tu as vu la veste qu'elle (habille ; porte) ! Quelle horreur !

3. Oui, oui. Je prends une douche et je (m'habille ; habille). Je suis prêt dans cinq minutes.

4. Les adolescents portent des marques pour (s'identifier à ; se différencier de) leurs amis.

5. Bah, qu'est-ce que tu as ? Ça va ? Tu ne (sens ; te sens) pas bien ? Assieds-toi ! Tu veux un verre d'eau ?

6. Hum ! Ça (sent ; se sent) bon ! Tu as fait un gâteau ?

Justifier un choix

3 Observez et relevez dans chaque phrase ce qui permet de justifier un choix.

1. Les jeunes portent des vêtements de marque parce que leurs copains en portent aussi.
2. Dans chaque groupe, il y a des marques, c'est pour ça que les jeunes portent des marques.
3. Les marques, c'est pour se donner une image.
4. Si on n'a pas de marques, les autres disent qu'on n'est pas à la mode.
5. Les marques, ça permet de s'identifier aux autres.
6. Ça sert à dire à quel groupe on appartient.

4 Associez les éléments entre eux.

Si on reste en métropole, ●

Les vacances aux Antilles, ●

Hubert connaît quelqu'un ● à Pointe-à-Pitre,

On préfère la Guadeloupe ●

● c'est pour ça qu'on va à la Guadeloupe.

● ça permet de vivre deux semaines dans un autre monde.

● on n'a pas l'impression d'être en vacances.

● parce qu'on trouve les plages plus jolies.

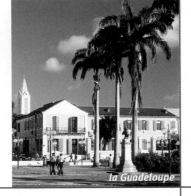
la Guadeloupe

Protester / se plaindre

protester/se plaindre
- *C'est une honte !*
- *C'est un scandale !*
- *C'est scandaleux !*
- *C'est lamentable !*
- *C'est intolérable !*
- *C'est inadmissible !*
- *Je suis contre !*
- *Je ne suis pas d'accord.*
- *Je trouve que ce n'est pas normal.*
- *Attendez, c'est incroyable, non ?*
- *Je proteste (contre...).*
- *Je m'insurge (contre...).*
- *Je m'élève (contre...).*

6 Écoutez à nouveau ce que dit Caroline puis cochez les phrases qu'elle utilise pour dire qu'elle proteste, qu'elle n'est pas d'accord.

☐ Je m'élève chaque fois que je le peux contre le système des marques.

☐ Les marques, c'est une honte, c'est lamentable.

☐ Les pubs disent sans cesse que pour être bien il faut porter telle marque.

☐ À l'école, chacun cherche à épater le copain avec des baskets ou un blouson.

☐ Tu es bien si tu portes les chaussures de la bonne marque.

☐ C'est horrible, non ?

7 Lisez le tableau *protester/se plaindre*. Imaginez une réplique pour chaque situation.

1. *À la poste :* Non, je suis désolé madame, votre paquet a été perdu.
2. *Dans un magasin :* Non, monsieur, on ne peut pas réparer votre lecteur de cédés, il est cassé, il faut en acheter un autre.
3. *Dans une école, le directeur s'adresse aux parents d'élèves :* Les livres ne seront plus donnés gratuitement aux élèves au début de l'année. Ils devront maintenant les acheter.

5 Imaginez une réponse en utilisant la structure proposée.

Exemple : – *Tu veux venir plus tôt ?* → *parce que*
> – *Non, non, je ne viendrai qu'à 21 heures* parce que *je dois voir une amie avant.*
> – *Oui, j'aimerais bien* parce qu' *il n'y a pas beaucoup de bus après 21 heures.*

1. Tu t'es inscrit dans un club de sport ? → **c'est pour ça que**…

2. Tu aimes beaucoup ça, le sport ? → **ça sert à**…

3. Et pourquoi tu fais du yoga ? → **ça permet de**…

4. Tu fais aussi de la natation ? → **c'est pour**…

5. Mais tu passes beaucoup de temps à faire tous ces sports ? → **si**…

> **justifier un choix**
> • *Je vais prendre le rouge* parce que *je n'aime pas beaucoup le bleu.*
> • *Le mariage sera en juillet,* c'est pour ça que *je veux une veste légère.*
> • *La petite poche, là,* c'est pour *mettre votre téléphone portable !*
> • *Si on va au mariage, il faut que j'achète une nouvelle veste.*
> • *Une veste en cuir,* ça permet de *bien se protéger du froid.*
> • *Les jolis vêtements,* ça sert à *se sentir bien.*

8 Par deux, choisissez un dessin et préparez un dialogue (7 à 10 lignes). Jouez-le ensuite.

9 Votre ville a décidé de détruire le petit parc qui se trouve près de chez vous pour y installer une salle de sport. De très vieux arbres vont être coupés. Vous écrivez une lettre au maire de la ville pour protester (150 mots).

Ça, celui-ci, celle-là... - lequel, laquelle...

10 🎧 Écoutez et lisez le dialogue. Associez les pronoms en gras à leur équivalent.

> Carine : Hé, tu as vu **ça** ?
> Valérie : Quoi ?
> Carine : Les chaussures, là !
> Valérie : **Lesquelles** ? **Celles-là** ? À 80 € ?
> Carine : Non, les blanches, là, à 149 €.
> Valérie : Ah, les blanches ! Hum... **Celles** à 75 €, elles sont pas mal !
> Carine : Quoi ? Les grises, là ! Ah, non ! Je n'aime pas du tout !
> Valérie : C'est les mêmes que **celles** de Nathalie, non ?
> Carine : Oui, mais elles sont moches !
> Valérie : Pas plus moches que **celles** que tu portes aujourd'hui !
> Carine : Oui, bon... Viens, je vais **les** essayer.
> Valérie : **Lesquelles** tu veux essayer ? Les grises ?
> Carine : Mais non, les blanches !
> Valérie : Pour quoi faire ?
> Carine : Bah, rien, juste pour les essayer ! Pour voir, quoi !

ça ●   ● les chaussures

les ●   ● ces chaussures

celles ●   ● ces chaussures-là

celles-là ●   ● quelles chaussures

lesquelles ●   ● cette chose

11 Que peuvent remplacer les pronoms ? Rayez les mots qui ne conviennent pas.

1. Oui, **lesquelles** vous voulez essayer ? (la veste - les skis - les chaussures)
2. Tu as vu **celui** que Mathias a acheté ? (le vélo - la voiture - les patins à glace)
3. Je voudrais voir **celle** à 29 €. (le réveil - la montre - les lunettes)
4. **Lequel** tu préfères ? (le tableau - la peinture - les dessins)
5. J'ai contacté tous **ceux** qui étaient là hier. (le voisin - les étudiants - les amies)
6. Je ne sais pas **laquelle** prendre. (le livre - la cassette vidéo - les cédés)
7. Non, **celles**-là sont trop vieilles ! (l'affiche - les textes - les photos)
8. Alors, tu as pris **lesquels** ? (le pain - la tarte - les gâteaux)

Remplacez les mots soulignés par des pronoms :
celui, celle..., lequel, laquelle...

1. – Tu as des livres d'Amélie Nothomb, toi, non ? Je cherche
 un de ses livres.
  – Ah, bon, <u>quel livre</u> ?

2. – Mais, tu connais mon amie de Tokyo, non ?
  – Euh, <u>quelle amie</u> ? <u>Ton amie</u> qui est venue l'été dernier ?

3. – Tu sais, tu n'as pas besoin d'un ordinateur super puissant.
  – Oui, tu as raison, je vais prendre <u>l'ordinateur</u> à 1 200 euros.

4. – Je pourrais voir la veste noire que vous avez dans la vitrine ?
  – Oui, bien sûr, <u>quelle veste noire</u> exactement ?
  – <u>Cette veste-là</u>, avec les rayures.

5. – Non, désolé, je n'ai pas l'adresse électronique de Stéphane.
  – Et est-ce que tu aurais <u>l'adresse électronique</u> de Cécile ?

6. – Tu te souviens de ce petit restaurant ?
  – Oui, bien sûr, c'est <u>le petit restaurant</u> où on était allés pour
 fêter ton diplôme.

13 **Par trois, créez un dialogue à partir de la situation
proposée et jouez-le.**

Deux ami(e)s entrent dans un magasin de vêtements ou
un magasin de chaussures. Un vendeur les accueille
et leur propose divers vêtements ou paires de chaussures,
mais rien ne leur convient.

**les pronoms démonstratifs
ça, celui, celle, ceux, celles**

– Tu as vu **ça** ?
– Quoi ?
– Tu me conseilles quel **livre** ?
– **Celui**-là. / **Celui**-ci (moins utilisé)
– Bon, alors ? Tu prends quelle **veste** ?
– **Celle** à 170 €.
– Tu as invité quels **amis** pour
 le réveillon ?
– **Ceux** qui sont allés à Nice avec
 nous, cet été.
– C'est à qui ces **lunettes** ?
– Ce sont **celles** de Myriam, je crois.

les pronoms interrogatifs

Quel pantalon tu préfères ?
→ **Lequel** tu préfères ?

Quelle chemise est-ce que tu vas
acheter ?
→ **Laquelle** est-ce que tu vas acheter ?

Quels étudiants partent le 5 juin ?
→ **Lesquels** partent le 5 juin ?

Quelles villes vous allez visiter ?
→ **Lesquelles** vous allez visiter ?

Attention : le pronom interrogatif est aussi
utilisé dans ce type de phrase :
Quelle veste je vais prendre ?
→ *Je ne sais pas laquelle (je vais) prendre.*

---

phonétique

[ʀ] (baron) / [l] (ballon)

A 🎧 **Écoutez puis répétez.**

1. [ʀ] - regarde - prendre - restaurant - mercredi -
 ouvert
2. [l] - laisse - blanche - allume - moulin - génial

B 🎧 **Écoutez et répétez.**

1. région - légion
2. cours - coule
3. branche - blanche
4. correction - collection
5. marin - malin
6. royal - loyal

C 🎧 **Écoutez et cochez la case qui convient.**

	[ʀ]		[l]
1.	reine		laine
2.	rabot		labo
3.	fraîche		flèche
4.	bourreau		boulot
5.	craquer		claquer
6.	encore		encolle
7.	arrêter		allaiter
8.	l'amour		la moule

Vu sur Internet

Salon : Éducation   Options salles ▾

Sujet : Vêtements à l'école   14 utilisateurs

<Zig> C'est Lila qui a raison. On devrait pouvoir porter les vêtements qu'on veut.

<Lila> Le gouvernement pourrait s'occuper de choses bien plus importantes. Ce qui est vraiment inquiétant pour les écoles, c'est le manque de profs et aussi le manque d'argent !

<Caro> Ou alors, comme en Angleterre, il faut imposer un uniforme dans toutes les écoles.

<@psygma> En fait, c'est bien une sorte d'uniforme qu'on veut imposer dans les écoles : il faut venir à l'école "en civil". Ce qui est autorisé, ce sont des vêtements de ville banals, que tout le monde peut porter.

<Zig> C'est l'expression personnelle qu'on n'aime pas, à l'école.

<@psygma> Oui, et donc, ce que je veux dire, c'est qu'on arrive au même résultat qu'en Angleterre.

<Zig> À vrai dire, à l'école, on devrait surtout apprendre à réfléchir.

<Caro> Je ne vois pas le rapport avec les vêtements !

@petit_diablounet
@psygma
@Robot
[Eva-11]
2nanas
Beber
bilbao_02
Caro
choco72
Lila
Lou Nissart
NaTh75
Nikkolas
Zig

OK

14 Lisez le message et cochez la réponse qui convient.

	vrai	faux	?
1. Zig est d'accord avec Lila.	▢	▢	▢
2. Selon Lila, il n'y a pas assez de professeurs dans les écoles.	▢	▢	▢
3. Selon Caro, l'uniforme est très bien accepté dans les écoles en Angleterre.	▢	▢	▢
4. @psygma dit que, maintenant, on a une sorte d'uniforme dans les écoles.	▢	▢	▢
5. Zig pense que les adolescents ne peuvent pas s'exprimer librement à l'école.	▢	▢	▢
6. Caro comprend très bien ce que Zig veut dire.	▢	▢	▢

La mise en relief

15 Comparez les phrases et répondez.

1. C'est Lila qui a raison.

2. C'est une sorte d'uniforme qu'on veut imposer dans les écoles

3. C'est l'expression personnelle qu'on n'aime pas, à l'école.

a. Lila a raison.

b. On veut imposer une sorte d'uniforme dans les écoles.

c. On n'aime pas l'expression personnelle à l'école.

– Quel est l'effet produit par *c'est... qui, c'est... que* dans les phrases ?

– Pourquoi utilise-t-on *qui* dans la phrase 1 et *que (qu')* dans les phrases 2 et 3 ?

 Imaginez les phrases de base en supprimant la mise en relief *c'est... qui, c'est... que.*

Exemple : C'est Édith qui est arrivée la première. → *Édith est arrivée la première.*

1. C'est la question n° 5 que je ne comprends pas.

2. C'est chez Valérie qu'on va ?

3. C'est à toi que je parle, Vincent.

4. C'est à ce moment-là que Franck est arrivé.

5. C'est toi qui as pris le dictionnaire ?

6. C'est à Paris qu'il est allé ?

7. C'est l'ordinateur de Xia qui ne marche pas.

8. C'est avec Charles qu'elle travaille.

17 **Transformez les phrases en mettant en relief l'élément souligné.**

Exemple : – Marie a gagné ?

– Non, <u>Édith</u> est arrivée la première. → *Non, c'est Édith qui est arrivée la première.*

1. – Ah, Clara ! Ta réunion avec M. Rakoniewski s'est bien passée ?

   – Euh, <u>Isabelle</u> l'a rencontré. Pas moi !

2. – Vous avez aimé la Martinique ?

   – On est allé <u>à la Guadeloupe</u>.

3. – Et vous l'avez vu mardi ?

   – Oui, il est arrivé <u>ce jour-là</u>.

4. – Maman, Baptiste, il a pris mon nounours !

   – Ce n'est pas vrai ! <u>Mathilde</u> l'a pris !

5. – C'est vrai ! Il y a des gens vraiment idiots !

   – Euh, je parle <u>de toi</u>, là.

 a) Dans les phrases suivantes, relevez les éléments qui servent à mettre en relief.

Ce qui est vraiment inquiétant pour les écoles, c'est le manque de profs.

Ce qui est autorisé, ce sont des vêtements de ville banals.

Oui, et donc, ce que je veux dire, c'est qu'on arrive au même résultat qu'en Angleterre.

Ce que j'aimerais vraiment, c'est être libre de porter les vêtements que j'aime.

b) Retrouvez les phrases de base en supprimant la mise en relief.

19 **Transformez les phrases en mettant en relief l'élément souligné.**

1. <u>Elle voudrait</u> qu'on puisse passer plus de temps ensemble.

2. L'architecture <u>m'intéresse le plus</u>.

3. <u>J'ai compris</u> qu'il n'avait plus d'argent.

4. <u>Elle aimerait</u> que tu la laisses tranquille.

5. <u>Je ne comprends pas</u> comment il a réussi à avoir ce poste.

---

la mise en relief

La mise en relief permet de donner plus d'importance à un élément de la phrase.

– avec un nom ou un pronom
Elle ira à Paris. → ***C'est** elle **qui** ira à Paris.*
J'ai parlé à Hubert. → ***C'est** à Hubert **que** j'ai parlé.*
J'ai besoin de ce livre. → ***C'est** de ce livre **que** j'ai besoin.*

– avec un verbe
Son comportement m'énerve. → ***Ce qui** m'énerve, **c'est** son comportement.*
Je voudrais partir loin d'ici. → ***Ce que** je voudrais, **c'est** partir loin d'ici.*
Je me demande pourquoi il n'est pas venu. → ***Ce que** je me demande, **c'est** pourquoi il n'est pas venu.*

20 Lisez le texte et répondez aux questions.

1. Que faut-il faire pour appartenir à un groupe socioculturel ?
2. Pourquoi l'auteur dit-il que la mode est une « dictature » ?
3. Pourquoi est-ce qu'il faut « *maigrir, se muscler, lutter contre le vieillissement* » ?
4. Que signifie la phrase : « *La mode, c'est ce qui se démode* » ?
5. Quels conseils l'auteur donne-t-il pour bien vivre avec la mode ?

21 a) Êtes-vous d'accord avec les idées présentées par l'auteur ?
Discutez.

b) Pensez-vous que les phénomènes de mode sont différents
en France et dans votre pays ? Écrivez un texte comparant
les deux pays (200 mots).

22 Observez les photos et dites quelle mode vous préférez. Expliquez
pourquoi.

1

2

3

La mode à tout prix

Qu'on le veuille ou non, la mode s'impose à nous sans que nous nous en rendions compte. Nous sommes contraints, d'une façon ou d'une autre, à adopter les produits que nous proposent l'industrie et le commerce. On peut prendre plaisir à suivre cette évolution perpétuelle, il faut cependant essayer de ne pas en être accro.

La chose est claire : dès le premier regard, avant même que nous ayons prononcé le moindre mot, nous sommes jugés selon notre apparence. Nos vêtements, notre allure générale, notre comportement nous rangent dans certaines catégories et, du même coup, nous excluent des autres. Pour vivre, l'homme a besoin de sentir qu'il appartient à un groupe socioculturel. Il fera donc tout son possible pour satisfaire les exigences des autres. Dans la majorité des cas, il essaiera de suivre les idées les plus en vogue : les modèles sont jeunes, forts et minces, alors il faut maigrir, se muscler, et lutter contre le vieillissement. La mode n'est pas, avouons-le, nécessairement l'expression du beau et de l'esthétique, puisque, de toute façon, des goûts et des couleurs… C'est un signe de ralliement à une culture, un signe de reconnaissance sociale : il faut être différent de la masse, mais savoir s'identifier à quelques-uns. Mais comme tout le monde finit par vouloir ressembler aux autres, la mode doit sans cesse se renouveler. « La mode, c'est ce qui se démode » disait la couturière Coco Chanel. Si on n'y fait pas attention, on entre rapidement dans l'engrenage de la mode : pour rester « dans le vent », on finit par subir la dictature[1] de la mode et par l'accepter sans s'interroger sur ce qu'elle apporte. En voulant conserver une place au sein d'un groupe socioculturel, on oublie parfois de remettre en cause le « bon » goût et les choix d'une poignée d'individus.

Admirons les personnes qui suivent la mode, encourageons-les ! Elles permettent de faire fonctionner l'économie pour le plus grand profit de tous. Sachons cependant trouver un juste équilibre entre les choix de la mode et nos propres goûts. Pour être connu et reconnu, il faut avant tout être bien dans sa peau et bien dans sa tête.

Yves Michaux, *Pour elles*, 2004

1. *Régime politique strict et autoritaire, non démocratique, établi par une personne ou un groupe de personnes.*

11 Vie active

1 🎧 **Écoutez encore le dialogue et répondez oralement.**

1. Quel est le problème de Marc ?
2. Pourquoi est-ce qu'il téléphone à Catherine plutôt qu'à un(e) autre collègue ?
3. Qui est Monsieur Borsier ?
4. Qu'a-t-il proposé à Marc ? Marc a-t-il été d'accord avec la proposition ?
5. Pourquoi est-ce que Marc est très en colère ?
6. Que pense-t-il de Monsieur Borsier ?
7. Que pense Catherine de la situation ?

2 **Lisez le texte du dialogue entre Catherine et Marc et complétez-le avec les mots proposés.**

proposition - contacter - réunion - installé - déléguée - ordinateur - passer - renvoyer - bureau - droit - quitte - boulot - appelé - service - place - hurlé

– Marc ?
– Oui, salut Catherine.
– Salut. Ça va ?
– Oui. Euh... Enfin... non. Comme tu es _ _ _ _ _ du personnel, je t'appelle parce que...
– Oui, je sais, tu as un problème au _ _ _ _ _ .
– Borsier t'en a parlé ?
– Non, il ne nous a rien dit, pourtant on a eu notre _ _ _ _ _ mensuelle avec lui cet après-midi. C'est Christian qui m'en a parlé. Mais bon, raconte-moi un peu...
– Bah... Tu sais que Borsier m'a _ _ _ _ _ dans son _ _ _ _ _ lundi dernier. Il m'a proposé de changer de _ _ _ _ _ .
– Oui.
– Il voulait que je travaille aux réclamations. Moi, je suis très bien dans mon _ _ _ _ _ , et bien que j'aie refusé cette _ _ _ _ _ , il a déjà _ _ _ _ Franck

120

Écoutez le dialogue et remettez les vignettes dans l'ordre pour reconstituer l'histoire de Marc.

n° _ _ _ _ _, _ _ _ _ _, _ _ _ _ _, _ _ _ _ _, _ _ _ _ _, _ _ _ _ _ .

Oui ? Non ? C'est ça ?

Lemeunier à mon poste. Il n'a pas le _ _ _ _ _ quand même ! Rassure-moi, Catherine, il n'a pas le droit !
– Attends... Franck est déjà au marketing ?
– Oui. Quand je suis arrivé au bureau ce matin, Franck était installé à ma _ _ _ _ _, devant mon _ _ _ _ _ ! C'est vrai que j'ai réagi violemment... Je suis allé dans le bureau de Borsier et j'ai _ _ _ _ _. Je n'ai peut-être pas été poli... mais j'étais très en colère, tu comprends... Il m'a menacé de me _ _ _ _ _, tu te rends compte ?
– Bon... Ce n'est pas normal, c'est vrai mais il faut réfléchir calmement. Je vais _ _ _ _ _ les autres délégués du personnel et demain, dès 9 heures, on se réunit pour que tu nous parles de tout ça.
– D'accord. Mais toi, qu'est-ce que tu en penses ?
– Attends Marc, on sonne à la porte. Ne _ _ _ _ _ pas, je reviens...

 Relisez le texte du dialogue et retrouvez le mot correspondant à chacune de ces définitions.

L'ensemble des employés d'une entreprise :
le _ _ _ _ _

Le secteur, le département dans lequel on travaille (le marketing, les réclamations...) : le _ _ _ _ _

La place occupée dans une entreprise : le _ _ _ _ _

Le fait de se retrouver pour prendre des décisions ou discuter de problèmes : une _ _ _ _ _

Les personnes choisies pour représenter l'ensemble des employés d'une entreprise : les _ _ _ _ _

Exprimer l'opposition

④ **La phrase** *Il ne nous a rien dit, pourtant on a eu une réunion hier.*
**exprime l'opposition. Parmi les phrases ci-dessous, retrouvez
les trois qui expriment aussi l'opposition.**

1. Comme les conditions de travail sont mauvaises, les employés font la grève.
2. Bien que j'aie refusé sa proposition, le patron me change de service.
3. Je ne veux pas changer de service, alors je reste à mon poste.
4. Même si on me propose beaucoup plus d'argent, je refuse de changer de poste.
5. J'aime cette entreprise mais je ne veux pas accepter de changer de poste.
6. Je m'adresse aux délégués du personnel puisqu'ils peuvent aider les salariés.

⑤ 🎧 **a) Écoutez ces répliques, puis complétez le tableau.**

Laure n'aime pas beaucoup le sport.
Elle ne veut pas épouser Jean-Louis.
Il fait chaud.
Maria devait travailler en juillet.
Elle n'avait pas du tout travaillé.

Elle a réussi son test.
Elle fait de l'aquagym tous les lundis.
Jean-Louis est très gentil.
Elle est allée danser tous les soirs.
Il faut aller travailler.

	situation initiale	résultat inattendu
1.	*Je suis allé plusieurs fois en Espagne.*	*Je n'ai jamais visité Barcelone.*
2.		
3.		
4.		
5.		
6.		

Je peux penser indifféremment
à l'indifférence et à l'intérêt.

Permettez-moi de vous dire gentiment
que vous êtes très gentils !

Les adverbes en -ment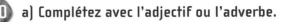

⑧ **Dans le dialogue entre Marc et Catherine (activité 2), retrouvez
les adverbes correspondant aux adjectifs proposés.**

Exemple : poli → poliment

violent : _ _ _ _ _ calme : _ _ _ _ _

⑨ **Écrivez l'adverbe correspondant à chaque adjectif.**

rapide : _ _ _ _ _   absolu : _ _ _ _ _   difficile : _ _ _ _ _
vrai : _ _ _ _ _   facile : _ _ _ _ _   simple : _ _ _ _ _

⑩ **a) Complétez avec l'adjectif ou l'adverbe.**

_ _ _ _ _ : méchamment   drôle : _ _ _ _ _   _ _ _ _ _ : intelligemment
infini : _ _ _ _ _   _ _ _ _ _ : heureusement   amoureux : _ _ _ _ _

**b) Lisez le tableau sur la formation des adverbes et trouvez à quelle
règle de formation correspond chaque adverbe ci-dessus.**

c) Dans les répliques des activités 4 et 5, relevez les mots qui expriment l'opposition.

Exemple : 1. → bien que

2. _ _ _ _ _   3. _ _ _ _ _   4. _ _ _ _ _   5. _ _ _ _ _   6. _ _ _ _ _   7. _ _ _ _ _   8. _ _ _ _ _

 Complétez avec l'élément qui convient.

1. On n'a plus beaucoup d'argent, (au contraire / pourtant / bien que) _ _ _ _ _ on va aller au restaurant.
2. (Même si / Alors que / Malgré) _ _ _ _ _ sa maladie, Jean-Michel viendra à ma fête d'anniversaire.
3. (Pourtant / Bien que / Quand même) _ _ _ _ _ Thomas n'aime pas les langues, il étudie l'anglais et l'espagnol dans son école d'ingénieurs.
4. (Par contre / Malgré / Même si) _ _ _ _ _ j'ai envie de rester avec toi, je dois partir.

7 Créez des dialogues à partir des situations proposées et jouez-les.

1. Vous déménagez. L'appartement que vous quittez est très propre. Vous l'avez bien arrangé (peinture, papier, etc.) depuis que vous l'habitez. Le propriétaire ne veut pas vous rendre la caution car il y a quelques taches sur la moquette. Vous discutez…
2. Vous discutez des prochaines vacances avec votre ami(e). Il/elle voudrait aller sur la Côte d'Azur, comme chaque année. Vous aimez beaucoup la Côte d'Azur mais cette année, vous voudriez changer d'endroit.

---

exprimer l'opposition

- *Il est sympa mais très sévère.*
- *Elles se ressemblent, pourtant elles ne sont pas sœurs.*
- *Je suis malade, je vais quand même travailler.*
(**Attention :** quand même se place après le 1er verbe.)
- *Non, je ne connais pas Jean-Noël ; par contre, je connais bien son frère, Nicolas.*
- *Moi, trop chaud ? Au contraire, j'ai froid ici !*
- *J'envoie une carte à Paula bien qu'on soient un peu fâchées.*
(**Attention :** bien que est suivi du subjonctif.)
- *Même si Louis sait quelque chose, il ne dira rien.*
(**Attention :** même si est suivi de l'indicatif.)
- *Vous êtes déjà servi alors que vous êtes arrivé après moi !*
- *Malgré mon envie, je n'ai pas repris de chocolat…*
(**Attention :** malgré est suivi d'un nom.)

Remarque : *en revanche* et *par contre* sont strictement synonymes (mais s'opposent par le code écrit/oral).

---

les adverbes en -ment

adjectif masculin	transformation	exemple
terminé par une voyelle	adj. masculin + **ment**	vrai → vrai**ment**
terminé par une consonne	adj. féminin + **ment**	sérieuse → sérieuse**ment**
terminé par -ant	~~ant~~ + **amment**	élégant → élég**amment**
terminé par -ent	~~ent~~ + **emment**	violent → viol**emment**

11 a) Complétez le tableau.

adjectif masculin	adjectif féminin	adverbe
violent	violente	(agir) violemment
doux	_ _ _ _ _	(parler) _ _ _ _ _
rapide	_ _ _ _ _	(lire) _ _ _ _ _
patient	_ _ _ _ _	(attendre) _ _ _ _ _

b) Choisissez deux des adverbes du tableau et construisez une phrase avec chacun.

Si vous ne comprenez pas quand je vous le dis gentiment ; je vais vous le dire **méchamment ! !**

123

12 a) Écoutez et cochez les réponses qui conviennent.

	1	2	3	4	5	6
se présenter						
demander à quelqu'un de se présenter						
demander à parler à quelqu'un						
demander de patienter						
proposer un service						

b) Associez les éléments.

1. Est-ce que je pourrais   a. à l'appareil ?

2. Oui, attendez   b. me passer Monsieur Marty, s'il vous plaît.

3. Mais qui est   c. un instant, s'il vous plaît.

4. Pascal ? Oui… C'est   d. de la part de qui ?

5. Pourriez-vous   e. parler à Catherine, s'il vous plaît.

6. Vous voulez   f. laisser un message ?

1	2	3	4	5	6

le téléphone

- *Le téléphone sonne.*
- *Décrocher/raccrocher le téléphone.*
- *Appeler/rappeler quelqu'un.*
- *Composer le numéro.*
- *Chercher l'indicatif d'un pays étranger.*
- *C'est occupé / la ligne est occupée.*

13 Trouvez la réponse à ces questions.

1. Allo, est-ce que je pourrais parler à Guilaine Maréchal, s'il vous plaît ?

   Merci d'avoir appelé.

   Elle est en rendez-vous. Pouvez-vous rappeler plus tard, s'il vous plaît ?

   Je rappellerai demain.

2. Allo, Madame Lehoux ?

   Ah ! Non, vous faites erreur.

   Voulez-vous laisser un message ?

   Vous pourriez me passer Madame Richard, s'il vous plaît ?

3. Bonjour, pourriez-vous me passer le directeur, s'il vous plaît ?

   Il n'y a personne de ce nom ici.

   Oui, j'écoute.

   C'est de la part de qui ?

4. Allo, je suis bien chez Madame Mahé ?

   Ah ! non, vous avez fait un mauvais numéro.

   C'est à quel sujet ?

   Vous n'êtes pas au bon service.

14 Complétez ces dialogues au téléphone.

1. – Allo Juliette ?

   – _____ .

   – Oh ! excusez-moi. Je peux rappeler ce soir, elle sera là ?
   – Oui, elle rentre vers 19 heures. _____ ?
   – C'est Guillaume. Guillaume Durand.

2. – Société MGP, bonjour !
   – Bonjour. Puis-je parler à Monsieur Subileau, s'il vous plaît ?

   – _____ ?

   – Monsieur Bouquet.
   – Et, _____ ?
   – Au sujet de mon appartement, rue Rapin.

15 🎧 Deux conversations téléphoniques ont été mélangées. Reconstituez les deux dialogues, puis vérifiez avec les enregistrements.

a. Oui, tranquille. J'ai reçu ton texto mais je n'ai pas eu le temps de te répondre.

b. Ouais Nico, c'est moi. Ça va ?

c. La ligne est mauvaise ; moi aussi, je vous entends très mal. J'aimerais parler à Madame Berton, service publicité, s'il vous plaît.

d. Ouais, je veux bien. On se retrouve où ? Vite, ma batterie est à plat, ça va couper !

e. Pourriez-vous refaire le numéro, s'il vous plaît ?

f. Je vous entends très mal. À qui voulez-vous parler ?

g. D'accord, je vous rappelle tout de suite…

h. Rue de Bordeaux. On t'attend devant la FNAC.

i. Oui, c'est parfait. Merci.

j. Allo ? C'est à nouveau Monsieur Lenoir. Vous m'entendez mieux maintenant ?

k. Tu es avec Jérém ? Vous êtes où ?

l. Bonjour. Monsieur Lenoir de l'agence Lenoir-Baron. Puis-je parler à Madame Berton, s'il vous plaît ?

m. Madame Berton est en ligne. Vous patientez un instant ?

n. Attends, ne quitte pas, il y a Jérémie qui me parle.

o. Oui, j'attends. Merci.

p. Ne quittez pas, je vous passe Madame Berton tout de suite. Elle n'est plus en ligne.

q. En ville. Tu viens ?

Dialogue 1 : _____   Dialogue 2 : _____

> **dialoguer au téléphone**
>
> • *Est-ce que je peux/ pourrais parler à Madame Breton, s'il vous plaît ?*
> • *Bonjour. Christine Legros, société Lalaine. Vous pouvez me passer Monsieur Tricot ?*
> • *Bonjour. Est-ce que Louis Fortier est là, s'il vous plaît ?*
>
> • *Un instant, s'il vous plaît.*
> • *Ne quittez pas, je vous le passe.*
> • *C'est de la part de qui ?*
> • *Mais, qui est à l'appareil ?*
> • *Il n'est pas là. Vous voulez laisser un message ?*
>
> • *Je rappellerai demain.*
> • *Pouvez-vous lui dire que Monsieur Colas a appelé ?*

16 Par groupes de deux, jouez les situations suivantes.

A téléphone à la société Dubreuil pour parler à Monsieur Laforêt.
B, la secrétaire, répond, demande qui appelle et pourquoi.
A explique qu'il/elle appelle pour le projet de construction d'une nouvelle école.
B explique que Monsieur Laforêt n'est pas là et elle propose un rendez-vous à **A**.
A accepte le rendez-vous avec Monsieur Laforêt et propose une date.
B répond.
A et **B** prennent note du rendez-vous et ils se saluent.

Vu sur Internet

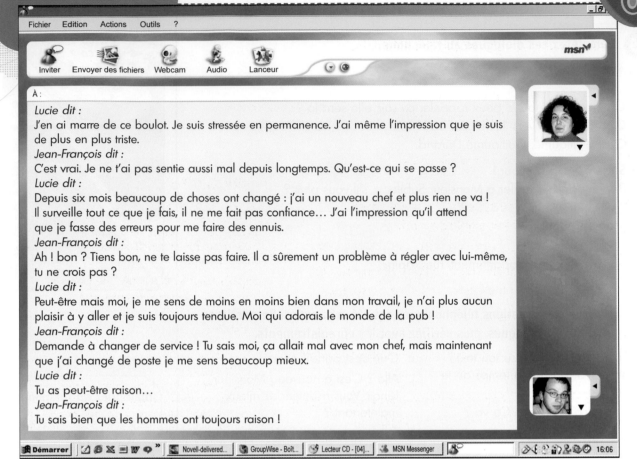

Fichier   Edition   Actions   Outils   ?

msn

Inviter   Envoyer des fichiers   Webcam   Audio   Lanceur

À :

Lucie dit :
J'en ai marre de ce boulot. Je suis stressée en permanence. J'ai même l'impression que je suis de plus en plus triste.

Jean-François dit :
C'est vrai. Je ne t'ai pas sentie aussi mal depuis longtemps. Qu'est-ce qui se passe ?

Lucie dit :
Depuis six mois beaucoup de choses ont changé : j'ai un nouveau chef et plus rien ne va ! Il surveille tout ce que je fais, il ne me fait pas confiance… J'ai l'impression qu'il attend que je fasse des erreurs pour me faire des ennuis.

Jean-François dit :
Ah ! bon ? Tiens bon, ne te laisse pas faire. Il a sûrement un problème à régler avec lui-même, tu ne crois pas ?

Lucie dit :
Peut-être mais moi, je me sens de moins en moins bien dans mon travail, je n'ai plus aucun plaisir à y aller et je suis toujours tendue. Moi qui adorais le monde de la pub !

Jean-François dit :
Demande à changer de service ! Tu sais moi, ça allait mal avec mon chef, mais maintenant que j'ai changé de poste je me sens beaucoup mieux.

Lucie dit :
Tu as peut-être raison…

Jean-François dit :
Tu sais bien que les hommes ont toujours raison !

Démarrer   Novell-delivered...   GroupWise - Boît...   Lecteur CD - [04]...   MSN Messenger   16:06

**de plus en plus/
de moins en moins**

Je suis de plus en plus triste.
Je l'aime de plus en plus.

Je me sens de moins en moins bien.
Il est de moins en moins sympa avec moi.

---

17 **Lisez ces échanges et répondez oralement.**

1. Est-ce que Lucie va bien ? Pourquoi ?
2. Depuis quand Lucie a-t-elle un nouveau chef ?
3. Est-ce qu'il a des problèmes personnels ?
4. Qui est Jean-François ? Que propose-t-il à Lucie ?
5. Et vous, que feriez-vous si vous étiez à la place de Lucie ?

Depuis, il y a

18 **Lisez les phrases et relevez deux autres phrases avec *depuis* dans l'échange entre Lucie et Jean-François.**

Lucie travaille dans la société depuis cinq ans.
Depuis trois ans, elle travaillait dans la pub.
Il n'avait pas travaillé depuis sa maladie.
Depuis une semaine, le bateau serait au large de la Mer rouge.

On utilise *depuis* avec :

☐ le présent   ☐ le futur   ☐ l'imparfait   ☐ le passé composé
☐ le plus-que-parfait   ☐ le subjonctif   ☐ le conditionnel

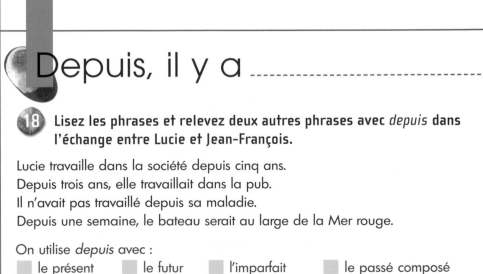

Lisez ces phrases et associez les éléments.

Pierre a quitté la société il y a huit ans. ●

Il était là il y a une semaine. ●

Elle a changé de travail depuis deux ans. ●   ● l'action dure encore.

Je n'ai pas travaillé depuis longtemps. ●   ● l'action est terminée.

Il avait connu la société il y a dix ans. ●

20 **Lisez le tableau puis mettez le verbe entre parenthèses au temps qui convient.**

1. Je ne l'avais pas encore revu. Il (vivre) _ _ _ _ _ à Lyon depuis quelques années. Il (quitter) _ _ _ _ _ Paris 18 ans plus tôt, et depuis cette date, il (ne écrire) _ _ _ _ _ à personne.

2. Maintenant, ça suffit ! Pierre (être) _ _ _ _ _ devant la télévision depuis 10 heures du matin ! Il y a deux heures et demie qu'il (se lever) _ _ _ _ _, il a pris son petit déjeuner et il (ne rien faire) _ _ _ _ _ à part s'asseoir devant la télé !

3. J'ai (rencontrer) _ _ _ _ _ Bertrand il y a trois ans déjà et depuis ce premier jour, beaucoup de choses (changer) _ _ _ _ _ Nous (quitter) _ _ _ _ _ Nice depuis deux ans déjà ; nous (habiter) _ _ _ _ _ ici, à Antibes depuis 2002. On (ne pas voir) _ _ _ _ _ le temps passer depuis notre première rencontre !

---

depuis, il y a

rappel :
– *depuis* indique la durée d'une action qui continue : *Je suis ici depuis une heure.*
– *il y a* indique un moment précis : *Il est parti il y a une semaine.*

depuis peut s'utiliser avec le présent l'imparfait, le plus-que-parfait, le conditionnel et le passé composé.
Attention :
– pour les verbes au passé composé négatif : *Je n'ai pas vu Elise depuis longtemps / depuis le 31 décembre.*
– pour certains verbes au passé composé (verbes qui signifient un changement de situation durable) : *Gilbert a beaucoup changé depuis six mois / depuis l'été dernier. Paul est parti depuis trois semaines / le 15 avril.*

il y a ne peut s'utiliser qu'avec **un temps du passé** : *Nous **étions** en Égypte il y a un an. Paula **est revenue** il y a une semaine.*

---

phonétique

Quelques homophones

 Lisez les définitions et trouvez un homophone à chaque mot proposé.

1. du <u>vin</u> - nombre pair : _ _ _ _ _

2. un <u>parti</u> - morceau : _ _ _ _ _

3. <u>mais</u> - joli mois du printemps : _ _ _ _ _ - *mettre* au présent avec il : _ _ _ _ _

4. du <u>sang</u> - contraire de *avec* : _ _ _ _ _ - nombre pair : _ _ _ _ _

5. <u>vers</u> - une couleur : _ _ _ _ _ - pour boire : _ _ _ _ _

6. un <u>pore</u> - animal de la ferme : _ _ _ _ _ - les bateaux s'y arrêtent : _ _ _ _ _

B 🎧 **Écoutez et complétez les phrases.**

1. _ _ _ _ _ est-ce qu'il habite ? À Angers _ _ _ _ _ à Tours, j'ai oublié.

2. Les clés sont _ _ _ _ _ la table, tu en es _ _ _ _ _, Paul ?

3. Je crois _ _ _ _ _ n'a pas su à _ _ _ _ _ personne s'adresser.

4. Claire a _ _ _ _ _ s'arrêter pour acheter _ _ _ _ _ pain pour ce soir.

5. Tu _ _ _ _ _ me donner un _ _ _ _ _ d'argent, s'il te plaît ?

6. On ne _ _ _ _ _ pas à qui sont _ _ _ _ _ vêtements.

Des homophones sont des mots qui se prononcent de la même manière mais qui ont un sens différent.

J'adore la <u>mer</u>. - Elle était avec sa <u>mère</u>. - Le <u>maire</u> de notre ville est très actif.

Tu es <u>prêt</u> ? - Regarde les vaches dans le <u>pré</u> ! - Je suis <u>près</u> du centre ville.

21 Lisez l'article, puis répondez aux questions.

1. Quelles nouvelles orientations prennent les entreprises pour motiver leurs équipes ?
2. Que représentent les sportifs de haut niveau pour la plupart des gens ?
3. Quelles qualités utiles pour l'entreprise la pratique d'un sport peut-elle apporter ?
4. Que pensez-vous de ces nouvelles tendances ?
5. Quelle réponse donneriez-vous à la dernière question de l'article ?

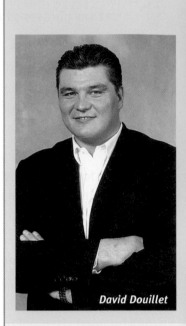

David Douillet

22 Découvrez les quatre anecdotes et retrouvez dans la liste l'activité de chaque personne.

cuisinier - photographe - jardinier - étudiant - coiffeuse - employé de banque - responsable du recrutement - serveuse - musicienne - professeur - journaliste - vendeuse

23 Et vous, est-ce que vous vous êtes déjà trouvé(e) dans de telles situations à l'école ou au travail ? Écrivez au magazine pour raconter votre anecdote en quelques lignes.

ENTREPRISES : LE DÉVELOPPEMENT PAR LE SPORT

Le directeur moderne loue les sportifs de haut niveau. Et les entreprises n'hésitent pas à encourager le sport en interne. Le but : unir compétition sportive et économique pour motiver le personnel… et procurer du bien-être ?

Après sa place de seconde au dernier Vendée Globe, la navigatrice Ellen MacArthur est passée de cent jours de solitude à de très nombreuses sollicitations. Beaucoup d'entreprises l'ont appelée pour venir parler au personnel des aspects positifs de la performance et du dépassement de soi. Elle n'est pas la seule sportive de haut niveau que les chefs d'entreprises s'arrachent : David Douillet, champion olympique de judo, Aimé Jacquet, l'entraîneur de l'équipe de France

championne du monde en 1998, Bernard Laporte, entraîneur de l'équipe de France de rugby, etc. Tous sont appelés le temps d'un séminaire pour, en quelque sorte, « motiver les équipes de l'entreprise ». Bien évidemment, ces sportifs sont très connus et cela intéresse les entreprises, mais c'est bien le sport, vu comme un axe de performance dans l'entreprise, qui pousse les chefs d'entreprise à faire appel à ces sportifs. D'ailleurs, de nombreuses sociétés n'hésitent pas à installer des salles de sport dans leurs locaux pour permettre aux employés de s'entraîner pendant les heures de déjeuner ou le soir. Certaines organisent même des rencontres sportives contre d'autres sociétés.
Eh ! oui, les directeurs encore un peu réticents doivent l'accepter : pour motiver

les salariés, il faut leur parler de plaisir. Ces pratiques deviennent si courantes que les premiers Jeux nationaux du sport d'entreprise sont organisés à Clermont-Ferrand en juin 2004, suivis en 2005 des XVe Jeux européens du sport d'entreprise. Quelques sociologues voient des dérives à ces nouvelles tendances. Certes, on a besoin d'employés bien dans leur corps et dans leur tête pour être capables de surmonter le stress de l'entreprise et le sport développe également le sentiment d'appartenance à une équipe. Mais ces pratiques ne peuvent-elles pas être un moyen pour exiger encore plus de travail, de résultats, dans des délais encore plus courts ?

D'après TGV magazine
février 2004

« Encore vous ! »

Je travaille dans un resto tex-mex genre « on met l'ambiance, on se marre avec les clients. » Un soir, le restaurant blindé, deux couples arrivent. Ils étaient à l'accueil et je m'adresse à un des messieurs comme s'il était un habitué : « Encore vous ! », histoire de faire sympa. Sa femme a imaginé qu'il était déjà venu sans le lui dire. Elle en a déduit qu'il la trompait. J'ai eu beau m'expliquer, elle n'a jamais voulu croire que c'était juste une blague. Elle a fait une scène incroyable en plein restaurant. Je me suis bien fait tirer les oreilles par mon patron : « En restauration, la discrétion est incluse dans le service. » Je n'ai pas oublié ! Maintenant, si je veux faire sympa, je souris. **Christine**

« Mon élève était aussi le neveu du proviseur »

Un jour, j'ai vraiment assaisonné un de mes élèves de troisième, parce que ses seules références étaient les émissions de télé qu'il avait regardées la veille. Je lui ai signifié que le petit écran tuait les relations familiales et que je ne comprenais pas comment ses parents pouvaient le laisser s'abrutir de télé. Il m'a répondu que je pouvais poser la question directement à son père qui était le frère du directeur de l'établissement ! **Victor**

« J'ai mélangé les petites graines »

Deux de mes clientes étaient voisines. Elles m'avaient commandé ensemble des plants de dahlias pour décorer leur jardin. Mais chacune n'avait pas le même budget… Je ne sais pas ce que j'ai fait, en tout cas, j'ai mélangé les sachets de graines. Car, quelques semaines après mes plantations, quand les fleurs ont commencé à éclore, les plus beaux dahlias, donc les plus chers, poussaient du « mauvais côté » : ils étaient magnifiques chez celle qui avait payé le moins, et peu « garnis » chez celle qui avait payé le plus. Ces deux dames sont devenues après, pour des raisons que j'ignore, des ennemies jurées. Les dahlias sont devenus un sujet de discorde démesuré. L'une accusant l'autre d'avoir déterré et échanger en douce, la nuit, les pieds de dahlias… Et moi, j'ai été viré, par l'une puis par l'autre. **Bertrand**

« Revenez quand vous aurez fini de manger »

Récemment, je me suis présenté à un poste de vendeur pour les vacances scolaires. C'était entre deux cours, je n'avais pas eu le temps de déjeuner et j'y suis allé, le sandwich à la main. Le recruteur m'a dit de revenir dans quelques années, quand j'aurai fini de manger ! Je crois que là, j'ai fait une bourde ! **Clément**

POUR UNE CONSOMMATION RÉFLÉCHIE

La logique économique de notre pays repose essentiellement sur la consommation. Selon Bernard Lacouture, président de l'Association pour une éthique commerciale, cette consommation ne nous autorise pas à réfléchir et elle fait de nous des marionnettes[1]. Serions-nous tous manipulés ?

Les fêtes détournées par le commerce

La fête de Noël est le symbole le plus fort des principales fêtes de notre pays. Fête chrétienne à l'origine, elle célébrait la naissance de Jésus-Christ ; foire commerciale aujourd'hui, elle célèbre l'arrivée du Père Noël. Mais les deux personnages n'ont pas la même grandeur : le premier est porteur de valeurs morales, l'autre est devenu un représentant de commerce. Mais aujourd'hui, les valeurs morales des fêtes ont disparu. Cette disparition est liée à deux phénomènes qui se sont produits au cours du siècle passé. D'une part, certaines fêtes, qui avaient des racines traditionnelles lointaines, ont été détournées par le commerce ; elles ont été modifiées, déracinées, pour devenir un objet de consommation de masse : Noël, la Saint-Valentin, la Saint-Patrick et Halloween. D'autre part, de nouvelles « fêtes » ont été inventées pour nourrir la machine économique : la fête des Pères, puis la fête des Grands-mères, et plus récemment le Beaujolais nouveau.

Parce qu'elles ont pour objectif premier la consommation, ces fêtes ont perdu leur qualité morale et, par ailleurs, elles ne nous incitent plus au rassemblement et à la fraternité[2].

Pour une consommation responsable

Faut-il alors tout simplement cesser de profiter des bonheurs festifs et refuser le jeu de célébrations commerciales qu'on veut nous imposer ? Entre les deux extrêmes, l'abus et l'abandon, il doit être possible de trouver un juste milieu.

Une solution est d'adopter de nouvelles habitudes de consommation plus responsables. Deux mouvements sont ainsi appa-

1 Analysez le parti pris de l'auteur. Répondez aux questions.

1. Selon l'auteur, quelles étaient autrefois les qualités des fêtes ?
2. Quelles sont les qualités que l'auteur donne aux *nouvelles habitudes de consommation* ?
3. Relevez les mots relatifs à la consommation et au commerce actuels. Quels sont les plus négatifs ?
4. L'auteur écrit : *de nouvelles « fêtes » ont été inventées pour nourrir la machine économique*. À quoi vous font penser les mots *nourrir* et *machine* ?
5. Quels sont *les excès et les dérives* du commerce international dont l'auteur parle ?
6. Expliquez pourquoi il est difficile de *sortir du cercle vicieux du profit et de la consommation*.

2 Chacune de ces phrases résume un des cinq paragraphes du texte. Mettez ces phrases dans l'ordre logique du texte.

1. Ces nouveaux modes de consommation permettent de retrouver une forme de fraternité mais leur succès pourrait leur faire perdre leurs qualités.

rus ces dernières années : le commerce équitable et le commerce éthique. Dans le commerce équitable, les importateurs fixent un prix d'achat minimum pour les productions du tiers monde[3] ; de cette façon, le producteur est sûr de toujours gagner un peu d'argent. Le commerce éthique, quant à lui, a pour objectif d'inciter les fournisseurs étrangers, mais aussi les importateurs français, à améliorer les conditions d'emploi et de travail sur les lieux de production et à respecter les droits élémentaires de la personne : interdiction du travail des enfants de moins de 14 ans, non discrimination, environnement de travail…
Ces nouvelles formes de commerce rassemblent des consommateurs souhaitant être plus responsables dans leurs achats. Elles permettent aux acheteurs de réfléchir aux conséquences de leurs actes sur les autres et sur le monde. Toutefois, on voit tout de suite apparaître les dérives possibles : phénomène de mode et donc ouverture mercantile[4], exploitation de la culpabilité[5], etc. Il semble donc difficile de sortir du cercle vicieux du profit et de la consommation.

1. personnes qu'on contrôle, qu'on influence comme on veut.
2. relation entre Hommes identique à une relation entre frères.
3. ensemble des pays les plus pauvres.
4. commerciale avec d'abord un objectif de profit.
5. les gens se sentent coupables de la pauvreté et des problèmes qui existent ailleurs.

**Oui ?
Non ?
C'est ça ?**

Lisez l'article et cochez la réponse qui convient.

	vrai	faux	?
1. Aujourd'hui, les fêtes n'ont plus de qualités morales.	○	○	○
2. Les grandes fêtes ont un objectif commercial.	○	○	○
3. La fête de Noël a été inventée pour développer la consommation.	○	○	○
4. Le commerce éthique et le commerce équitable sont de nouveaux types de commerces plus responsables.	○	○	○
5. Le commerce équitable s'est développé dans le tiers monde.	○	○	○
6. Le commerce éthique exploite la culpabilité des consommateurs.	○	○	○
7. Le commerce équitable et le commerce éthique ont pris une place très importante dans l'économie.	○	○	○

2. Les fêtes ont perdu leur caractère sacré et la fraternité qui les faisaient vivre.

3. Les fêtes avaient un caractère sacré et des qualités morales.

4. Les fêtes sont devenues des foires commerciales.

5. Même si on ne veut pas abandonner les fêtes, il est possible d'adopter un mode de consommation plus responsable.

3 Complétez le tableau.

le verbe	l'action	la personne
consommer	- - - - - - - - -	- - - - - - - - -
produire	- - - - - - - - -	- - - - - - - - -
importer	- - - - - - - - -	- - - - - - - - -
créer	- - - - - - - - -	- - - - - - - - -
conserver	- - - - - - - - -	- - - - - - - - -

Organiser un discours écrit ou oral

4 **a) Observez les phrases. Dans chacune, deux idées sont présentées. Relevez les mots qui servent à lier ces deux idées.**

1. D'une part, les principales fêtes ont été détournées par le commerce. D'autre part, de nouvelles « fêtes » ont été inventées.
2. Ces fêtes ont perdu leurs qualités morales et, par ailleurs, elles ne nous incitent plus au rassemblement.
3. Il est possible de refuser le jeu de célébrations commerciales qu'on veut nous imposer. Il est aussi possible d'adopter de nouvelles habitudes de consommation plus responsables.
4. Dans le commerce équitable, un importateur s'engage sur le prix d'achat minimum. Le commerce éthique, quant à lui, cherche à garantir l'origine des produits.
5. La Saint Valentin existe depuis plusieurs siècles. Quant à la fête des Grands-Mères, elle a été créée en 1985.

b) Répondez aux questions.

1. Quelle est la place de *d'une part… d'autre part*, de *par ailleurs*, de *aussi* ?
2. Quels sont les mots placés avant *quant à* dans la phrase 4 ?
3. Que remplace *lui* dans la phrase 4 ?
4. Quels sont les mots placés après *quant à* dans la phrase 5 ?
5. Que remplace *elle* dans la phrase 5 ?

5 **Récrivez les phrases en utilisant les mots entre parenthèses.**

1. (d'une part ; d'autre part) Nous avons deux objectifs. Nous voulons développer nos exportations et nous allons lancer une nouvelle campagne de publicité en France.
2. (par ailleurs) Le directeur a annoncé qu'il serait en visite à Bamako du 23 au 29 mai. Il a reporté la réunion avec le conseil d'administration au 3 juin.
3. (aussi) Vous pouvez me téléphoner vendredi matin. Vous pouvez m'envoyer les informations à : maylis.leclerc@infonie.fr
4. (quant à) Valérie s'occupe des commandes et des fournisseurs. Sabine s'occupe des ventes et des relations avec les clients.

6 **Observez les phrases puis associez les éléments.**

1. Téléphoner coûtera moins cher l'année prochaine. En effet, France Télécom va baisser de 1,5 % le prix des communications locales et nationales.
2. Non, non, la consommation n'a pas diminué. En fait elle a augmenté de 1,3 % cette année.
3. Le gouvernement dit qu'il y a 2,3 millions de chômeurs, en réalité il y a plus de 3 millions de personnes qui cherchent un travail.

en effet •　　• permet de présenter une explication.
en fait •
en réalité •　• permet de présenter une opposition.

Joyeuse Saint-Valentin

Pour dire Je t'aime

7 Complétez les phrases avec *en effet* ou *en fait*.

1. Noël est une fête chrétienne, mais, - - - - - c'est devenu une fête commerciale.

2. Vous avez seulement une heure pour visiter le musée. - - - - -, nous avons pris du retard et on nous attend pour le dîner à 19 heures précises.

3. Il faut vérifier toutes les boîtes. - - - - - si certaines boîtes sont cassées, on va les retourner au fabricant.

4. Je l'attendais à 8 heures du soir, - - - - -, elle est venue à 8 heures du

8 Rayez le mot qui ne convient pas.

1. Il faudra d'une part agrandir l'usine, (d'autre part ; par ailleurs) embaucher plus d'employés.

2. Un employé de bureau fait 35 heures par semaine. Un agriculteur, (par ailleurs ; quant à) lui, fait 50 ou 60 heures par semaine.

3. Nous avons augmenté nos ventes en Pologne. Nous avons (en effet ; aussi) augmenté nos ventes en Slovaquie.

4. Deux phénomènes se produisent. Les Français consomment moins. (Par ailleurs ; En fait), les ventes à l'étranger sont moins importantes.

5. Elle a dit que les vêtements étaient fabriqués en Italie. (En réalité ; En effet), ils sont fabriqués en Chine.

9 🎧 Écoutez l'enregistrement et cochez les mots qui servent à introduire les différentes idées.

▢ premièrement	▢ ensuite	▢ de plus	▢ par ailleurs
▢ deuxièmement	▢ puis	▢ d'une part	▢ alors
▢ d'abord	▢ donc	▢ d'autre part	▢ enfin

Martine Aubry, ministre de l'Emploi et de la Solidarité (1997-2002) a donné son nom à la loi sur les 35 heures.

10 Récrivez le texte en mettant les phrases dans l'ordre.

– D'autre part, ils veulent des produits « éthiques » qui respectent les travailleurs, la nature.

– D'une part, ils veulent des produits bons et bien faits (produits bio, produits labellisés…).

– Enfin, ils veulent un bon rapport qualité/prix.

– Ensuite, ils ne veulent plus acheter n'importe quoi.

– La consommation des Français a connu des changements importants.

– Premièrement, en raison des crises économiques et politiques, ils achètent moins.

---

organiser un discours écrit ou oral

• **marquer la succession des idées**	• **ajouter une idée**
premièrement	– d'une part, … d'autre part
deuxièmement	– par ailleurs
d'abord	– aussi
ensuite = puis	– également
alors	– de plus
enfin	– quant à
	– en effet
	– en fait
	– en réalité

Articulateurs logiques

 11 🎧 **Écoutez et répondez.**

1. Valérie aime-t-elle les fêtes en France ? Pourquoi ?
2. Pourquoi Éric aime-t-il fêter la Saint-Patrick ? D'où vient cette tradition ?
3. Que propose Éric à Valérie ? Accepte-t-elle ?
4. Est-ce que Éric aime Halloween ? Pourquoi ?
5. En quelle saison se déroule cette scène ? Comment le savez-vous ?

12 **a) Lisez ces extraits du dialogue et retrouvez ce que chacun exprime.**

1. Tu fêtes la Saint Patrick juste pour passer une bonne soirée, non ? J'aime sortir et rigoler, c'est pourquoi je ne manque jamais une occasion.
2. Au lieu de me faire des reproches, tu pourrais venir avec moi.
3. Je ne peux pas te répondre étant donné que cette fête ne m'intéresse absolument pas.

exprime la cause : n° _ _ _ _ _   exprime le but : n° _ _ _ _ _

exprime la conséquence : n° _ _ _ _ _   exprime l'opposition : n° _ _ _ _ _

b) Trouvez une autre manière de formuler chacune de ces phrases.

13 🎧 **Écoutez et, parmi les propositions, retrouvez l'expression utilisée dans chaque réplique.**

1. puisque - en raison de - à cause de
2. avoir beau - pourtant - bien que
3. donc - si bien que - par conséquent
4. étant donné que - comme - parce que
5. au lieu de - en revanche - alors que
6. en conséquence - alors - c'est pourquoi

14 **Formez quatre groupes de deux phrases qui ont le même sens, en choisissant à chaque fois une phrase dans chaque liste. Dites ensuite ce que chaque groupe de phrases exprime (cause, conséquence...).**

liste 1

1. Je n'irai pas à Tahiti en avril de façon à organiser la réunion internationale.
2. Je n'irai pas à Tahiti en raison de l'organisation de la réunion internationale.
3. J'organise la réunion internationale, si bien que je n'irai pas à Tahiti.
4. J'ai beau devoir organiser la réunion internationale, j'irai à Tahiti.

liste 2

a. Je n'irai pas à Tahiti afin d'organiser la réunion internationale.
b. Je n'irai pas à Tahiti étant donné que j'organise la réunion internationale.
c. Même si je dois organiser la réunion internationale, j'irai à Tahiti en avril.
d. J'organise la réunion internationale, alors je n'irai pas à Tahiti.

Tahiti

15 Pour chacune de ces situations, imaginez la réplique qui précède et celle qui suit la réplique de la bulle.

16 Lisez le tableau et reconstituez des phrases correctes. Attention, dans la colonne de droite, il y a toujours une phrase en trop !

1. Elle a besoin d'un visa	A. c'est pourquoi B. étant donné qu' C. pour	a. aller à Atlanta. b. elle doit attendre un peu. c. elle n'est pas française d. elle puisse aller à Atlanta.
2. J'ai pris la rue de droite	A. au lieu de B. afin de C. en raison de	a. prendre celle de gauche. b. montrer la statue à Martine. c. (les) travaux rue de Rome. d. je n'ai pas trouvé le magasin.

17 Choisissez l'un des sujets proposés et écrivez un texte pour donner votre opinion. Utilisez les mots nécessaires pour organiser et articuler votre texte.

1. Est-il très important de parler plusieurs langues ? Pourquoi ?
2. Commentez cette affirmation : « Le commerce éthique et le commerce équitable sont les seules formes de commerce capables de rendre le consommateur responsable de ses achats. »

les articulateurs logiques

• pour exprimer **la cause** : *parce que, comme, puisque, à cause de, grâce à* (rappel)
– en raison de :
En raison de l'absence de Madame Roche, la réunion est reportée au 28 juin à 16 h 30.
– étant donné que :
Je ne peux pas te donner mon avis étant donné que je n'ai pas vu ce film.

• pour exprimer **la conséquence** : *donc, alors, par conséquent, en conséquence* (rappel)
– c'est pourquoi
J'étais malade, c'est pourquoi je ne suis pas venu hier.
– si bien que
Il a prêté de l'argent à tous ses amis, si bien qu'il n'a plus rien pour vivre.
• pour exprimer **l'opposition** :

mais, pourtant, quand même, en revanche, bien que, même si… (rappel)
– avoir beau :
Le professeur a beau nous expliquer, personne ne comprend l'exercice.
– au lieu de :
Aide-moi au lieu de me regarder !
• pour exprimer **le but** : *pour, pour que, afin de, afin que…* (rappel)

135

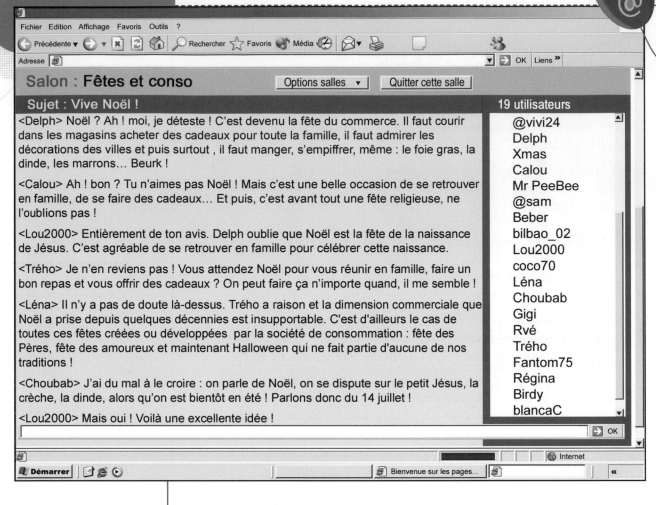

Fichier   Edition   Affichage   Favoris   Outils   ?

Précédente ▼ | ▼ | 🗙 | 🔄 | 🏠 | 🔍 Rechercher ⭐ Favoris 🔵 Média 📀 | 📧 ▼ | 🖨

Adresse | ▼ | → OK | Liens »

Salon : Fêtes et conso | Options salles ▼ | Quitter cette salle

Sujet : Vive Noël ! | 19 utilisateurs

<Delph> Noël ? Ah ! moi, je déteste ! C'est devenu la fête du commerce. Il faut courir dans les magasins acheter des cadeaux pour toute la famille, il faut admirer les décorations des villes et puis surtout , il faut manger, s'empiffrer, même : le foie gras, la dinde, les marrons... Beurk !

<Calou> Ah ! bon ? Tu n'aimes pas Noël ! Mais c'est une belle occasion de se retrouver en famille, de se faire des cadeaux... Et puis, c'est avant tout une fête religieuse, ne l'oublions pas !

<Lou2000> Entièrement de ton avis. Delph oublie que Noël est la fête de la naissance de Jésus. C'est agréable de se retrouver en famille pour célébrer cette naissance.

<Trého> Je n'en reviens pas ! Vous attendez Noël pour vous réunir en famille, faire un bon repas et vous offrir des cadeaux ? On peut faire ça n'importe quand, il me semble !

<Léna> Il n'y a pas de doute là-dessus. Trého a raison et la dimension commerciale que Noël a prise depuis quelques décennies est insupportable. C'est d'ailleurs le cas de toutes ces fêtes créées ou développées par la société de consommation : fête des Pères, fête des amoureux et maintenant Halloween qui ne fait partie d'aucune de nos traditions !

<Choubab> J'ai du mal à le croire : on parle de Noël, on se dispute sur le petit Jésus, la crèche, la dinde, alors qu'on est bientôt en été ! Parlons donc du 14 juillet !

<Lou2000> Mais oui ! Voilà une excellente idée !

| | → OK |

@vivi24
Delph
Xmas
Calou
Mr PeeBee
@sam
Beber
bilbao_02
Lou2000
coco70
Léna
Choubab
Gigi
Rvé
Trého
Fantom75
Régina
Birdy
blancaC

🟦 | 🌐 Internet

🏁 Démarrer | 📄 📧 ⏺ | 📄 Bienvenue sur les pages... | «

 18 Lisez les messages et dites pour quelles raisons chaque personne aime ou n'aime pas Noël. Et vous, que pensez-vous de cette fête ?

Exprimer la surprise / approuver une opinion

 19 Relevez dans les messages trois façons d'exprimer la surprise et trois façons d'approuver une opinion.

exprimer la surprise | approuver une opinion

- -

- -

- -

20 **Lisez les tableaux et imaginez ce que vous diriez dans ces situations.**

1. Vous apprenez par son frère que votre meilleur(e) ami(e) a décidé de partir vivre dans un pays lointain.

2. Vous n'avez plus d'argent sur votre compte bancaire et votre banquier vous invite à le rencontrer.

3. Au travail, vous deviez obtenir un poste plus intéressant mais c'est un de vos collègues qui prend cette place. Vous allez voir votre patron.

21 **Par groupe de deux, préparez des dialogues et jouez les scènes.**

1. Votre frère/sœur célibataire vous téléphone pour vous dire qu'il/elle est amoureux (amoureuse) et qu'il/elle veut se marier dans deux mois.

2. Votre mari/femme vous annonce qu'il/elle est très fatigué(e) et qu'il/elle va partir seul(e) en vacances.

3. Un(e) ami(e) vous explique que, cet après-midi, il (elle) va participer à une manifestation en faveur du commerce équitable.

---

exprimer la surprise
- (C'est) incroyable !
- Ah ! bon ?
- C'est vrai ? / Non ! C'est pas vrai ?
- Je n'en reviens pas.
- J'ai du mal à le croire.
- Je ne l'aurais jamais cru.
- C'est étonnant !
- C'est fou/dingue (fam.)

approuver une opinion
- C'est évident.
- C'est sûr que tu as raison.
- (Il n'y a) pas de doute !
- Sans aucun doute !
- Certes ! (= c'est certain)
- Absolument !/Bien sûr !/ Évidemment !
- Je suis entièrement d'accord/de ton avis.
- Mais oui !
- C'est clair !

---

phonétique

[j] (hier) / [ɥ] (lui, buée) / [w] (Louis)

A **Écoutez et répétez.**

[j] - [ɥ]
1. scier - suer
2. miette - muette
3. nier - nuée
4. sieur - sueur
5. pied - puer

[ɥ] - [w]
6. lui - Louis
7. suait - souhait
8. buée - bouée
9. enfuir - enfouir
10. huis - oui

C **Écoutez et dites si les sons sont différents ou identiques. Cochez les cases qui conviennent.**

	1	2	3	4	5	6	7	8
même son (=)								
son différent (≠)								

B **Écoutez et dites si vous entendez [j] dans le 1ᵉʳ ou dans le 2ᵉ mot.**

	1	2	3	4	5	6	7	8
1ᵉʳ mot								
2ᵉ mot								

D **Écoutez et cochez le son que vous entendez.**

	1	2	3	4	5	6	7	8
[j]								
[ɥ]								
[w]								

La folie des soldes

22 Lisez le texte et répondez.

1. Qu'appelle-t-on les soldes ? Quand ont-ils lieu ?

2. Pourquoi l'acheteur aime-t-il les soldes ?

3. Faites la liste des huit types d'acheteurs que distingue l'auteur de cet article.

4. Pourquoi est-ce un si grand plaisir d'acheter en soldes ?

5. Quelle est la démarche des spécialistes de la vente pour pousser les gens à acheter ?

6. Et vous, que pensez-vous des soldes ? L'acheteur est-il gagnant ou perdant ? Pourquoi ?

7. Quel type d'acheteur êtes-vous ?

23 Écoutez ces personnes et complétez le tableau.

	Nathalie	Sylvain	Jean-Pascal	Gisèle
objet acheté				
réduction sur l'objet (exemple : − 20 %)				
type d'acheteur (voir n° 3 de l'activité 22)				

24 Les soldes existent-ils dans votre pays ? Quand ont-ils lieu ? Aimez-vous cette période ? Pourquoi ?

La folie des soldes

Chaque année, en janvier et en juillet, la folie des soldes nous envahit : magasins surpeuplés, bousculades, disputes … rien n'arrête l'acheteur obsédé de la bonne affaire. Le but est de faire des économies mais le plus excitant c'est de décrocher l'article de nos rêves au plus bas prix…

Pour quelques semaines, il est agréable de pouvoir enfin unir luxe et économie, dépenses et raisonnable, superflu et nécessaire…Tout le monde est prêt à courir chez Saint-Laurent, Zara, Carrefour ou Christian Lacroix. On peut reconnaître différents types d'acheteurs : les organisés qui habillent toute la famille, les prévoyants qui pensent aux anniversaires, les moins riches qui n'achètent qu'au moment des soldes, les impulsifs qui achètent tout et rien, les chercheurs qui prennent le temps de découvrir l'objet rare au meilleur prix, les voyageurs qui vont spécialement dans les grandes villes pour acheter les chaussures ou le manteau de leur rêve, les persévérants qui guettent l'objet désiré jusqu'à ce que son prix soit au plus bas, les organisés qui font leurs achats avec une calculette à la main…

Autant de comportements différents que de désirs, de rêves et de moyens… La fièvre des achats est une activité ludique avant tout, une sorte de rallye-surprise. Dans notre société de consommation, acheter, se promener dans les boutiques ou dans les galeries marchandes des hypermarchés constitue un loisir de masse. Quand en plus, les prix baissent, le plaisir est doublé !

Dès le premier jour des soldes, on assiste à des disputes autour d'un pantalon ou

d'un blouson « à – 50 % »… L'achat est un acte affectif qui provoque quelques conflits intérieurs : « Je ne dois pas dépenser mais j'ai envie de me faire plaisir… ».

Les commerçants, les publicitaires et autres spécialistes de la vente ont bien compris ce phénomène et n'hésitent pas à jouer sur les émotions de leurs clients. « Il faut faire vite… » « Plus que quelques jours …» pour déclencher un sentiment d'urgence chez celui qui ne veut pas manquer la bonne affaire.

Devenir le « spécialiste de la bonne affaire » pousse les acheteurs à penser qu'ils sont rusés, intelligents, exceptionnels.

Finalement, on assiste même à un renversement de situation dans l'esprit de l'acheteur : il a l'illusion que cette fois, c'est lui qui gagne le combat de l'argent ; il n'est plus manipulé puisqu'il réussit à faire des économies en achetant en soldes.

D'après Tous *n°2*

LES SOLDES EN CHIFFRES

6,5 milliards d'euros, c'est la part des soldes dans le chiffre d'affaires du commerce annuel du textile en 2002, soit 25 % du total.

Centre textile de la conjoncture et de l'observation économique (CTCOE)

59 % des 18-24 ans attendent les soldes pour réaliser leurs achats vestimentaires. Le pourcentage monte à 63 % chez les 25-34 ans, pour chuter à 43 % chez les 65 ans et plus.

« La consommation en 2002 », Credoc

12 % des Français dépensent, pendant les soldes d'hiver, de 31 à 50 % de plus que pendant un mois normal.

Selon l'enquête Egg 2003 de l'Ifop

1/3 des consommateurs n'achètent des vêtements qu'en période de soldes.

TNS Secodip, panel de 8000 consommateurs.

Autoévaluation • 4

Je peux utiliser le vocabulaire

1 Complétez les phrases avec certains des verbes proposés.

composer - contacter - importer - partir - plaire - produire - quitter - cesser - raccrocher - renvoyer - se sentir - sentir - s'élever - servir

1. Il avait des problèmes avec le directeur, il a préféré _ _ _ _ _ l'entreprise.
2. Hum ! Ça _ _ _ _ _ bon ! Qu'est-ce que tu as préparé pour le dîner ?
3. Ah ! Virginie. Il faut vite _ _ _ _ _ Maud Péhu pour l'informer des modifications.
4. Oh, elle avait fait tellement d'erreurs ! On n'a pas pu la garder. Elle a été _ _ _ _ _.
5. Tu sais à quoi _ _ _ _ _ cette machine ?
6. Pas d'accord ! Je _ _ _ _ _ fortement contre cette décision !

Je peux protester ou me plaindre

2 Choisissez la réplique qui convient.

1. Je regrette, madame, vous me devez encore 150 euros.
☐ Quoi ? C'est équitable ! ☐ Quoi ? C'est formidable ! ☐ Quoi ? C'est lamentable !

2. Je suis désolée, monsieur, il n'y a plus de places dans l'avion.
☐ Non ! C'est inadmissible ! ☐ Non ! C'est fou ! ☐ Non ! C'est occupé !

3. Nous allons donc donner 5 000 euros à l'*Association des joueurs de quilles*.
☐ Je proteste ! ☐ Je suis de votre avis ! ☐ En effet, c'est évident !

4. Je crois, malheureusement, que nous avons perdu votre lettre.
☐ Mais, ça m'angoisse ! ☐ Mais, c'est un scandale ! ☐ Mais, il n'y a pas de doute !

Je peux éviter la répétition

3 Remplacez les mots soulignés par *celui, celle… lequel, laquelle…*

1. L'Hôtel de France ou l'Hôtel de la gare ? <u>Quel hôtel</u> préfères-tu ?
2. Si tu n'aimes pas les tasses blanches, prends <u>ces tasses-là</u> !
3. J'ai trop d'amies, je ne sais pas <u>quelles amies</u> inviter à mon anniversaire.
4. 2,10 € ce jus d'orange ! Non, on va acheter <u>le jus d'orange</u> à 1,50 €.
5. Comme il y a beaucoup d'étudiants, on va faire deux groupes. <u>Les étudiants</u> qui veulent faire du théâtre vont avec Mme Lecomte, les autres avec moi.
6. Fais voir ces lunettes ? Oui, ce sont <u>les lunettes</u> de Myriam.

Je peux mettre un élément en relief

4 Transformez les phrases en mettant en relief l'élément souligné.

1. Euh, attendez ! <u>Ma femme</u> vous a dit ça ?
2. Mais, si ! Bien sûr que je le savais ! <u>Je</u> t'en ai parlé lundi !
3. <u>Elle aimerait</u> qu'on parte en vacances avec sa mère !
4. Oui, oui, il est arrivé <u>ce jour-là</u> !
5. Euh, pardon, mais… vous parlez <u>de moi</u> ?
6. <u>Je ne comprends pas</u> comment il a pu faire une erreur pareille !

Je peux exprimer l'opposition

5 Rayez les mots qui ne conviennent pas.

1. On le fera [au lieu de / malgré / même si] le directeur n'est pas d'accord.
2. Il n'a pas dit qu'il n'aimait pas le projet, [au contraire / bien que / pourtant], il l'adore ce projet !
3. Elle sait très bien que je n'aime pas la mer, [par contre / pourtant / quand même] elle me propose toujours d'aller en vacances sur de petites îles tropicales.
4. Non, je n'ai pas besoin de vous aujourd'hui. [Au contraire / En revanche / Malgré], j'aimerais bien que vous veniez travailler avec moi jeudi matin.
5. Oui, elle va essayer de venir [au contraire / au lieu de / malgré] le peu de temps dont elle dispose.
6. Il est parti [bien que / même si / par contre] je lui aie demandé de m'attendre.

Comptez 1 point par bonne réponse.

Vous avez…
- *6 points : félicitations !*
- *moins de 6 points, revoyez les pages 122, 123 de votre livre et les exercices de votre cahier.*

Je peux situer un événement dans le passé

6 Écrivez les verbes entre parenthèses au temps qui convient.

1. Je (rencontrer) _ _ _ _ _ Amélie il y a cinq ans déjà et depuis notre rencontre, beaucoup de choses (changer) _ _ _ _ _ Nous (être) _ _ _ _ _ mariés depuis deux ans déjà. Nous (habiter) _ _ _ _ _ ici, à Lorient depuis l'année dernière.
2. J'avais revu Philippe en juin 2003. Il y avait longtemps qu'il n'était pas venu à Lyon. Il (travailler) _ _ _ _ _ à Strasbourg depuis 10 ans, et depuis son départ de Lyon, il (ne pas m'écrire) _ _ _ _ _ _.
3. Ma famille (acheter) _ _ cette maison il y a 127 ans. Elle a beaucoup vieilli. Depuis un mois, nous (faire) des travaux pour lui rendre toute sa beauté.

Comptez 1 point par bonne réponse.

Vous avez…
- *8 points : félicitations !*
- *moins de 8 points, revoyez les pages 126, 127 de votre livre et les exercices de votre cahier.*

Je peux exprimer la cause, le but ou la conséquence

7 Rayez les mots qui ne conviennent pas.

1. La route a été fermée (en raison de / au lieu de / afin de) la neige qui est tombée hier soir.
2. Non, vous ne pourrez pas traverser le pays (de façon que / étant donné que / si bien que) vous n'avez pas de visa.
3. Le directeur a raté son avion, (c'est pourquoi / afin que / étant donné que) la réunion a été annulée.
4. Je vais vous envoyer un plan (si bien que / parce que / pour que) vous puissiez trouver facilement la maison.

Comptez 1 point par bonne réponse.

Vous avez…
- *4 points : félicitations !*
- *moins de 4 points, revoyez les pages 134, 135 de votre livre et les exercices de votre cahier.*

→ RÉSULTATS : .... points sur 40 points = ... %

141

Oral

1 Présentez ce document, dégagez le problème posé et exposez votre point de vue personnel.

2 Lisez ce document puis répondez aux questions.

LA FRANCE QUI NOUS REND FIERS ET MOINS FIERS

Les Français sont-ils fiers de leur pays ?
C'est souvent ce que pensent les étrangers mais qu'en est-il exactement ?

Parmi les pays occidentaux les plus riches, la France est celui où le sentiment de fierté nationale est le plus faible. D'après un récent sondage, seule une minorité de Français (35 %) se déclarait fière d'être française. La fierté nationale était plus forte ailleurs : en Italie (41 %), en Angleterre (54 %), au Canada (61 %) et aux États-Unis d'Amérique (76 %). Seuls les Allemands étaient encore moins fiers de leur pays (20 %).

Flore B., 19 ans
Française, Italienne, Espagnole, Allemande, quelle est la différence, au juste ? Moi j'aime les gens de toutes origines, de toutes couleurs et je n'ai pas de sentiment d'appartenance. Fière d'être française ? Moi ? Pas spécialement. Pourquoi serais-je fière ?

Daniel G., 45 ans
On dit que c'est le plus beau pays, le pays de la culture… Mais ce constat est très étriqué, très égoïste. On ne devrait pas oublier que le monde ne s'arrête pas à notre pays et qu'il y a de magnifiques territoires au-delà de notre Hexagone.

Laurie M., 29 ans
Notre pays est magnifique et présente, d'une région à une autre, des paysages très différents. Sincèrement, je ne suis pas triste d'être française !

Jean P., 71 ans
C'est un pays magnifique, le plus beau d'Europe. Nous avons des plaines, des mers, des montagnes, un bon climat et notre cuisine est la meilleure du monde. Ah ! oui, j'aime mon pays et suis heureux d'être né français !

Lucie L., 37 ans
Je me sens plutôt européenne. J'ai vraiment le sentiment que les bonnes valeurs se perdent en France. Je trouve que depuis quelques années, il y a moins de solidarité et de fraternité entre les gens et c'est vraiment dommage !

1. Quel est le sujet de ce texte ?

☐ le sentiment des Français à l'égard de leur pays.

☐ le sentiments des Français et des étrangers à l'égard de la France.

☐ le sentiment des Français à l'égard des pays étrangers.

2. Quelle personne pourrait prononcer chacune de ces phrases ? Associez les éléments.

La France n'est pas le seul beau pays au monde ! ●   ● Laurie

Vive la France ! ●   ● Daniel

Ce sont les gens qui font les pays. ●   ● Lucie

Je suis heureuse de vivre dans ce beau pays. ●   ● Jean

Les valeurs disparaissent au fil des années. ●   ● Flore

3 **Cochez les réponses qui conviennent.**

Laurie

☐ n'est pas fière d'être française.

☐ aime l'Europe.

☐ est contente d'être française.

Daniel

☐ adore la France.

☐ pense qu'il ne faut pas oublier qu'il existe d'autres pays.

☐ pense que la France est le pays de la culture.

Lucie

☐ apprécie la solidarité française.

☐ ne comprend pas l'Europe.

☐ trouve qu'en France, il y a moins de fraternité qu'avant.

Jean

☐ aime tous les pays d'Europe.

☐ trouve que la cuisine européenne est la meilleure du monde.

☐ adore la France.

Flore

☐ ne comprend pas pourquoi on pourrait être fier d'être français.

☐ se sent très européenne.

☐ a voyagé dans le monde entier.

Écrit

4 **Et vous que pensez-vous de votre pays ? En êtes-vous fier(e) ou pas ? Expliquez pourquoi en une centaine de mots.**

Mémento

Transcriptions

Unité 2
L'amour de l'art

● Oui ? Non ? C'est ça ? : page 19
● Activité 1 : page 18
● Activité 4 : page 20

– Vous êtes professeur de français, Monsieur Benjador. Vous avez aimé les deux derniers tableaux achetés par la ville ?
– Moi, j'apprécie l'art contemporain ; c'est toujours un émerveillement de découvrir de nouvelles créations et ces deux œuvres me plaisent. Il ne faut pas chercher un sens, une vérité, il faut juste regarder et laisser venir ses émotions.
– Mademoiselle Dupuy, vous êtes étudiante. Qu'étudiez-vous ?
– L'espagnol. Je suis en première année à l'université de Toulouse.
– Très bien. Comment avez-vous trouvé ces deux nouvelles œuvres ?
– Moi, je ne supporte pas cette nouvelle forme d'art et je n'ai pas du tout apprécié ces tableaux. La mode, la publicité essaient de nous dire que ce qui est nouveau est beau. Moi, je ne suis pas d'accord !
– Monsieur Loison, vous êtes sculpteur, c'est bien ça ? Vous avez vu les deux nouveaux tableaux achetés par notre ville. Est-ce qu'ils vous ont plu ?
– Oui, vous savez, l'espace, la lumière, les techniques donnent aux tableaux leur force mais l'important est ce que chaque personne ressent.
– À combien estimez-vous ces œuvres ?
– Ah ! L'art n'a pas de prix. Chaque œuvre vaut le prix qu'on veut bien la payer quand on l'aime…

● Activité 8 : page 20
1. Quel est ton chanteur préféré ? 2. Que faites-vous le dimanche ? 3. Où est-ce que tu vas ? 4. Vous avez un jardin ? 5. Quelles sont les coordonnées de Jean-Philippe ? 6. Pourquoi tu pleures ? 7. Qui est-ce ? 8. Quelle heure est-il ?

● Activité 12 : page 22
1. – Qu'est-ce que tu vas faire à Mexico ?
– Comme ici, je serai professeur de français.
– Mais pourquoi est-ce que tu pars si loin pour faire la même chose ?
– Pour que ma femme, qui est Panaméenne, voie plus souvent son pays et sa famille.
2. – Je ne comprends pas pourquoi la ville a acheté ces deux tableaux. Ils ont coûté tellement cher !
– C'est de l'art contemporain. Toi, tu n'aimes pas mais beaucoup de personnes apprécient. J'ai lu dans le journal que la ville a acheté ces œuvres afin de compléter les collections du musée des Beaux-Arts.
– Ben moi, je préfère les œuvres du XIXᵉ siècle !
– Toi oui, mais pas tout le monde !
3. – Mais pourquoi vous allez habiter à la montagne ? Vous ne supportez plus Paris ?
– Si, mais notre bébé est malade. Il respire mal ici et nous devons partir afin qu'il

guérisse vite et qu'il vive bien.
● Phonétique : page 25
B. 1. Ils sont très mignons ! 2. Elle porte des vêtements blancs. 3. Vous aimez bien ce vin ? 4. Donnez-moi un pain, s'il vous plaît ! 5. Elles sont américaines. 6. Quelqu'un sonne à la porte. 7. Il est grand, cet enfant ! 8. Elles n'ont pas raison !

Unité 3
Toujours plus

● Activité 1 : page 28
1. Ce magazine s'appelle *Ça m'intéresse* parce qu'on découvre plein de sujets intéressants. 2. T'as vu, avec ce ticket, on paiera moins cher dans le magasin. 3. *Télé2* propose des prix avantageux pour l'internet. 4. Il y a beaucoup de place pour les amis et un peu de place pour les valises. 5. Bah, oui ! Il faut manger un peu moins pour maigrir. 6. On a plus de temps de communication pour 19,90 €. 7. Avec *Taxi Plus*, on peut gagner du temps. 8. Hum… Le chocolat est aussi bon que le chocolat plus sucré !

● Activité 5 : page 30
– Ah bon, tu déménages ? Mais pourquoi ? Et tu vas où, d'abord ?
– J'ai trouvé un appartement un peu moins grand mais euh… plus agréable. C'est rue de la vieille Tour, tu sais, une petite rue, près de la basilique Saint-Martin. Il y a autant de pièces mais c'est plus clair et surtout, il y a moins de bruit.
– Et c'est un appartement ancien ?
– Oui et non. L'appartement est plus moderne que l'autre mais l'immeuble est ancien.
– Et tu ne paies pas trop cher ?
– Un peu moins cher que l'autre mais j'ai autant de charges ! Je suis vraiment content. Une autre vie commence pour moi !
– Et moi, je suis bien contente pour toi. J'irai te voir !

● Activité 9 : page 32
a) Une cuisine raffinée et un service attentif pour votre plus grand plaisir… b) Découvrez ses souterrains, son pont-levis, ses écuries, et dégustez les vins de la propriété. Un des châteaux les moins connus mais pas le moins intéressant… c) Programmez vos sorties et vos balades dans la capitale avec le plus branché des guides parisiens.

● Phonétique : page 33
A. 1. donne - donne 2. cadre - quatre 3. toute - doute 4. monde - monte 5. pétale - pétale 6. pardon - partons 7. bateau - bateau 8. dette - tête D. 1. C'est débile ! 2. Ma tête ! 3. C'est pas net. 4. J'aime la mode. 5. La belle tresse ! 6. Quel auteur ! 7. C'est quelle station ? 8. Quelle odeur !

Unité 4
Le Tour du monde en 80 Jours

● Activité 9 : page 45
1. Non, je ne l'ai pas pris. 2. C'est Virginie qui l'a faite. 3. Il les a mises sur ton bureau. 4. Je l'ai ouvert par erreur. 5. Sébastien me l'a offerte samedi soir. 6. On les a détruites. 7. Il l'a peint en 1856.
● Activité 10 : page 46
– Tiens ! Salut ! Votre voyage est fini ?

– Bonjour !
– Bah, oui ! Salut Catherine !
– Ça fait deux semaines qu'on est revenus !
– Et alors ?
– Génial !
– Mais, là, tu as deux jours pour qu'on te raconte tout ?
– Vous avez fait le tour ?
– Sans problème ! Pour qui tu nous prends ?
– Bon, allez, racontez !
– Ta ta ta ! Tout a commencé par un mercredi brumeux. Il y avait une heure que le train roulait vers Douvres. Tout à coup ! Ah ! Tiens-toi bien : le contrôleur ! Aaah ! Il est arrivé et… nous a demandé nos billets !
– Oh, non ! Comment est-ce possible !

● Activité 16 : page 49
Dialogue 1
– Ça va pas ?
– Non, pas trop. J'ai trop de travail. Je vais jamais y arriver.
– Bah, je peux t'aider si tu veux.
– Non, non, tu peux pas ! C'est mon travail, il faut que je le fasse !
– Mais enfin, calme-toi.
– Non, je peux pas me calmer. Je suis fatiguée, j'ai trop de travail et si ça marche pas, je perds mon boulot. Je ne sais pas quoi faire. Ça m'angoisse. Je n'arrive plus à dormir la nuit !
– Attends, t'es pas toute seule ici. Explique-moi quel est le problème et tu vas voir, on va trouver une solution.
Dialogue 2
– On est où, là ?
– Euh, je crois qu'on est perdus !
– Attends, tu plaisantes ! Pourquoi on a quitté le boulevard pour venir dans ces petites rues ?
– Bah, je pensais que c'était plus court.
– Et il y a personne dans ces rues !
– Ahhh !
– Ah, si, il y a un chat !
– Arrête, c'est pas drôle. Je suis pas rassurée.
– Mais t'inquiète pas !
– Désolée, mais les petites rues, la nuit, ça m'angoisse.
– N'aie pas peur ! Tu vois la lumière au bout de la rue ? C'est notre hôtel. On est arrivés !
Dialogue 3
– Bonjour maman.
– Ah, bonjour ! Ça va ce matin ?
– Non, l'horreur, j'ai pas dormi de la nuit !
– Aïe. Mais ça va aller pour ton examen ?
– Non, j'ai tout oublié. Ça m'angoisse. Tu te rends pas compte ! Je vais jamais y arriver !
– Attends, tu vas prendre un bon petit déjeuner et après, tu verras, tout ira bien. Ne t'en fais pas !
– Je ne sais pas si je vais pouvoir manger quelque chose !

Unité 5
Ici et ailleurs

● Activité 9 : page 54
1. J'ai revu mon passé après avoir retrouvé Didier. 2. Réfléchis avant de parler ! 3. Tu racontes ton histoire avant que Pierre arrive. 4. Vous téléphonerez à Marie après avoir

145

fini votre travail.

● **Activité 11 : page 56**

– Non, je ne vais pas m'entraîner, Laila. Je ne pourrai jamais gagner contre Loulou Beaupoint. Il est trop fort et j'ai décidé de tout arrêter.

– Non, Nono. Ce n'est pas possible. Tu peux le battre ! Moi, j'en suis sûre ! Tu es fatigué, c'est tout.

– Je ne suis pas fatigué mais Loulou a gagné tous ses matchs, cette saison. Il vient de devenir champion de France des poids plume en écrasant Luigi Serpentini à Monaco. Tu le sais ça ?

– Et alors ? Écoute-moi, Nono : tu sais qu'il faut qu'on quitte cette ville pourrie, ce climat pourri. En vivant dans le sud, le bébé verra de belles choses autour de lui, pas de la neige, du verglas et des arbres nus ! Pense aux bons moments qu'on aura tous les quatre. On vivra heureux en regardant la mer et en se chauffant au soleil ! Et puis, tu sais que je crois en toi, Nono. Pense toujours à ça qu'on t'entraînant : je crois en toi !

– Hum… D'accord Laila. Tu as raison. Je disputerai ce match.

● **Activité 13 : page 56**

1. Christophe a rencontré Louise en allant chez le médecin. 2 Julie a vu Christophe en attendant le bus. **3.** En marchant dans la rue, Yves pensait à Akiko. **4.** En voyant ce film, Christian a tout de suite pensé à Catherine. **5.** Catherine a appelé sa mère en rentrant du cinéma. **6.** En jouant au foot avec Michel, Emmanuel s'est blessé.

● **Phonétique : page 57**

A. 1. sportif - sportive **2.** faux - faux **3.** vrai - frais **4.** neuf - neuve **5.** avaler - avaler **6.** ville - file **7.** neuve - neuve **8.** enfer - envers **B. 1.** pouvoir **2.** vérifie **3.** favori **4.** revu **5.** fleuve **6.** difficile **7.** envers **8.** enfin **9.** maladive **10.** revendre

● **Activité 18 : page 59**

1. David arrive demain de Tahiti. Je suis très contente ! **2.** J'en ai marre du racisme ! Il faut protester ! **3.** Chers amis, je me réjouis de votre présence à mon anniversaire le 10 juillet prochain. **4.** Tu es toujours en retard ! Ça suffit maintenant ! **5.** Bientôt Noël… Toute la famille va être réunie, je suis folle de joie ! **6.** Ça m'énerve tous ces bruits en ville ! Vive la campagne !

● **Activité 24 : page 60**

C'est en France que j'ai rencontré le racisme pour la première fois. J'avais 10 ans et mes camarades de classe étaient toujours très durs avec les Noirs. J'arrivais de la Guadeloupe où de nombreuses communautés vivent ensemble. Je n'avais jamais ressenti de discrimination raciale.
Le racisme n'est pas naturel. Il vient des adultes qui distinguent des différences entre les couleurs de peau et les cultures. Je trouve que le rôle de l'école est essentiel ; on devrait y enseigner très tôt qu'il n'existe pas des « races humaines » mais une seule race et différentes communautés.
L'histoire des peuples pourrait être mieux enseignée. Par exemple, on ne parle des Noirs qu'à propos de l'esclavage. Mais les Noirs ne constituent pas une seule communauté. Ce sont des peuples différents qui ont chacun connu une histoire et une culture spécifiques. Les Blancs s'opposent entre eux de la même façon ! Pour moi, un vrai travail de mémoire est essentiel si on espère un jour voir disparaître le racisme. Je suis certain aussi que le mélange

des communautés apporte une richesse essentielle à chacun.

Unité 6
Projets

● **Activité 6 : page 65**

1. Nous avons en projet l'installation d'une nouvelle ligne de tramway. Cette ligne partira de l'est de la ville pour rejoindre au sud le quartier Monplaisir. Afin que les sites principaux de la ville puissent profiter de cette nouvelle ligne, elle passera par l'hôpital et le centre ville. Elle rencontrera les grandes lignes de bus pour que les usagers trouvent les meilleures correspondances ; un arrêt est donc prévu près de la station de bus, place Rameau. Elle passera par le centre commercial Espace de l'Artois avant de rejoindre le sud de la ville. Nous envisageons de relier cette nouvelle ligne à une autre dans les 5 à 10 années à venir. **2.** La ville a en projet la création d'une nouvelle ligne de bus. Cette ligne partira de l'ouest de la ville pour rejoindre au sud le quartier Monplaisir. De façon à offrir aux usagers des transports en commun un service qui réponde à leurs besoins, cette ligne passera par l'université et le centre touristique. Elle traversera les grands boulevards, le quartier du Pilori, et la zone industrielle sud. La ville prévoit également de développer encore le réseau des bus dans les 5 à 10 années à venir. **3.** Le conseil municipal a en projet la construction d'une nouvelle ligne de métro. Cette ligne partira de l'est de la ville pour rejoindre au nord le quartier Grand Menhir. De façon que les principaux points de la ville soit reliés au métro, des stations sont prévues à l'université Blaise Pascal, près du centre ville et au cœur du pôle de développement industriel. Le conseil municipal a déjà prévu de prolonger la ligne, dans les 5 années à venir, jusqu'au Val de Sèvres.

● **Activité 7 : page 66**

1. On n'est pas d'accord avec les transformations qu'on veut apporter à notre ville. **2.** Moi, je peux dire qu'une chose : ce projet est scandaleux ! On ne peut pas l'accepter. **3.** Nous protestons énergiquement contre ce projet parce qu'il aura des conséquences graves pour les habitants. **4.** Vous savez, ça fait trente ans que j'habite ici, monsieur. Je trouve ça lamentable ! **5.** Oh là là ! Je suis vraiment déçue. On a voulu nous tromper. **6.** Bah, pourquoi on nous a jamais parlé de ce projet avant ? Ce n'est pas normal.

● **Activité 9 : page 66**

1. – Excusez-moi, madame, mais vous étiez en surréservation et il n'y a plus de place dans l'avion.
– Pardon ? Non, vous vous trompez, ce n'est pas possible. Vous ne pouvez pas me faire ça !
2. – Alors, ton voyage à Osnabrück ?
– Oh, je suis fatigué mais content. J'ai pu rencontrer des collègues, on a beaucoup travaillé. Un bon petit voyage quoi.
3. – Ah ! Monsieur Dubois, je suis désolée, je ne peux pas vous donner la voiture que vous aviez réservée. Je vais vous en donner une d'une catégorie supérieure, pour le même prix évidemment.
– Mais, euh, dans ces conditions, c'est parfait. Je ne vais pas protester. Et c'est quoi comme voiture alors ?
4. – Mais enfin, essaie de comprendre, c'est normal qu'elle préfère aller avec ses amis.
– Oui, je veux bien comprendre, mais je suis vraiment déçu. Pour une fois qu'on

pouvait faire quelque chose ensemble ! Non, franchement…
5. – Pour obtenir un rendez-vous, il faut payer 15 euros.
– 15 euros ? Non, mais tu plaisantes ! C'est scandaleux ! Juste pour avoir un rendez-vous ?
6. – Non, toutes les inscriptions sont terminées et votre dossier est arrivé après le 15 octobre.
– Mais, oui, d'accord, mais c'est pas de ma faute. C'est la poste qui vous l'a apporté en retard. Moi, je l'ai envoyé le 1er octobre. C'est pas normal. Je ne peux pas accepter ça. Vous pouvez faire une exception, non ?

Unité 7
Savoir vivre

● **Activité 1 & 2 : page 76**

1. – Eh ! tu sais pas lire ? Tu colles pas d'affiche ici, d'accord ?
– Oh eh ! Ça va ! Tu es de la police, toi ?
2. – Il est agréable ce parc, hein ?
– Oui mais, en Angleterre, on peut s'allonger dans l'herbe. Ça me manque. Ici, c'est toujours interdit !
3. – Finis ton gâteau avant d'entrer, Marion.
– Mais attendez-moi, j'ai encore un sandwich ! J'ai faim, moi !
4. – T'as ton téléphone dans ton sac ?
– Oui, mais ne t'inquiète pas, il n'est pas allumé.
5. – Vous partez, Monsieur ?
– Oui, je quitte l'hôtel ce matin. Vous pouvez faire le ménage.
6. – Mais c'est une histoire de fou ! T'as vu ? On marche où, alors ?
– Bah… Sur la route, non ?

● **Activité 5 : page 78**

1. Eh ! Zyva, eh qu'est-ce tu veux ? Laisse ton message et fous la paix ! **2.** Cher ami, comme vous le voyez, je ne peux pas vous répondre mais je ne manquerai pas de vous rappeler dès que mon emploi du temps me le permettra. Confiez votre message à mon répondeur. **3.** Je ne suis pas là, je dois bosser ou bien me promener. Vous devez bien sûr laisser votre message et vos coordonnées. **4.** B'jour, c'est moi, Mag. Tu vas bien ? J'espère te parler bientôt. Laisse tes coordonnées et je te rappelle très vite. D'accord ?…

● **Activité 10 : page 79**

1. Il faut que tu viennes demain. **2.** Vous devez finir votre test avant midi. **3.** Il est absolument nécessaire que tu répondes à toutes ces questions. **4.** On n'a pas le choix, on doit partir dimanche. **5.** Tu fais la vaisselle et tu ne discutes pas ! **6.** Je te dis de téléphoner à ta banque ! **7.** Le professeur exige que nous arrivions à 9 heures tous les matins.

● **Activité 12 & 13 : page 80**

– Je suis content qu'on ait enfin un peu de temps pour visiter le Louvre !
– Bah ! moi aussi ! Depuis le temps que j'ai envie de visiter ça vienne ici…
– T'as vu, c'est drôle qu'on ne puisse pas lire ces inscriptions jusqu'au bout, non ?
– Bof… C'est un peu nul qu'on soit obligés de deviner le message. C'était plus simple de l'écrire en entier, non ?
– Oh ! Tu parles ! C'est pas difficile à comprendre… Et puis on voit tout de suite ce qui se passe si on touche les œuvres !
– D'accord, mais moi j'aime bien qu'on me dise les choses clairement.

– Pourquoi tu dis ça ? C'est plutôt drôle, je trouve. T'es bizarre par moment !

– Bon, on va pas se disputer pour ça, Philippe. On est heureux d'être ensemble ici, profitons-en !

– Tu as raison, mais je suis surpris que tu aies si peu d'humour !

– Oh !…

– Bon, je me tais, promis. Viens voir l'expo Delacroix, c'est par là.

● **Activité 16 a) : page 81**

1. Je crois qu'il est là. **2.** Je suis heureux qu'il soit là. **3.** Je regrette beaucoup que tu doives partir bientôt. **4.** Je pense qu'il vient avec sa sœur. **5.** Tu crois qu'il m'entend ? **6.** Je ne suis pas sûre que vous compreniez bien ma demande. **7.** Ma mère est certaine que tout le monde le sait. **8.** Il était très fier que le public l'applaudisse. **9.** On espère que tous les amis sont là. **10.** Tu n'es pas étonné que François veuille venir demain ?

● **Phonétique : page 83**

A. 1. non - gnon **2.** résine - résigne **3.** peine - peine **4.** bome - borgne **5.** agneau - agneau **6.** Line - ligne **7.** connaît - cogner **8.** Cannes - Cagnes **B. 1.** Tu as un peigne ? **2.** Tu vas au ciné ? **3.** C'est mon ami Rémi. **4.** Vous avez signé ? **5.** Ils sont magnifiques ! **6.** Je n'ai rien à faire. **7.** Non ! Cagnes n'est pas en Bourgogne ! **8.** Quel médecin vous a soigné ? **C. 1.** gnole **2.** magnifique **3.** châtaigne **4.** gagne **5.** bagnole **6.** signaler **7.** vignoble **8.** gnon

● **Activité 23 a) : page 84**

1. Moi, je n'oublierai jamais la première fois que j'ai pris un taxi à Paris. Je suis montée à l'avant de la voiture, à côté du chauffeur, comme je le fais toujours dans mon pays. Le chauffeur s'est mis très en colère et je n'ai pas du tout compris pourquoi. **2.** Ah ! Bah moi, c'est la première fois que je suis allé au restaurant avec des amis français. Ils m'avaient proposé de dîner avec eux et pour moi, ils allaient payer l'addition. Quelle surprise à la fin du dîner quand chacun a dû mettre un peu d'argent pour payer juste son repas ! Chez nous, une seule personne paie pour tout le monde ! **3.** Alors moi, ça me rappelle le premier dîner chez mes amis français. On a pris l'apéritif au salon pendant une heure. Il y avait différents types de vin, des gâteaux, des olives… On a discuté, c'était très sympa. Quand on s'est levé, j'ai pris mon manteau pour partir mais mes amis m'ont dit : « Mais viens, maintenant on va manger. On a juste pris l'apéritif… ». J'ai été surpris et je n'avais plus faim ! **4.** Je suis allée avec des amis français chez deux de leurs amis. Mes amis français avaient emporté un beau bouquet de fleurs bien emballé. Quand ils ont offert le bouquet, ils l'ont donné comme ça, avec le papier d'emballage, j'ai été surprise. Plus tard, j'en ai parlé à mon amie et elle m'a dit : bah, non, on n'enlève jamais l'emballage !

Unité 8

Sans voiture

● **Activité 4 : page 89**

1. – Le dîner s'est bien passé ?

– Oui, eh bien, on m'avait dit que c'était un bon restaurant, mais là, je suis un peu déçue.

– Ah, bon, pourquoi ?

– Tout était très bon, mais le service n'était pas vraiment, euh… merveilleux.

– Ah, oui, je suis désolé, nous avons fait

tout notre possible, mais deux de nos serveurs n'ont pu venir ce soir…

2. – Bonsoir ?

– Dites donc, vous avez vu l'heure ? Vous pourriez faire moins de bruit !

– Oh, bah, excusez-nous, mais c'est une petite fête d'anniversaire… et il n'est même pas minuit.

– Oui, eh bien, moi je voudrais dormir.

– Bon, je vais voir ce que je peux faire…

– Merci.

3. – Euh… faut pas vous gêner, hein !

– Quoi ?

– Vos pieds sur le siège. Vous pouvez faire ça chez vous, mais pas dans le train.

– Je fais ce que je veux ! Non, mais, hé, oh !

– Eh bien, non, justement !

4. – Un kilo de tomates, s'il vous plaît.

– Excusez-moi, mais j'étais avant vous.

– Pardon ?

– C'est mon tour. Il faut faire la queue, madame.

– Oui, bah, je suis pressée.

– Bah, faut pas venir au marché si vous êtes pressée. Et il faut quand même faire la queue.

– Ah ! Mais… je vais aller voir ailleurs !

– C'est très bien ! Bonjour monsieur, une livre de fraises, s'il vous plaît.

● **Activité 11 : page 90**

1. Est-ce que ton ordinateur a été réparé ? **2.** Le policier a demandé mon passeport. **3.** Le train est arrivé à 10 heures. **4.** Elles n'ont pas été acceptées. **5.** La maison va être détruite. **6.** Le film m'a beaucoup plu. **7.** Est-ce que ma chemise a été repassée ? **8.** Kimiko est partie à Bordeaux.

Unité 9

Un monde solidaire

● **Activité 3 : page 97**

1. Moi, chaque année, je donne un peu d'argent à *Médecins sans frontières* pour qu'on puisse guérir plus de malades dans le monde entier. **2.** *Jeunesse au plein air* est une association très sérieuse. Elle permet aux enfants et aux jeunes issus de familles défavorisées de partir en vacances. Chaque été, je pars avec un groupe au bord de la mer. C'est ma façon d'aider l'association car je ne peux pas donner d'argent. **3.** Beaucoup de pays ont besoin de l'aide des pays riches, alors je me suis engagé dans l'association *Frères des Hommes* où je travaille 8 heures par semaine. Je suis pour la solidarité entre les peuples. **4.** Grâce au *Secours Populaire*, on peut réconforter les personnes qui ont très peu d'argent pour vivre. Moi, j'apporte souvent des vêtements et de la nourriture à cette association. **5.** Avec l'argent qu'elle reçoit, l'*Association des paralysés de France* peut acheter du matériel pour aider les handicapés à mieux vivre. Cette année, j'ai fait un don de 100 €.

● **Activité 8 : page 99**

1. Je ferais bien un petit voyage au soleil, pas toi ? **2.** Vous viendriez au cinéma avec nous demain ? **3.** Je ne sais pas ce que je ferai l'année prochaine. **4.** Leur train devrait arriver avec trente minutes de retard. **5.** J'espère que vous viendrez nous voir en juillet. **6.** Cet été, je partirai certainement au Mexique avec Blandine. **7.** Nous pourrions peut-être nous asseoir en attendant. **8.** Nous pourrons peut-être te revoir un autre jour !

● **Activité 10 : page 100**

1. Si je ne suis pas là à 5 heures, commencez la réunion sans moi. **2.** S'il fait trop froid, je

n'irai pas faire les magasins samedi. **3.** Ce serait génial si tous les amis étaient là. **4.** Appelez-nous si vous ne trouvez pas le chemin. **5.** Si j'étais riche, j'achèterais une petite maison au bord de la mer.

● **Activité 11 : page 100**

1. Je rentrerai peut-être tard, ce soir. Dans ce cas, dînez sans moi. **2.** Au cas où tu voudrais nous rejoindre à la campagne, demande un plan à Patricia. **3.** Imagine qu'il ne réussisse pas, qu'est-ce qu'il fera l'année prochaine ? **4.** Téléphone-moi au bureau en cas de problème. **5.** Normalement, on quitte Paris vendredi. Dans le cas contraire, on partira samedi matin avant 7 heures. **6.** Vous avez eu une mauvaise note, vous devez chercher pourquoi.

● **Activité 19 : page 103**

1. J'ai décidé de partir en Mauritanie afin de mieux connaître la culture du peuple. **2.** Je pensais pouvoir aider les malades, mais en fait, ce n'est pas du tout ce que je croyais. **3.** Tu pourrais peut-être prendre un peu de vacances ? **4.** Vraiment, quel dommage de voir autant de malheur ! **5.** Il faudrait interdire de fumer dans tous les cafés ! **6.** On pensait que le spectacle serait meilleur ; Sylvie et Serge l'avaient beaucoup aimé. **7.** Savoir qu'on fabrique des vêtements avec des peaux d'animaux ?… C'est plutôt triste, non ? **8.** Ah ! oui. C'est vraiment dommage de voir ça !

● **Phonétique : page 103**

B. 1. gare - car **2.** éclat - éclat **3.** bac - bague **4.** aigri - écrit **5.** moque - moque **6.** vaque - vaque **7.** mangue - manque **8.** goût - goût **C. 1.** Il est carré. **2.** Tu t'égouttes. **3.** Il est garé. **4.** Guy est arrivé ? **5.** Il a des mangues. **6.** Tu l'écoutes. **7.** Qui est arrivé ? **8.** Il a des manques.

Unité 10

Modes et marques

● **Oui ? Non ? C'est ça ? : page 111**

Caroline : Je m'appelle Caroline et j'ai deux enfants de 13 et 10 ans.

Journaliste : Caroline, vous avez une position assez stricte face aux marques que peuvent porter les enfants ?

Caroline : Oui, je vis ce problème au quotidien avec mes enfants, et je m'élève chaque fois que je le peux contre le système des marques. Les marques, c'est une honte, c'est lamentable. Les jeunes en sont devenus esclaves. Il y a plein de pubs à la télé qui leur disent sans cesse que pour être bien il faut porter telle marque et, à l'école, même à 10 ans, il y a de vrais concours entre les enfants ! Chacun cherche à épater le copain avec des baskets ou un blouson.

Journaliste : Oui, mais, ça, ce n'est pas spécifique aux enfants, les adultes font la même chose, non ?

Caroline : Non, non, pas vraiment. Les adolescents subissent beaucoup plus l'influence de leurs amis, de la publicité, des marques. Et c'est en fonction des autres qu'ils se comportent. Chez les adultes, c'est plus personnel, ils choisissent un vêtement pour eux, pas pour les autres. C'est vrai, certains friment avec des marques, mais souvent c'est le style qui est important, pas la marque. En fait, ce qui est horrible, c'est qu'on a appris aux enfants à construire leur vie autour de valeurs matérialistes : tu es bien si tu portes les chaussures de la bonne marque. Et puis c'est tout. C'est horrible, non ?

● **Phonétique : page 115**

Unité 11

Vie active

● **Oui ? Non ? C'est ça ? : page 120**

● **Activité 1 : page 120**

– Allô, bonjour. Marc Ollier. Est-ce que je pourrais parler à Catherine, s'il vous plaît ?

– Oui, un instant, s'il vous plaît…

– Allô ? Ne quittez pas ; Catherine arrive tout de suite.

– D'accord. Merci.

– Marc ?

– Oui, salut Catherine.

– Salut. Ça va ?

– Oui. Euh… Enfin… non. Comme tu es déléguée du personnel, je t'appelle parce que…

– Oui, je sais, tu as un problème au boulot.

– Borsier t'en a parlé ?

– Non, il ne nous a rien dit, pourtant on a eu notre réunion mensuelle avec lui cet après-midi. C'est Christian qui m'en a parlé. Mais bon, raconte-moi un peu…

– Bah… Tu sais que Borsier m'a appelé dans son bureau lundi dernier. Il m'a proposé de changer de service.

– Oui.

– Il voulait que je travaille aux réclamations. Moi, je suis très bien dans mon service, et bien que j'aie refusé cette proposition, il a déjà installé Franck Lemeunier à mon poste. Il n'a pas le droit quand même ! Rassure-moi, Catherine, il n'a pas le droit !

– Attends… Franck est déjà au marketing ?

– Oui. Quand je suis arrivé au bureau ce matin, Franck était installé à ma place, devant mon ordinateur ! C'est vrai que j'ai réagi violemment… Je suis allé dans le bureau de Borsier et j'ai hurlé. Je n'ai peut-être pas été poli… mais j'étais très en colère, tu comprends… Il m'a menacé de me renvoyer, tu te rends compte ?

– Bon… Ce n'est pas normal, c'est vrai mais il faut réfléchir calmement. Je vais contacter les autres délégués du personnel et demain, dès 9 heures, on se réunit pour que tu nous parles de tout ça.

– D'accord. Mais toi, qu'est-ce que tu en penses ?

– Attends Marc, on sonne à la porte. Ne quitte pas, je reviens…

● **Activité 5 : page 122**

1. Je n'ai jamais visité Barcelone bien que je sois allé plusieurs fois en Espagne. **2.** Laure n'aime pas beaucoup le sport ; elle fait quand même de l'aquagym tous les lundis. **3.** Elle a réussi son test alors qu'elle n'avait pas du tout travaillé ! **4.** Maria devait travailler en juillet ; au contraire, elle est allée danser tous les soirs… **5.** Elle ne veut pas épouser Jean-Louis, pourtant il est très gentil. **6.** Malgré la chaleur, il faut aller travailler…

● **Activité 12 : page 124**

1. – Allô, bonjour. Marc Ollier. Est-ce que je pourrais parler à Catherine, s'il vous plaît ?
– Oui, un instant, s'il vous plaît…

2. – Est-ce que je peux parler à Pascal, s'il vous plaît ?
– C'est de la part de qui ?

3. – Pourriez-vous me passer Monsieur Marty, s'il vous plaît ?
– Bien sûr, un instant…

4. – Allô, Patrice ?
– Oui.
– Comment vas-tu ?
– Bien, bien merci.

– Ça fait longtemps qu'on s'est pas vus !
– Euh, oui… qui est à l'appareil ?

5. – Est-ce que Monsieur Fontenay est là ?
– Non, je suis désolé. Voulez-vous lui laisser un message ?

6. – Allô ? Bonjour madame. Est-ce que Madame Moreau est là, s'il vous plaît ?
– Oui, attendez un instant, s'il vous plaît.

● **Activité 15 : page 125**

1. – Bonjour. M. Lenoir de l'agence Lenoir-Baron. Puis-je parler à Mme Berton, s'il vous plaît ?

– Je vous entends très mal. À qui voulez-vous parler ?

– La ligne est mauvaise ; moi aussi, je vous entends très mal. J'aimerais parler à Madame Berton, service publicité, s'il vous plaît.

– Pourriez-vous refaire le numéro, s'il vous plaît ?

– D'accord, je vous rappelle tout de suite… Allô ? C'est à nouveau M. Lenoir. Vous m'entendez mieux maintenant ?

– Oui, c'est parfait. Merci.

– Madame Berton est en ligne. Vous patientez un instant ?

– Oui, j'attends. Merci.

– Ne quittez pas, je vous passe Madame Berton tout de suite. Elle n'est plus en ligne.

2. – Ouais Nico, c'est moi. Ça va ?

– Oui, tranquille. J'ai reçu ton SMS mais je n'ai pas eu le temps de te répondre.

– Attends, ne quitte pas, ya Jérémie qui me parle.

– T'es avec Jérém ? Vous êtes où ?

– En ville. Tu viens ?

– Ouais, j'veux bien. On se retrouve où ? Vite, ma batterie est à plat, ça va couper !

– Rue de Bordeaux. On t'attend devant la FNAC.

● **Phonétique : page 127**

B. **1.** Où est-ce qu'il habite ? À Angers ou à Tours, j'ai oublié. **2.** Les clés sont sur la table, tu en es sûr, Paul ? **3.** Je crois qu'elle n'a pas su à quelle personne s'adresser. **4.** Claire a dû s'arrêter pour acheter du pain pour ce soir. **5.** Tu peux me donner un peu d'argent, s'il te plaît ? **6.** On ne sait pas à qui sont ces vêtements.

Unité 12

Abus de consommation

● **Activité 9 : page 133**

La consommation des Français a connu des changements importants.
Premièrement, en raison des crises économiques et politiques, ils achètent moins. Ensuite, ils ne veulent plus acheter n'importe quoi. D'une part, ils veulent des produits bons et bien faits (produits bio, produits labellisés…). D'autre part, ils veulent des produits « éthiques » qui respectent les travailleurs, la nature. Enfin, ils veulent un bon rapport qualité/prix.

● **Activité 11 : page 134**

– Moi, je trouve que certaines fêtes en France n'ont plus aucun sens.

– Ah ! bon ? Bah moi, j'aime bien faire la fête, alors je dis vive Noël, Pâques, la Saint-Patrick et la fête des grands-mères !

– Mais la Saint-Patrick vient d'Irlande ! Tu fêtes la Saint Patrick juste pour passer une bonne soirée et boire quelques bières avec tes copains, non ?

– Et oui. Moi, j'aime sortir et rigoler, c'est pourquoi je ne manque jamais une occasion. Et au lieu de me faire des reproches, tu pourrais venir avec moi. C'est la semaine prochaine, d'ailleurs…

– Oh ! Éric, arrête un peu et écoute ce que je veux dire. Moi aussi, j'aime m'amuser mais ce n'est pas la question. Je trouve seulement que les fêtes deviennent de plus en plus commerciales et perdent petit à petit leur origine et leur sens. Tiens, tu sais d'où vient Halloween, toi ?

– Euh… non. Là, je ne peux pas te répondre étant donné que cette fête ne m'intéresse absolument pas. Ça m'énerve ces citrouilles et ces sorcières partout dans les rues !

● **Activité 13 : page 134**

1. En raison de fortes chutes de neiges, l'autoroute A6 est fermée depuis hier soir. **2.** Pierre a beau se soigner, il est toujours malade. **3.** Tu n'as pas assez travaillé si bien que maintenant, tu ne comprends plus rien. **4.** Je ne vais pas pouvoir vous répondre étant donné que le directeur n'est pas là aujourd'hui. **5.** Ce soir, je vais me coucher tôt au lieu de regarder bêtement la télévision. **6.** Je déteste les fêtes, c'est pourquoi je resterai chez moi le 31 décembre.

● **Phonétique : page 137**

B. **1.** pont - pion **2.** fille - fige **3.** hanter - entier **4.** pile - pille **5.** refouler - refouiller **6.** C. **1.** nouer - nuée **2.** oui - oui **3.** puer - pied **4.** juin - juin **5.** souhait - suée **6.** enfui - enfui **7** mouette - muette **8.** miette - muette **D. 1.** Il est doué. **2.** La bonne bouillie ! **3.** Prends une bouée ! **4.** Il s'est enfui. **5.** C'est un tatouage. **6.** Ce sera en juin. **7.** J'ai loué. **8.** Arrêtez de nier.

● **Activité 23 : page 138**

1. Nathalie, 23 ans, Besançon
L'été dernier, j'ai acheté un pantalon de tailleur. Pour trouver la veste, j'ai fait tous les magasins de ma région puis je suis allée à Valence et enfin à Lyon. C'est dans une petite boutique lyonnaise que j'ai enfin trouvé la fameuse veste. Il m'a fallu 48 heures, beaucoup de kilomètres mais je suis contente ! En plus, j'ai fait une super-affaire : tout était à –50 %.

2. Sylvain, 30 ans, Marly-le-Roi
Quand je vois des soldes, je ne peux pas m'empêcher d'acheter ! J'adore faire de bonnes affaires. Pour les trouver, je regarde dans tous les rayons du magasin, je prends en photos les étiquettes de prix et je surveille la baisse. Je viens d'acheter ce frigo à –60 %. Pas mal, non ?

3. Jean-Pascal, 41 ans, Lyon
Mon truc, c'est les chaussures de marque et dès que les soldes arrivent je ne manque jamais d'en acheter deux ou trois paires. En janvier dernier, j'ai acheté deux paires de Bowen à moins 40 % et comme tous les prix étaient très bas, j'ai aussi acheté deux pantalons et une chemise. C'est vrai qu'au final mes chaussures m'ont coûté un peu cher…

4. Gisèle, 62 ans, Neuilly-sur-Seine
Moi, j'aime le luxe et tout ce qui est beau. J'attends toujours les soldes chez Hermès et je suis capable d'attendre quatre ou cinq heures devant la boutique pour acheter un foulard que j'ai repéré depuis quelque temps. Parce que c'est un vrai travail pour moi, les soldes : je cherche d'abord un modèle qui me plaît et j'attends que le prix devienne intéressant pour l'acheter. J'ai eu –35 % sur mon dernier foulard ; il est beau, non ?

Corrigés des autoévaluations

Autoévaluation 1 • page 38

1. phrases 1, 3, 4, 6, 7
2. 1. ~~perd~~ 2. ~~fasse~~ 3. est 4. ~~compreniez~~
3. 1. Ben a-t-il répondu à ton message de lundi ?
   2. Allez-vous à l'anniversaire de Mélanie samedi ?
   3. Sophie et Sylvie viendront-elles courir avec toi demain ? 4. Pierre était-il à la réunion, jeudi ?
   5. Où habite-t-elle, ta cousine Marie-Pierre ?
   6. Vos amis sont-ils arrivés ?
4. 1. **Qui** est-ce qui 2. **Qu'**est-ce **que** 3. **Qui** est-ce que 4. Qu'est-ce **qui**
5. Il faisait… J'étais… nous visitions… nous prenions… nous finissions
6. 1. Une Ferrari roule plus vite qu'une Peugeot 306. / Une Peugeot 306 roule moins vite qu'une Ferrari.
   2. Un kilo de papier est aussi lourd qu'un kilo de pommes. / Un kilo de pommes est aussi lourd qu'un kilo de papier. 3. Regarder la télévision fatigue moins que faire du sport. / Faire du sport fatigue plus que regarder la télévision. 4. Il y a plus de soleil à Avignon qu'à Dijon. / Il y a moins de soleil à Dijon qu'à Avignon.
7. 1. meilleures 2. mieux 3. le meilleur 4. les meilleurs 5. le mieux 6. meilleurs
8. 1. toujours/encore 2. déjà 3. encore 4. toujours

Autoévaluation 2 • page 72

1. 1. Tout ira bien. Tu verras. 2. Ne t'en fais pas 3. On va y arriver. Tu verras.
2. 1. Je suis ravi 2. C'est intolérable ! 3. Je me réjouis de travailler avec elle. 4. J'en ai marre de travailler avec elle.
3. 1. ~~de façon que~~ 2. ~~de façon à~~ 3. ~~afin de~~
4. a) 1. Il y a quinze jours que j'ai envoyé la commande. 2. Ça fait une heure que je t'attends. 3. Il y avait 72 ans qu'il était roi de France.
   b) 1. avant que 2. avant de 3. après que 4. avant / après
5. 1. a sonné 2. était parti 3. ne l'a pas entendu 4. (t') avais dit 5. (j') étais 6. avait acheté
6. 1. l'a prise 2. l'ai vue 3. avez visitées 4. les ai mises 5. m'a offerte 6. l'ai invitée
7. 1. Il a claqué la porte en sortant du bureau. 2. En montant dans l'avion, j'ai vu quelque chose de bizarre. 3. En voyant Anne, Philippe a tout de suite compris. 4. Il est tombé en montant dans le bateau. 5. J'ai fait une erreur en recopiant la liste. 6. On a cueilli des fleurs en se promenant.
8. 1. aurez terminé 2. auront fait 3. te seras maquillée
9. 1. tu lui en offriras un 2. tu m'en parles 3. je vais vous la donner 4. Tu pourrais me la présenter ? 5. nous en a indiqué trois

Autoévaluation 3 • page 106

1. 1. Sonnez 2. remplir 3. marchez 4. Veuillez 5. attacher 6. (d') éteindre
2. reprocher : 3, 4 ; se justifier : 1, 2, 5
3. 1. irions 2. voudrais 3. pourriez 4. rencontreraient 5. conseillerais
4. 1. Au cas où mon train aurait du retard… 2. En cas de mauvais temps… 3. Imagine qu'un jour tu gagnes au loto… 4. Tu viens avec moi, dans ce cas, je pourrai te montrer le nouveau musée. 5. S'il fait beau, on ira à la plage ; dans le cas contraire, on restera à la maison.
5. 1. pouvait 2. crois 3. voulez 4. pense 5. sors
6. 1. Cette lettre de protestation a été signée par des centaines de personnes. 2. Le Docteur Sonneville est demandé à la réception. 3. Le 23 décembre, les personnes âgées seront reçues par le maire. 4. Plus de 10 000 personnes seraient attendues au rassemblement pour la paix le 30 juin prochain.
7. 1. puisses 2. est allée 3. ne l'ayez jamais appelé 4. sera 5. saches
8. 1. Comme / Puisque 2. donc / alors / par conséquent / en conséquence 3. puisque 4. à cause de 5. parce qu'

Autoévaluation 4 • page 140

1. 1. quitter 2. sent 3. contacter 4. renvoyée 5. sert 6. m'élève
2. 1. Quoi ? C'est lamentable ! 2. Non ! C'est inadmissible ! 3. Je proteste ! 4. Mais, c'est un scandale !
3. 1. Lequel 2. celles-là 3. lesquelles 4. celui 5. Ceux 6. celles
4. 1. … C'est ma femme qui vous a dit ça ? 2. … C'est moi qui t'en ai parlé lundi ! 3. Ce qu'elle aimerait, c'est qu'on parte en vacances avec sa mère ! 4. … c'est ce jour-là qu'il est venu ! 5. … c'est de moi que vous parlez ? 6. Ce que je ne comprends pas, c'est comment il a pu faire une erreur pareille !
5. 1. ~~au lieu de~~ / ~~malgré~~ 2. ~~bien que~~ / ~~pourtant~~ 3. ~~par contre~~ / ~~quand même~~ 4. ~~Au contraire~~ / ~~Malgré~~ 5. ~~au contraire~~ / ~~au lieu de~~ 6. ~~même si~~ / ~~par contre~~
6. 1. J'ai rencontré… ont changé… sommes… habitons 2. travaillait… ne m'avait pas écrit 3. a acheté… faisons…
7. 1. ~~au lieu de~~ / ~~afin de~~ 2. ~~de façon que~~ / ~~si bien que~~ 3. ~~afin que~~ / ~~étant donné que~~ 4. ~~si bien que~~ / ~~parce que~~

Précis de grammaire

Les pronoms compléments

❶ *En* et *y* → p. 58, 69, 83

a) Pour remplacer des compléments introduits par *de* et *à* :

– *En* remplace un complément du type « **de** quelque chose » :
- *Cette année, j'ai vraiment profité **de mes vacances au bord de la mer**.* → *J'en ai vraiment profité !*
- *Hier soir, on a parlé **de mon avenir** avec mes parents.* → *Hier soir, on en a parlé avec mes parents.*

– *Y* remplace un complément du type « **à** quelque chose » ou « **à** faire quelque chose ».
- *Si j'ai pensé **à bien refermer la porte en sortant** ?* → *Oui, j'y ai pensé, ne t'inquiète pas.*
- *Malheureusement, on n'a pas participé **à la réunion**.* → *Non, on n'y a pas participé.*

b) Pour exprimer le lieu :
- *Je ne vais plus à la piscine le lundi, je vais **à la piscine** le vendredi soir.* → *J'y vais le vendredi soir.*
- *Je ne vais pas chez Béa demain, je vais **chez elle** lundi.* → *J'y vais lundi.*
- *Non, je ne pars pas en Provence, je viens **de** Provence.* → *J'en viens.*

❷ Les doubles pronoms → p. 69

a) Phrases déclaratives

me, te, nous, vous + **le, la, les**

Pierre	me te nous vous	le la les	donne.

*Pierre ne **te le** donne pas.*
*Pierre **te l'**a donné.*
*Pierre ne **te l'**a pas donné.*

me, te, le, la, les, nous, vous + **y**

Pierre	me te le la les nous vous	y	retrouvera.

*Pierre **nous y** a retrouvés à midi.*
*Pierre ne **nous y** a pas retrouvés à midi.*

le, la, les + **lui, leur**

Pierre	le la les	lui leur	donne.

*Pierre ne **le lui** donne pas.*
*Pierre **le lui** a donné.*
*Pierre ne **le lui** a pas donné.*

me (m'), te (t'), lui, nous, vous, leur + **en**

Pierre	m' t' lui nous vous leur	en	donne.

*Pierre ne **lui en** donne pas.*
*Pierre **vous en** a donné.*
*Pierre ne **leur en** a pas donné.*

b) Phrases impératives

le, la, les + **moi, nous, lui, leur**

Donne	-le -la -les	-moi. -nous. -lui. -leur.

me (m') , nous, lui, leur + **en**

Donne	-m' -nous -lui -leur	en. -en. -en. -en.

À la forme négative, la construction est la même que celle des phrases déclaratives :
• *Ne le leur dites pas. / Ne m'en parle plus. / Ne les lui donnez pas.*

Les pronoms relatifs → p. 24, 25, 88, 89, 114, 115

QUI	Sujet	*Tu connais la fille **qui** parle avec Mathieu ?*
QUE	Complément d'objet direct	*Le film **que** j'ai vu hier est très beau.*
OÙ	Complément de lieu	*Je n'aime pas beaucoup le quartier **où** elle habite.*
DONT	Complément d'un verbe Complément d'un nom Complément d'un adjectif	*C'est l'ami **dont** je t'ai souvent parlé.* *Je te conseille de voir ce film **dont** le scénario est excellent.* *C'est un produit **dont** je suis très satisfait.*

Les pronoms démonstratifs → p. 114, 115

	Masculin	Féminin
Singulier + *-ci / -là* + *de…* + pronom relatif	Cet homme → celui Cet homme-là → celui-ci / celui-là Celui de Nice. Celui qui travaille avec Jean.	Cette fille → celle Cette fille-là → celle-ci / celle-là Celle de Nice. Celle que tu as vue chez Louise.
Pluriel + *-ci / -là* + *de* + pronom relatif	Ces livres → ceux Ces livres-ci → ceux-ci / ceux-là Ceux de la bibliothèque. Ceux que tu veux lire.	Ces maisons → celles Ces maisons-ci → celles-ci / celles-là Celles de ma rue. Celles où mes voisins habitent.

Cela (= *ça* à l'oral et le plus souvent en français standard) reprend une phrase ou un groupe de mots :
• *J'ai déjà vu tout cela. / Antoine n'est pas encore arrivé ; cela m'inquiète un peu. / Donne-moi ça, s'il te plaît !*

Précis de grammaire

Les pronoms possessifs → p. 15

	Singulier		Pluriel	
	masculin	féminin	masculin	féminin
C'est à moi. C'est (ce sont)…	le mien	la mienne	les miens	les miennes
C'est à toi. C'est (ce sont)…	le tien	la tienne	les tiens	les tiennes
C'est à lui / elle. C'est (ce sont)…	le sien	la sienne	les siens	les siennes
C'est à nous. C'est (ce sont)…	le nôtre	la nôtre	les nôtres	
C'est à vous. C'est (ce sont)…	le vôtre	la vôtre	les vôtres	
C'est à eux / elles. C'est (ce sont)…	le leur	la leur	les leurs	

Les pronoms interrogatifs → p. 114, 115

	Singulier	Pluriel
Masculin	– *Passe-moi **un stylo**, s'il te plaît.* – ***Lequel** ?*	– *J'ai parlé avec **tes amis**, ils sont très sympas.* – ***Lesquels** ? Fabienne et Nicolas ?*
Féminin	– *J'adore **cette jupe**.* – ***Laquelle** ? La noire ?*	– *Je voudrais **des pommes**, s'il vous plaît.* – *Oui. **Lesquelles** voulez-vous ?*

Les temps → p. 11, 40, 41, 54, 55

❶ Le passé composé

On l'utilise pour parler d'une action ou d'un événement passé(e) et achevé(e) au moment où on parle.

Formation : verbe *avoir* ou *être** + participe passé du verbe.

- *J'ai eu très peur.*
- *Elles sont parties à New York.*

* verbes qui se conjuguent *avec être* au passé composé : *aller, venir, entrer, sortir, arriver, partir, naître, mourir, monter, descendre, passer, tomber, rester, retourner, apparaître* ainsi que les verbes de la même famille (*devenir, remonter…*) et tous les verbes pronominaux (*se laver, s'appeler, se lever,* etc.).

- *Ils se sont levés tard ce matin.*

Attention : si le verbe au passé composé est conjugué avec *être*, le participe passé s'accorde en genre et en nombre avec le sujet :
- *Sylvie est parti**e** à Paris.*
- *Elles sont parti**es** vers 9 heures.*

❷ L'imparfait → p. 12, 13, 40, 41, 54, 55, 100, 101

On l'utilise pour :

– parler d'une action ou d'un événement qui est en train de se dérouler dans le passé.

- *Il faisait froid et le bus était en retard.*
- exprimer une habitude passée.
- *Quand elle travaillait Paris, elle prenait le train à 7 heures tous les jours. Elle prenait le métro puis un bus et elle arrivait au bureau à 9 heures.*

Formation : on supprime -*ons* du verbe conjugué à la 1re personne pluriel (nous) du présent, puis on ajoute les terminaisons de l'imparfait : *ais, ais, ait, ions, iez, aient* (nous finissons → finiss~~ons~~ → je finiss**ais**, etc.) sauf pour le verbe *être* : *j'étais, nous étions.*

❸ Passé composé ou imparfait ? → p. 40, 41, 54, 55

Quand deux faits sont simultanés :
- *Je me promenais sur les bords de la Loire quand je l'ai rencontré.*

On ne connaît pas les limites de la première action (l'action de se promener peut se situer avant, pendant ou après la rencontre), alors que la rencontre s'est déroulée à un moment précis du passé et est achevée.
L'imparfait décrit le décor ; le passé composé place l'action au premier plan.

❹ Le plus-que-parfait → p. 54, 55

Il exprime l'antériorité d'un événement par rapport à un autre événement passé.
Formation : *Être* ou *avoir* à l'imparfait + participe passé du verbe.
- *Il ne m'a jamais raconté ce qu'il avait fait avant notre rencontre.*
- *J'étais sûr que mes amis avaient préparé des surprises pour mon anniversaire.*

❺ Le passé récent → p. 19

Il décrit une action qui a été réalisée il y a très peu de temps.
Formation : *venir* + *de* + infinitif.
- *Paul n'est pas là ; c'est dommage, il **vient de** partir.*
- *On **venait de** rentrer quand le téléphone a sonné.*

Les modes

❶ Le subjonctif → p. 22, 23, 64, 65, 80, 81

Le subjonctif décrit quelque chose qui n'est pas réalisé (souhait, volonté, doute, etc.). On le trouve le plus souvent après les expressions qui traduisent un jugement ou un sentiment.

	un jugement ou un sentiment	exemples
Verbes	Je voudrais, je regrette, je préfère, je déteste, j'aimerais…	• *Je voudrais que tu viennes avec moi.* • *Je préfère qu'on prenne la rue de Nantes.*
Expressions impersonnelles	Il est important, il est bon, ça me plaît, il faut, il est nécessaire…	• *Il faut que tout le monde soit là samedi.* • *Il est bon que vous vous leviez assez tôt.*
Adjectifs	Je suis content, heureux, surpris, désolé, triste…	• *Je suis content que tu puisses venir.* • *Elle est triste que Pierre n'ait pas réussi.*

On trouve aussi le subjonctif après certaines locutions comme *pour que, afin que, bien que, jusqu'à ce que,* etc.
• *Bien qu'il me connaisse peu, il est resté avec moi toute la soirée.*

Formation : on supprime *-ent* au verbe conjugué au présent à la 3ᵉ personne du pluriel (*ils*), puis, pour *je, tu, il, elle, ils, elles,* on ajoute les terminaisons du présent de l'indicatif. (ils prenn~~ent~~ → je prenn**e**, etc.)
Pour *nous* et *vous,* on supprime *-ons* à la 1ʳᵉ personne du pluriel (*nous*), puis on ajoute *ions* et *iez.*

indicatif présent	subjonctif présent
ils prenn~~ent~~	je prenn**e**
	tu prenn**es**
	il prenn**e**
	ils prenn**ent**
nous pren~~ons~~	nous pren**ions**
	vous pren**iez**

❷ Le conditionnel → p. 98 à 101

Le conditionnel est utilisé pour exprimer :
– une demande polie : *Je voudrais un thé, s'il vous plaît.*
– un souhait : *J'aimerais vraiment partir en vacances en février.*
– une proposition : *Vous voudriez qu'on aille au restaurant ?*
– une information non confirmée : *Les étudiants seraient en grève depuis ce matin.*
– un conseil, une suggestion : *On pourrait aller au cinéma samedi ?*
– une hypothèse : *Si j'étais riche, j'aiderais les autres.*

Formation : il se forme comme le futur (à partir de l'infinitif) et avec les terminaisons de l'imparfait.

Les relations logiques

❶ La cause → p. 93, 134, 135

Parce que : *Je suis parti parce que j'étais malade.*
Puisque : *Puisqu'il ne fait pas beau, on n'ira pas se promener. / Venez avec nous puisque vous en avez envie.*
Comme : *Comme tu connais l'histoire, je ne te raconte pas tout depuis le début.*
À cause de : *Elle est triste à cause de sa dispute avec Thomas. / À cause de toi, je vais être en retard à mon cours de yoga !*
Grâce à : *J'ai passé un bon moment grâce à vous. / Grâce à mon frère, j'ai visité de nombreux pays.*

❷ La conséquence → p. 93, 134, 135

Donc : *Il n'a pas eu ses examens, il reste donc à l'université encore une année.*
Alors : *Je l'aime bien, alors je l'invite samedi prochain.*
Par conséquent : *Je n'ai pas reçu sa lettre ; par conséquent, je ne peux pas étudier sa demande.*
En conséquence : *Vous avez bien répondu, en conséquence vous pouvez rejouer.*

❸ Le but → p. 22, 23, 64, 65, 134, 135

Pour (+ infinitif) : *Je suis venu pour te parler.*
Pour que (+ subjonctif) : *Le professeur a répété pour que tout le monde comprenne bien.*

Afin de (+ infinitif) : *Nous aurons une réunion afin de reparler de cette question.*
Afin que (+ subjonctif) : *Parlez fort afin que tout le monde puisse vous entendre.*
De façon à (+ infinitif) : *J'arriverai en avance de façon à trouver l'adresse du rendez-vous.*
De façon que (+ subjonctif) : *Appelle ta secrétaire de façon qu'elle déplace ce rendez-vous !*

④ La condition / l'hypothèse → p. 100, 101

                    impératif
– **Si** + présent + présent   = l'hypothèse peut se réaliser.
                    futur

- *Si tu peux, viens nous voir ce week-end !*
- *Si tu as du temps, je veux bien faire une partie de squash avec toi.*
- *S'il pleut, nous resterons à la maison.*

– **Si** + imparfait + conditionnel présent = l'hypothèse a peu de chances de se réaliser.

- *Si j'étais chanteur, je voyagerais dans le monde entier pour faire des concerts.*

Expressions diverses :
- *Sylvia passera nous voir, **sauf si** elle sort plus tard du bureau.*
- *Tu n'aimes pas voyager en voiture ? **Dans ce cas**, prenons le train !*
- *Rappelez-moi avant samedi pour confirmer. **Dans le cas contraire**, j'annule votre réservation.*
- ***Au cas où** vous ne comprendriez pas, vous pourrez relire les informations sur notre site.*
- ***Imagine que** Claudio revienne en France, qu'est-ce que tu ferais ?*
- ***En cas de** mauvais temps, le repas sera pris dans la salle des fêtes.*

⑤ L'opposition → p. 122, 123, 134, 135

mais : *Je n'ai pas faim mais j'ai très soif.*
pourtant : *Pierre n'a rien dit, pourtant il connaissait la réponse.*
quand même : *Elle va être triste, je dois quand même lui dire la vérité.*
en revanche /par contre (à l'oral) : *Dominique n'était pas là ; par contre /en revanche, on a pu discuter avec Emmanuel.*
au contraire : *Il n'aime pas le soleil, au contraire, il adore le froid et la neige.*
bien que : *Bien qu'elle puisse venir, Christine ne sera pas à l'anniversaire de Stéphane.*
même si : *J'irai courir le long de la Loire même s'il pleut.*
alors que : *Elle n'est pas très gentille avec ses parents, alors qu'ils font beaucoup pour elle.*
malgré : *Ils sont entrés dans la salle malgré l'interdiction.*

⑥ La comparaison → p. 30 à 33

1. Le comparatif pour :

a) Comparer des adjectifs et des adverbes
moins (−)
aussi (=)   + adjectif / adverbe (+ que)   • *Mon amie Anke nage plus vite que moi.*
plus (+)

b) Comparer des noms
moins **de** (−)
autant **de** (=) + nom (+ que) (+ de)   • *Il y a moins de femmes que d'hommes ici.*
plus **de** (+)

c) Comparer des verbes
         moins (−)
verbe + autant (=) (+ que)   • *Antoine s'amuse autant qu'il travaille.*
         plus (+)

Exceptions :
– Bon(ne)(s) → Meilleur(e)(s) • *Ces gâteaux sont bons mais ceux-là sont meilleurs.*

– Bien → mieux • *Il chante bien mais sa sœur chante mieux.*

2. Le superlatif

– Le plus / le moins + adjectif ou adverbe
• *Sophie est la plus âgée de la classe.*
• *Oui, mais c'est la moins grande !*
• *C'est vrai. C'est Béatrice la plus grande.*

– bon(ne)(s) → le (la, les) meilleur(e)(s)
• *Ah ! oui, il est bon, ce vin. C'est le meilleur de la région.*

– bien → le mieux
• *C'est Nadia qui chante le mieux.*

– mauvais(e)(s) → le (la, les) plus mauvais(e)(s), le (la, les) pire(s)
• *C'est la pire des solutions.*

La phrase

❶ La phrase interrogative → p. 20, 21, 24, 25, 114, 115

Cas particuliers des phrases avec l'inversion sujet-verbe (*Voulez-vous, As-tu…*) :
• Entre deux voyelles, on ajoute un *t* pour faciliter la prononciation.
– *Que regarde-**t**-il ? Partira-**t**-il avec vous ? Où va-**t**-elle ?*
• Quand le sujet est un nom, il faut ajouter un pronom sujet dans la question :
– ***Sylvie*** est-**elle** revenue du Brésil ?
– ***Pierre*** prendra-t-**il** le train ce soir ?
– ***Ton frère*** est-**il** plus jeune que toi ?

❷ La phrase négative → p. 34, 35

• négation de *et* ou de *ou* : **ne… ni… ni**
– *Tu préfères le bleu **ou** le vert ?*
– *Désolée, mais je **n'**aime **ni** le bleu, **ni** le vert.*

– *Vous avez des frères **et** sœurs ?*
– *Non, je **n'**ai **ni** frère, **ni** sœur.*

• négation de *encore* et de *toujours* : **ne… plus**
– *Tu as **encore** faim ?*
– *Ah ! non, merci. Je **n'**ai **plus** faim. C'était délicieux.*

– *Ta sœur a **toujours** son appartement rue du Cherche-Midi ?*
– *Non, elle **ne** l'a **plus**. Elle a quitté Paris.*

• négation de *toujours* (= tout le temps) et de *déjà* : **ne… jamais**
– *Beaucoup de gens partent **toujours** en vacances au même endroit. Vous aussi ?*
– *Non, au contraire ! On **ne** part **jamais** au même endroit.*

– *Tu es **déjà** allé aux États-Unis ?*
– *Non, je **n'**y suis **jamais** allé.*

• négation de *déjà* : **ne… pas encore**
– *Tu as **déjà** fait ton travail pour lundi ?*
– *J'ai commencé mais je **n'**ai **pas encore** fini.*

Précis de grammaire

Particularités

❶ L'accord du participe passé → p. 40, 41

a) avec *être*
Le participe passé s'accorde en genre et en nombre avec le sujet :
- *Elle était sortie avec Mathieu.*
- *Ils sont partis sans nous dire au revoir.*

b) avec *avoir*
– Pas d'accord du participe passé si la phrase ne comporte pas de complément direct ou si le complément direct est placé après le verbe :
- *Nous avons très bien mangé.*
- *Ils ont dansé toute la nuit.*
- *Ils ont lu tous ces livres.*

– Accord en genre et en nombre avec le complément direct s'il est placé devant le verbe :
- *Vous <u>les</u> avez aimé**s**, ces fromages ?*
- *Les photos <u>que</u> tu as pris**es** sont très réussies.*
- *<u>Quels livres</u> as-tu lu**s** pendant les vacances ?*

❷ Le gérondif → p. 56, 57

Il peut servir à indiquer que deux actions se passent en même temps :
- *Elle mange des bonbons en travaillant.*
- *Il lit toujours son journal en mangeant.*

Il est invariable et se forme sur le radical du verbe au présent avec *nous* :
Nous part~~ons~~ → en part**ant** - nous finiss~~ons~~ → en finiss**ant** - nous pren~~ons~~ → en pren**ant**
Exceptions :   être → en étant   avoir → en ayant   savoir → en sachant
Le gérondif doit toujours avoir le même sujet que le verbe principal.

❸ La forme passive → p. 90, 91

Elle permet de mettre en valeur le complément direct d'un verbe.
Formation : *être* au temps désiré + participe passé.
Le complément peut être exprimé (phrase a) et introduit par *par* ou non (phrase b).
a) *Les citoyens **élisent** le président de la République.*
   *Le président de la République **est** élu par les citoyens.*
b) *La police **fermera** la rue Montault de 8 h 30 à 12 h 30.*
   *La rue Montault **sera** fermée de 8 h 30 à 12 h 30.*
Attention à l'accord du participe passé : *De nombreux prix ont été remport**és**.*

❹ La mise en relief → p. 116, 117

On utilise ce procédé quand on veut donner plus d'importance à un élément de la phrase :
- ***Michel** a annoncé la nouvelle.* → *<u>C'est</u> **Michel** <u>qui</u> a annoncé la nouvelle.*
- *J'ai écrit **à mon ami africain**.* → *<u>C'est</u> **à mon ami africain** <u>que</u> j'ai écrit.*
- *J'ai envie **de ce gros gâteau**.* → *<u>C'est</u> **de ce gros gâteau** <u>que</u> j'ai envie.*
- *J'aimerais **revenir en France**.* → *<u>Ce que</u> j'aimerais, <u>c'est</u> **revenir en France**.*
- ***La littérature** m'intéresse.* → *<u>Ce qui</u> m'intéresse, <u>c'est</u> **la littérature**.*

Conjugaisons

	Présent	Impératif	Passé composé	Imparfait	
ÊTRE	Je suis Tu es Il est Nous sommes Vous êtes Ils sont	Sois Soyons Soyez	J'ai été Tu as été Il a été Nous avons été Vous avez été Ils ont été	J'étais Tu étais Il était Nous étions Vous étiez Ils étaient	
AVOIR	J'ai Tu as Il a Nous avons Vous avez Ils ont	Aie Ayons Ayez	J'ai eu Tu as eu Il a eu Nous avons eu Vous avez eu Ils ont eu	J'avais Tu avais Il avait Nous avions Vous aviez Ils avaient	
Verbes en -ER	Je parle Tu parles Il parle Nous parlons Vous parlez Ils parlent	Parle Parlons Parlez	J'ai parlé Tu as parlé Il a parlé Nous avons parlé Vous avez parlé Ils ont parlé	Je parlais Tu parlais Il parlait Nous parlions Vous parliez Ils parlaient	
Verbes réguliers en -IR	Je finis Tu finis Il finit Nous finissons Vous finissez Ils finissent	Finis Finissons Finissez	J'ai fini Tu as fini Il a fini Nous avons fini Vous avez fini Ils ont fini	Je finissais Tu finissais Il finissait Nous finissions Vous finissiez Ils finissaient	
VENIR	Je viens Tu viens Il vient Nous venons Vous venez Ils viennent	Viens Venons Venez	Je suis venu(e) Tu es venu(e) Il est venu Nous sommes venu(e)s Vous êtes venu(e)(s) Ils sont venus	Je venais Tu venais Il venait Nous venions Vous veniez Ils venaient	
SORTIR	Je sors Tu sors Il sort Nous sortons Vous sortez Ils sortent	Sors Sortons Sortez	Je suis sorti(e) Tu es sorti(e) Il est sorti Nous sommes sorti(e)s Vous êtes sorti(e)(s) Ils sont sortis	Je sortais Tu sortais Il sortait Nous sortions Vous sortiez Ils sortaient	
ALLER	Je vais Tu vas Il va Nous allons Vous allez Ils vont	Va Allons Allez	Je suis allé(e) Tu es allé(e) Il est allé Nous sommes allé(e)s Vous êtes allé(e)(s) Ils sont allés	J'allais Tu allais Il allait Nous allions Vous alliez Ils allaient	

Conjugaisons

Plus-que-parfait	Futur	Conditionnel présent	Subjonctif présent
J'avais été Tu avais été Il avait été Nous avions été Vous aviez été Ils avaient été	Je serai Tu seras Il sera Nous serons Vous serez Ils seront	Je serais Tu serais Il serait Nous serions Vous seriez Ils seraient	Je sois Tu sois Il soit Nous soyons Vous soyez Ils soient
J'avais eu Tu avais eu Il avait eu Nous avions eu Vous aviez eu Ils avaient eu	J'aurai Tu auras Il aura Nous aurons Vous aurez Ils auront	J'aurais Tu aurais Il aurait Nous aurions Vous auriez Ils auraient	J'aie Tu aies Il ait Nous ayons Vous ayez Ils aient
J'avais parlé Tu avais parlé Il avait parlé Nous avions parlé Vous aviez parlé Ils avaient parlé	Je parlerai Tu parleras Il parlera Nous parlerons Vous parlerez Ils parleront	Je parlerais Tu parlerais Il parlerait Nous parlerions Vous parleriez Ils parleraient	Je parle Tu parles Il parle Nous parlions Vous parliez Ils parlent
J'avais fini Tu avais fini Il avait fini Nous avions fini Vous aviez fini Ils avaient fini	Je finirai Tu finiras Il finira Nous finirons Vous finirez Ils finiront	Je finirais Tu finirais Il finirait Nous finirions Vous finiriez Ils finiraient	Je finisse Tu finisses Il finisse Nous finissions Vous finissiez Ils finissent
J'étais venu(e) Tu étais venu(e) Il était venu Nous étions venu(e)s Vous étiez venu(e)(s) Ils étaient venus	Je viendrai Tu viendras Il viendra Nous viendrons Vous viendrez Ils viendront	Je viendrais Tu viendrais Il viendrait Nous viendrions Vous viendriez Ils viendraient	Je vienne Tu viennes Il vienne Nous venions Vous veniez Ils viennent
J'étais sorti(e) Tu étais sorti(e) Il était sorti Nous étions sorti(e)s Vous étiez sorti(e)(s) Ils étaient sortis	Je sortirai Tu sortiras Il sortira Nous sortirons Vous sortirez Ils sortiront	Je sortirais Tu sortirais Il sortirait Nous sortirions Vous sortiriez Ils sortiraient	Je sorte Tu sortes Il sorte Nous sortions Vous sortiez Ils sortent
J'étais allé(e) Tu étais allé(e) Il était allé Nous étions allé(e)s Vous étiez allé(e)(s) Ils étaient allés	J'irai Tu iras Il ira Nous irons Vous irez Ils iront	J'irais Tu irais Il irait Nous irions Vous iriez Ils iraient	J'aille Tu ailles Il aille Nous allions Vous alliez Ils aillent

Conjugaisons

	Présent	Impératif	Passé composé	Imparfait
Verbes en -ENDRE	Je prends Tu prends Il prend Nous prenons Vous prenez Ils prennent	Prends Prenons Prenez	J'ai pris Tu as pris Il a pris Nous avons pris Vous avez pris Ils ont pris	Je prenais Tu prenais Il prenait Nous prenions Vous preniez Ils prenaient
CONNAÎTRE	Je connais Tu connais Il connaît Nous connaissons Vous connaissez Ils connaissent	*peu utilisé* *peu utilisé* *peu utilisé*	J'ai connu Tu as connu Il a connu Nous avons connu Vous avez connu Ils ont connu	Je connaissais Tu connaissais Il connaissait Nous connaissions Vous connaissiez Ils connaissaient
POUVOIR	Je peux Tu peux Il peut Nous pouvons Vous pouvez Ils peuvent	*n'existe pas*	J'ai pu Tu as pu Il a pu Nous avons pu Vous avez pu Ils ont pu	Je pouvais Tu pouvais Il pouvait Nous pouvions Vous pouviez Ils pouvaient
VOULOIR	Je veux Tu veux Il veut Nous voulons Vous voulez Ils veulent	*pas utilisé* *pas utilisé* Veuillez	J'ai voulu Tu as voulu Il a voulu Nous avons voulu Vous avez voulu Ils ont voulu	Je voulais Tu voulais Il voulait Nous voulions Vous vouliez Ils voulaient
DEVOIR	Je dois Tu dois Il doit Nous devons Vous devez Ils doivent	*n'existe pas*	J'ai dû Tu as dû Il a dû Nous avons dû Vous avez dû Ils ont dû	Je devais Tu devais Il devait Nous devions Vous deviez Ils devaient
VOIR	Je vois Tu vois Il voit Nous voyons Vous voyez Ils voient	Vois Voyons Voyez	J'ai vu Tu as vu Il a vu Nous avons vu Vous avez vu Ils ont vu	Je voyais Tu voyais Il voyait Nous voyions Vous voyiez Ils voyaient
BOIRE	Je bois Tu bois Il boit Nous buvons Vous buvez Ils boivent	Bois Buvons Buvez	J'ai bu Tu as bu Il a bu Nous avons bu Vous avez bu Ils ont bu	Je buvais Tu buvais Il buvait Nous buvions Vous buviez Ils buvaient

Conjugaisons

Plus-que-parfait	Futur	Conditionnel présent	Subjonctif présent
J'avais pris Tu avais pris Il avait pris Nous avions pris Vous aviez pris Ils avaient pris	Je prendrai Tu prendras Il prendra Nous prendrons Vous prendrez Ils prendront	Je prendrais Tu prendrais Il prendrait Nous prendrions Vous prendriez Ils prendraient	Je prenne Tu prennes Il prenne Nous prenions Vous preniez Ils prennent
J'avais connu Tu avais connu Il avait connu Nous avions connu Vous aviez connu Ils avaient connu	Je connaîtrai Tu connaîtras Il connaîtra Nous connaîtrons Vous connaîtrez Ils connaîtront	Je connaîtrais Tu connaîtrais Il connaîtrait Nous connaîtrions Vous connaîtriez Ils connaîtraient	Je connaisse Tu connaisses Il connaisse Nous connaissions Vous connaissiez Ils connaissent
J'avais pu Tu avais pu Il avait pu Nous avions pu Vous aviez pu Ils avaient pu	Je pourrai Tu pourras Il pourra Nous pourrons Vous pourrez Ils pourront	Je pourrais Tu pourrais Il pourrait Nous pourrions Vous pourriez Ils pourraient	Je puisse Tu puisses Il puisse Nous puissions Vous puissiez Ils puissent
J'avais voulu Tu avais voulu Il avait voulu Nous avions voulu Vous aviez voulu Ils avaient voulu	Je voudrai Tu voudras Il voudra Nous voudrons Vous voudrez Ils voudront	Je voudrais Tu voudrais Il voudrait Nous voudrions Vous voudriez Ils voudraient	Je veuille Tu veuilles Il veuille Nous voulions Vous vouliez Ils veuillent
J'avais dû Tu avais dû Il avait dû Nous avions dû Vous aviez dû Ils avaient dû	Je devrai Tu devras Il devra Nous devrons Vous devrez Ils devront	Je devrais Tu devrais Il devrait Nous devrions Vous devriez Ils devraient	Je doive Tu doives Il doive Nous devions Vous deviez Ils doivent
J'avais vu Tu avais vu Il avait vu Nous avions vu Vous aviez vu Ils avaient vu	Je verrai Tu verras Il verra Nous verrons Vous verrez Ils verront	Je verrais Tu verrais Il verrait Nous verrions Vous verriez Ils verraient	Je voie Tu voies Il voie Nous voyions Vous voyiez Ils voient
J'avais bu Tu avais bu Il avait bu Nous avions bu Vous aviez bu Ils avaient bu	Je boirai Tu boiras Il boira Nous boirons Vous boirez Ils boiront	Je boirais Tu boirais Il boirait Nous boirions Vous boiriez Ils boiraient	Je boive Tu boives Il boive Nous buvions Vous buviez Ils boivent

Conjugaisons

	Présent	Impératif	Passé composé	Imparfait
CROIRE	Je crois Tu crois Il croit Nous croyons Vous croyez Ils croient	Crois Croyons Croyez	J'ai cru Tu as cru Il a cru Nous avons cru Vous avez cru Ils ont cru	Je croyais Tu croyais Il croyait Nous croyions Vous croyiez Ils croyaient
FAIRE	Je fais Tu fais Il fait Nous faisons Vous faites Ils font	Fais Faisons Faites	J'ai fait Tu as fait Il a fait Nous avons fait Vous avez fait Ils ont fait	Je faisais Tu faisais Il faisait Nous faisions Vous faisiez Ils faisaient
SAVOIR	Je sais Tu sais Il sait Nous savons Vous savez Ils savent	Sache Sachons Sachez	J'ai su Tu as su Il a su Nous avons su Vous avez su Ils ont su	Je savais Tu savais Il savait Nous savions Vous saviez Ils savaient
ÉCRIRE	J'écris Tu écris Il écrit Nous écrivons Vous écrivez Ils écrivent	Écris Écrivons Écrivez	J'ai écrit Tu as écrit Il a écrit Nous avons écrit Vous avez écrit Ils ont écrit	J'écrivais Tu écrivais Il écrivait Nous écrivions Vous écriviez Ils écrivaient
DIRE	Je dis Tu dis Il dit Nous disons Vous dites Ils disent	Dis Disons Dites	J'ai dit Tu as dit Il a dit Nous avons dit Vous avez dit Ils ont dit	Je disais Tu disais Il disait Nous disions Vous disiez Ils disaient
METTRE	Je mets Tu mets Il met Nous mettons Vous mettez Ils mettent	Mets Mettons Mettez	J'ai mis Tu as mis Il a mis Nous avons mis Vous avez mis Ils ont mis	Je mettais Tu mettais Il mettait Nous mettions Vous mettiez Ils mettaient

Verbes impersonnels

	Présent	Impératif	Passé composé	Imparfait
FALLOIR	Il faut	*N'existe pas*	Il a fallu	Il fallait
PLEUVOIR	Il pleut	*N'existe pas*	Il a plu	Il pleuvait

Conjugaisons

Plus-que-parfait	Futur	Conditionnel présent	Subjonctif présent
J'avais cru Tu avais cru Il avait cru Nous avions cru Vous aviez cru Ils avaient cru	Je croirai Tu croiras Il croira Nous croirons Vous croirez Ils croiront	Je croirais Tu croirais Il croirait Nous croirions Vous croiriez Ils croiraient	Je croie Tu croies Il croie Nous croyions Vous croyiez Ils croient
J'avais fait Tu avais fait Il avait fait Nous avions fait Vous aviez fait Ils avaient fait	Je ferai Tu feras Il fera Nous ferons Vous ferez Ils feront	Je ferais Tu ferais Il ferait Nous ferions Vous feriez Ils feraient	Je fasse Tu fasses Il fasse Nous fassions Vous fassiez Ils fassent
J'avais su Tu avais su Il avait su Nous avions su Vous aviez su Ils avaient su	Je saurai Tu sauras Il saura Nous saurons Vous saurez Ils sauront	Je saurais Tu saurais Il saurait Nous saurions Vous sauriez Ils sauraient	Je sache Tu saches Il sache Nous sachions Vous sachiez Ils sachent
J'avais écrit Tu avais écrit Il avait écrit Nous avions écrit Vous aviez écrit Ils avaient écrit	J'écrirai Tu écriras Il écrira Nous écrirons Vous écrirez Ils écriront	J'écrirais Tu écrirais Il écrirait Nous écririons Vous écririez Ils écriraient	J'écrive Tu écrives Il écrive Nous écrivions Vous écriviez Ils écrivent
J'avais dit Tu avais dit Il avait dit Nous avions dit Vous aviez dit Ils avaient dit	Je dirai Tu diras Il dira Nous dirons Vous direz Ils diront	Je dirais Tu dirais Il dirait Nous dirions Vous diriez Ils diraient	Je dise Tu dises Il dise Nous disions Vous disiez Ils disent
J'avais mis Tu avais mis Il avait mis Nous avions mis Vous aviez mis Ils avaient mis	Je mettrai Tu mettras Il mettra Nous mettrons Vous mettrez Ils mettront	Je mettrais Tu mettrais Il mettrait Nous mettrions Vous mettriez Ils mettraient	Je mette Tu mettes Il mette Nous mettions Vous mettiez Ils mettent
Il avait fallu	Il faudra	Il faudrait	Il faille
Il avait plu	Il pleuvra	Il pleuvrait	Il pleuve

Précis de phonétique

Prononciation : les consonnes

ON ENTEND				ON ÉCRIT	EXEMPLES
[t]		La pointe de la langue est en contact avec la pointe des dents du haut.	Les cordes vocales ne vibrent pas.	t, th	**t**erre, **th**é
[d]		La pointe de la langue est en contact avec la pointe des dents du haut.	Les cordes vocales vibrent.	d	**d**onne
[p]		Les deux lèvres sont en contact, puis se séparent.	Les cordes vocales ne vibrent pas.	p, b (+s)	**p**ère, a**b**solument
[b]		Les deux lèvres sont en contact, puis se séparent.	Les cordes vocales vibrent.	b	**b**oire
[k]		La langue est en contact avec les dents du bas. Le dos de la langue est relevé.	Les cordes vocales ne vibrent pas.	c, k, qu, ch, x	é**c**rire, **k**ilo, **qu**el, te**ch**nique, ta**x**i
[g]		La langue est en contact avec les dents du bas. Le dos de la langue est relevé.	Les cordes vocales vibrent.	g, gu, x, c	re**g**arde, dialo**gu**e, e**x**ercice, se**c**ond

Précis de phonétique

ON ÉCRIT   EXEMPLES

[f]		Les dents du haut sont légèrement en contact avec la lèvre du bas.	Les cordes vocales ne vibrent pas.	f, ph	enfin, pharmacie
[v]		Les dents du haut sont légèrement en contact avec la lèvre du bas.	Les cordes vocales vibrent.	v, w	envie, wagon
[s]		La pointe de la langue est en bas.	Les cordes vocales ne vibrent pas.	s, ss, c, ç, t (+ ien, ion), x	sortir, passer, place, garçon, patient, relation, taxi
[z]		La pointe de la langue est en bas.	Les cordes vocales vibrent.	z, s, x	magazine, rose, deuxième, exercice
[ʃ]		La langue est en haut, assez en avant.	Les cordes vocales ne vibrent pas.	ch, sh, sch	dimanche, shampoing, schéma
[ʒ]		La langue est en haut, assez en avant.	Les cordes vocales vibrent.	g, ge, j	imagine, mangeons, jambe
[l]		La pointe de la langue vient se coller en haut et en avant.		l	lit

Précis de phonétique

ON ENTEND				ON ÉCRIT	EXEMPLES
[ʀ]		La pointe de la langue est en bas et en avant, en contact avec les dents d'en bas. La langue ne bouge pas.		r	mère
[m]		Les deux lèvres sont en contact.	Un peu d'air passe par le nez.	m	monsieur
[n]		La langue est en contact avec la pointe des dents du haut.	Un peu d'air passe par le nez.	n	finir
[ɲ]		La langue est en contact avec les dents du bas. Le dos de la langue est relevé.	Un peu d'air passe par le nez.	gn	gagner
[j]		La langue est en avant et en bas. Le dos de la langue est relevé.	La bouche est arrondie.	i, y, i + l ou i + ll	mieux, yeux, travail, fille
[ɥ]		La langue est en bas et très en avant. Le dos de la langue est un peu relevé.	La bouche est arrondie.	u (+i), u (+é)	nuit, buée
[w]		La langue est très en arrière et le dos est relevé.	La bouche est arrondie.	ou, oi, w	oui, toi, week-end

Lexique plurilingue

FRANÇAIS	ANGLAIS	ESPAGNOL	ALLEMAND	CHINOIS	ARABE
s'**A**bonner	to subscribe	abonarse	sich abonnieren	预订	اشترك
absolu	absolute	absoluto	absolut	绝对的	مطلق
absolument	absolutely	absolutamente	unbedingt	绝对地	مطلقًا
abstinence *f.*	abstinence	abstinencia	Abstinenz	戒除	زُهد
abus *m.*	abuse	abuso	Missbrauch	滥用	إسراف
accrocher	to hang	enganchar	heften, haften	钩住	علّق
accueillir	to welcome	acoger	empfangen	欢迎	استقبل
achever	to finish	acabar	beenden	完成	أنهى
acquérir	to acquire	adquirir	erwerben	获得	اقتنى
acte *m.*	act	acto	Handlung	行动	فعل
adopter	to adopt	adoptar	annehmen	采用	تبنّى
affectif	emotional	afectivo	affektiv	富有感情的	عاطفي
affiche *f.*	poster	cartel	Plakat	布告	مُلصق
afin de / que	so as to/so that	a fin de / de que	um	为了	من أجل
agressivité	aggressiveness	agresividad	Aggressivität	侵略性	عُدوانية
s'allonger	to lie down	tenderse	sich legen	躺	تمدّد
allumer	to turn on	encender	anzünden	点燃	أشعل
alors que	while	mientras que	während	而	عندما
alphabétisation *f.*	literacy tuition	alfabetización	Alphabetisierung	扫盲	تعليم الأميين
âme *f.*	soul	alma	Seele	灵魂	روح
améliorer	improve	mejorar	verbessern	改善	تحسين
aménager	to convert	acondicionar	einrichten	整理	ترتيب
amener	to lead	traer	mitnehmen	带来	اقتاد
s'amuser	to have fun	divertirse	sich amüsieren	玩耍	تسلّى
anecdote *f.*	anecdote	anécdota	Anekdote	趣闻	طرفة، نكتة
angoisse *f.*	anxiety	angustia	Angst	不安	حصر، غمّ
annoncer	to announce	anunciar	ankündigen	宣布	أعلن، صرّح
annuel	annual	anual	jährlich	每年的	سنويّ
appartenir	to belong	pertenecer	gehören	属于	خصّ، تعلق
apporter	to bring	aportar	mitbringen	带来	جلب، أحضر
appréciation *f.*	assessment	apreciación	Beurteilung	评价	تقدير
apprécier	to like	apreciar	schätzen	评价	قدّر
aspect *m.*	aspect	aspecto	Aussehen	面貌	منظر، هيئة
aspirateur *m.*	vacuum cleaner	aspiradora	Staubsauger	吸尘器	مكنسة كهربائية
assiette *f.*	plate	plato	Teller	碟子，盘子	صحن، طبق
association *f.*	association	asociación	Verband	协会	جمعية
s'assurer de/que	to make sure	comprobar que	sich vergewissern	确证	تأكد من
attacher	to tie	amarrar	befestigen	系、拴	علّق، ربط
atteindre	to reach	alcanzar	erreichen	达到	حقق
au cas où	in the event that	en caso de que	im Falle	假如	في حال أن
au contraire	on the contrary	al contrario	im Gegenteil	相反地	على العكس
au cours de	during	durante	im Verlauf	在...期间	خلال
au lieu de	instead of	en lugar de	anstelle von	用...代替	بدلا من
au sein de	within	en el seno de	mitten in	在...内部	في داخل
augmenter	to increase	aumentar	erhöhen	增加	زاد
autobus *m.*	bus	autobús	Bus	公共汽车	حافلة، باص
autoriser	to allow	autorizar	gestatten	准许	صرّح بـ، رخّص بـ
autrefois	in the past	antaño	früher	从前	قديمًا
avoir beau	no matter what	pese a	noch so sehr tun können	徒然	عبثًا
Baccalauréat) *m.*	baccalaureate	bachillerato	Abitur	高中毕业	بكالوريا
baisser	to lower	bajar	senken	降低	خفض
balade *f.*	walk	paseo	Spaziergang	闲逛	نزهة
banal	commonplace	banal	banal	平凡的	عادي
bâtiment *m.*	building	edificio	Gebäude	建筑物	مبنى
bénéfice *m.*	profit	beneficio	Vorteil	利润	ربح
bénéficier	to enjoy	beneficiarse	Vorteil haben von	得到（好处）	ربح، استفاد

167

FRANÇAIS	ANGLAIS	ESPAGNOL	ALLEMAND	CHINOIS	ARABE
bénévole *m.*	volunteer	benévolo	freiwilliger Helfer	义务的	متطوّع
bénévolement	voluntarily	voluntariamente	freiwillig	义务地	تطوّعاً، مجّاناً
bien que	although	pese a que	obwohl	尽管	مع أن
bisous (fam.) *m.*	kisses	besitos	Kuss	亲吻，亲亲	بوسات
bizarre	strange	raro	komisch	奇怪的	غريب
bombe (aérosol) *f.*	spray	bomba (aerosol)	Spraydose	喷雾器	رذاذ
bonhomme *m.*	fellow	hombrecillo	Mann	男子汉，人	شخص، رجل
bord *m.*	side	orilla	Strand	海边	ساحل
bougie *f.*	candle	vela	Kerze	蜡烛	شمعة
boule *f.*	bowl	bola	Kugel	球	كرة
bouleverser	to change	trastornar	erschüttern	令人感动	بلبل، أقلق
boulot *m.*	job	trabajo	Arbeit	活计	شغل
bousculade *f.*	jostling	bullicio	Gedränge	人挤人	زحمة، تزاحم
boxer	to box	boxear	boxen	拳击	لكم
brique *f.*	brick	ladrillo	Ziegel	砖	آجرّة
brochure *f.*	brochure	folleto	Broschüre	小册子	منشور، كتيّب
brosse à dents *f.*	toothbrush	cepillo de dientes	Zahnbürste	牙刷	فرشاة أسنان
budget *m.*	budget	presupuesto	Budget	预算	ميزانية
Cafard *m.*	cockroach	cucaracha	Schabe	蟑螂	صرصور
calculette *f.*	calculator	calculadora	Taschenrechner	袖珍计算器	حاسبة
catastrophe *f.*	disaster	catástrofe	Katastrophe	灾难	كارثة
cauchemar *m.*	nightmare	pesadilla	Alptraum	恶梦	كابوس
causer	to cause	causar	verursachen	引起	تسبّب
caution *f.*	deposit	caución	Kaution	担保金	كفالة
celle(s)	she/the one/those	aquellas	diejenige(n)	这些	التي، اللواتي
celui	he/the one	aquel	derjenige	这个	الذي
certainement	certainly	ciertamente	bestimmt	肯定地	بالتأكيد
certes	admittedly	por cierto	sicher	当然	حتماً
ceux	those	aquellos	diejenigen	这些	الذين، اللذين
changement *m.*	change	cambio	Änderung	变化	تغيير
chauffeur *m.*	driver	chófer	Fahrer	司机	سائق
chiffon *m.*	cloth	paño	Tuch	破布，抹布	خرقة
chirurgicale	surgical	quirúrgico	chirurgisch	外科的	جراحية
chirurgie *f.*	surgery	cirugía	Chirurgie	外科	جراحة
ciel *m.*	sky	cielo	Himmel	天	سماء
circuit *m.*	tour	circuito	Rundreise	路线	دورة
circuler	to get around	circular	fahren	循环	دار
citer	to quote	citar	zitieren	引用	استشهد بـ
citrouille *f.*	pumpkin	calabaza	Kürbis	南瓜	قرعة
civil	civilian	civil	zivil	民用的	مدني
code *m.*	code	código	Code	代码	رمز
colère *f.*	anger	cólera	Wut	愤怒	غضب
collection *f.*	collection	colección	Sammlung	收藏	مجموعة
coller	to stick	pegar	kleben	贴	ألصق
commander	to order	encargar	bestellen	定购	طلب
commercial	commercial	comercial	kaufmännisch	商业的	تجاري
se comporter	to act	comportarse	sich verhalten	举止	تصرّف
comportement *m.*	behaviour	comportamiento	Verhalten	行为	تصرّف
composer	to dial	marcar	wählen	拨打	شكل
concevoir	to design	concebir	entwerfen	设计	تصوّر، صمّم
concours *m.*	competitive exam	concurso	Prüfung	考试	مسابقة، اختبار
concrètement	in concrete terms	concretamente	konkret	具体地	حسّياً
confidentiel	confidential	confidencial	vertraulich	秘密的	سرّي
conflit *m.*	conflict	conflicto	Konflikt	冲突	نزاع
confort *m.*	comfort	comodidad	Komfort	舒适	راحة
confortable	comfortable	cómodo	bequem	舒适的	مُريح
confrère *m.*	colleague	colega	Kollege	同事	زميل
connexion *f.*	connection	conexión	Verbindung	连接	وصل، ربط

FRANÇAIS	ANGLAIS	ESPAGNOL	ALLEMAND	CHINOIS	ARABE
conscient	aware/conscious	consciente	bewusst	有意识的	واع
consécutif	consecutive	consecutivo	hintereinander	后续的	تال
conseiller	to advise	asesor	beraten	劝告	مستشار
conséquence f.	consequence	consecuencia	Konsequenz	后果	نتيجة، تبعة
conserver	to keep	conservar	bewahren	保存	احتفظ بـ، أبقى على
consommer	to consume	consumir	konsumieren	消费	استهلك
consommation f.	consumption	consumo	Konsum	消费	استهلاك
constater	to note	notar	feststellen	观察	لاحظ، عاين
construire	to build	construir	bauen	建设	بنى
contacter	to contact	contactar con	kontaktieren	与...接触	اتصل
contemporain	contemporary	contemporáneo	zeitgenössisch	当代的	معاصر
couche f.	layer	capa	Schicht	层	طبقة
couette f.	duvet	manta en funda	Federbett	棉被	فراش، لحاف
coût m.	cost	coste	Kosten	成本	تكلفة
couteau m.	knife	cuchillo	Messer	刀	سكين
création f.	creation	creación	Kreation	创造	ابتكار، عمل
crèche f.	crib	belén	Krippe	牲畜食槽	مغارة
créer	to create	crear	(er)schaffen	创造	خلق
crise f.	crisis	crisis	Krise	危机	أزمة
critique f.	review	crítica	Kritik	批评	نقد، انتقاد
croire	to believe	creer	glauben	相信	آمن، اعتقد
croiser	to pass	cruzar	begegnen	与...交错而过	صادف، التقى بـ
cuillère f.	spoon	cuchara	Löffel	勺子	ملعقة
cuisine f.	kitchen	cocina	Küche	厨房	مطبخ
cultiver	to grow	cultivar	anbauen	种植	زرع
cycliste m.	cyclist	ciclista	Radfahrer	骑自行车的人	راكب درّاجة، درّاج
D'ailleurs	besides	además	Übrigens	此外	زد على ذلك، أصلا
dans ce cas	in that case	en este caso	in diesem Fall	在此情况下	في هذه الحالة
d'autre part	moreover	por otro lado	andererseits	另外	من جهة أخرى
de temps en temps	from time to time	de vez en cuando	von Zeit zu Zeit	不时地，偶尔	من حين لآخر
débordé	overwhelmed	desbordado	überlastet	过忙	مرهق بالعمل
débrancher	unplug	desconectar	herausziehen	解开	قطع التيار
décennie f.	decade	decenio	Jahrzehnt	十年	عقد
déception f.	disappointment	decepción	Enttäuschung	失望	خيبة أمل، خيبة ظن
décevoir	to disappoint	decepcionar	enttäuschen	令...失望	خيّب الأمل، الظنّ
déclarer	to declare	declarar	erklären	声明	أعلن، صرّح
décontracté	relaxed/casual	relajar	lässig	放松的	مرتاح، مسترخ
décrocher	to pick up	descolgar	abheben	接	رفع السماعة
déçu	disappointed	decepcionado	enttäuscht	失望的	خائب الظن
déduire	to infer	deducir	ableiten	得到结论	استنتج
défaut	defect	defecto	Fehler	缺点	عيب
défavorisé	disadvantaged	desfavorecido	benachteiligt	条件差的	محروم
défense de	No [verb]-ing	prohibido	verboten	禁止	ممنوع
dégoûter	to disgust	asquear	anwidern	使厌食	قزّز
délégué m.	delegate	delegado	Vertreter	代表	مندوب
démagogie f.	popularity seeking	demagogia	Demagogie	蛊惑性宣传	غواغائية
déménager	to move (house)	mudarse	umziehen	搬迁	نقل المسكن، انتقل
démodé	old-fashioned	pasado de moda	veraltet	过时的	عتيق، قديم
démon m.	devil	demonio	Dämon	恶魔	شيطان
dénoncer	to denounce	denunciar	anzeigen	揭露	وشى
dépareillé	odd/incomplete	deshermanado	unvollständig	不配套的	غير متجانس
dépasser	to exceed	superar	überschreiten	超过	تخطى
se déplacer	to move	desplazarse	sich fortbewegen	移动	انتقل
dérive f.	drift	deriva	Entgleisung	偏航	انحراف، انسياق
détail m.	detail	detalle	Detail	详细	تفصيل
détourner	to divert	desviar	umlenken	使转向	بدّل الاتجاه
détruire	to destroy	destruir	zerstören	破坏	هدم
deviner	to guess	adivinar	raten	猜测	حزر
se différencier	to be different	diferenciarse	sich unterscheiden	不同于	تميّز، تخالف
diffuser	to spread	difundir	verbreiten	传播	نشر، بثّ

FRANÇAIS	ANGLAIS	ESPAGNOL	ALLEMAND	CHINOIS	ARABE
diminuer	to reduce	disminuir	senken	缩小 - 减少	نقص، خفّف
dinde *f.*	turkey	pavo	Truthahn	火鸡	دجاجة رومية
dingue (fam.)	crazy	loco	übergeschnappt	疯子	مجنون، مجنونة
discorde *f.*	dissention	discordia	Zwietracht	不和	فتنة
discrétion *f.*	discretion	discreción	Diskretion	谨慎	رصانة، كتمان
discrimination *f.*	discrimination	discriminación	Diskriminierung	歧视	تمييز
disparaître	to disappear	desaparecer	verschwinden	消失	اختفى
se disputer	to argue	pelearse	sich streiten	争吵	تخاصم، تشاجر
dommage	shame	daño	schade	损失	خسارة، ضرر
dont	of which	cuyo	dessen, deren	...的...	منه، منها
drap *m.*	sheet	sábana	Betttuch	被单	غطاء سرير
drogue *f.*	drug(s)	droga	Droge	毒品	عقّار، مخدّر
droit *m.*	right	derecho	Recht	权利	حقّ، قانون
Écolo (écologiste)	environmentalist	Verde (ecologista)	Umweltschützer	环保分子	إيكولوجي، بيئوي
économique	economical	económico	sparsam	经济的	اقتصادي
économiser	to save	ahorrar	sparen	节约	اقتصد
écriteau *m.*	sign	letrero	Schild	通告	لافتة
efficace	efficient	eficiente	effizient	有效的	فعّال
électricité *f.*	electricity	electricidad	Elektrizität	电	كهرباء
élémentaire	basic	elemental	elementar	基本的	ابتدائي، أولي، بسيط
s'élever (contre)	to protest	sublevarse	protestieren	抗议	احتجّ على، قاوم
emmener	to take	llevarse	mitnehmen	带走	قاد، أخذ، اصطحب
émotion *f.*	emotion	emoción	Gemütsbewegung	感情	انفعال
s'emparer de	to take hold of	apoderarse de	überkommen	被感染	استولى على، تملّك
empêcher	to prevent	impedir	hindern	阻止	منع
s'empiffrer	to stuff oneself	atracarse	sich voll stopfen	暴食	اتّخم
emporter	to take	llevarse	mitnehmen	拿走	أخذ
emprunter	to borrow	tomar prestado	borgen	借	استعار
en cas de	in case of	en caso de	Im Falle	在...情况下	في حال
en conséquence	as a result	por tanto	infolgedessen	因此	وعليه، وبالتالي
en effet	indeed	en efecto	in der Tat	其实	بالفعل
en fait	actually	de hecho	in Wirklichkeit	事实上	في الواقع
en fonction de	according to	en función de	gemäß	根据	بحسب، وفقًا لـ
en haut de	at the top of	arriba de	oberhalb	在...的高处	في أعلى
en permanence	constantly	en permanencia	ständig	永久地	باستمرار
en raison de	owing to	por causa	aufgrund	由于	بسبب
en réalité	in fact	en realidad	in Wirklichkeit	实际上	في الحقيقة
en revanche	however	en cambio	hingegen	相反地	بالمقابل
enceinte	pregnant	embarazada	schwanger	围墙	حبلى، حامل
énerver	get on sb's nerves	enojar	entnerven	刺激	أغضب
s'engager	to join	comprometerse	sich einsetzen	投入	التزم، تطوّع
ennui *m.*	boredom	aburrimiento	Langeweile	无聊	ضجر
enquête *f.*	investigation	investigación	Umfrage	调查	تحقيق
enregistrer	to record	registrar	aufnehmen	记录	سجّل
entraîner	to lead to	acarrear	nach sich ziehen	导致	أثار، تسبّب بـ
envahir	to invade	invadir	eindringen	侵入	اجتاح
envisager de	to plan	contemplar	beabsichtigen	考虑	عزم على، نوى
épreuve *f.*	ordeal/test	sufrimiento	Prüfung	坎坷	محنة
équilibre *m.*	balance	equilibrio	Gleichgewicht	平衡	توازن
équitable	fair	equitativo	gerecht	公正的	عادل، منصف
esclave *m.*	slave	esclavo	Sklave	奴隶	عبد، مستعبَد
esthétique	aesthetic	estético	ästhetisch	外观的	جماليّ
estimation *f.*	estimate	estimación	Schätzung	估计	تقدير
étant donné que	given that	dado que	in Anbetracht	鉴于	بما أنه
état des lieux	appraisal	estado del lugar	Ortsbefund	房屋状况说明	حالة الأماكن
éteindre	to switch off	apagar	ausschalten	熄灭	أطفأ
éthique	ethical	ético	ethisch	伦理的	أخلاقي
étonnement *m.*	surprise	asombro	Erstaunen	惊讶	دهشة، استغراب

FRANÇAIS	ANGLAIS	ESPAGNOL	ALLEMAND	CHINOIS	ARABE
être rassuré	to be relieved	estar tranquilo	beruhigt sein	放心	اطمأنّ
étroit	narrow	estrecho	eng	窄的	ضيّق
évident	obvious	evidente	offensichtlich	明显的	واضح، جليّ
évier	sink	fregadero	Spülbecken	洗碗池	مجلى
évoluer	to evolve	evolucionar	entwickeln	演变	تطوّر
exagérer	to exaggerate	exagerar	übertreiben	夸大	بالغ
exceptionnel	exceptional	excepcional	außergewöhnlich	例外的	استثنائي
exclure	exclude	excluir	ausschließen	除名	استبعد، أقصى
exemplaire m.	copy	ejemplar	Exemplar	份数	مثالي، نموذجي
exercer	to practise	desempeñar	ausüben	练习	مارس
existence f.	existence	existencia	Existenz	存在	وجود
exploitation f.	exploitation	explotación	Ausbeutung	剥削	استغلال
exposition f.	exhibition	exposición	Ausstellung	陈列	معرض
extraordinaire	extraordinary	extraordinario	außergewöhnlich	特别的	عجيب، خارق
extravagant	extravagant	extravagante	extravagant	荒谬的	غريب
Faire confiance (à)	to trust	confiar en	vertrauen	信任	وثق بـ، أمَن لـ
faire la cuisine	to cook	cocinar	kochen	烹饪	طبخ
faire la lessive	to do the washing	hacer la colada	waschen	洗衣	غسل
faire la queue	to queue up	hacer la cola	anstehen	排队	وقف في الصف
faire la vaisselle	to wash up	lavar la vajilla	abwaschen	洗碗	جلى
faire le lit	to make the bed	hacer la cama	das Bett machen	铺床	رتّب السرير
faire le ménage	to do the cleaning	hacer la limpieza	putzen	打扫	نظّف البيت
faire le repassage	to iron	planchar	bügeln	烫衣服	كوى
faire les courses	to shop	hacer las compras	einkaufen	买东西	ابتاع
faire les vitres	clean the windows	limpiar los cristales	Fenster putzen	擦玻璃窗	نظّف الزجاج
faire partie de	to be part of	formar parte de	gehören zu	是...的一部分	كان جزءاً من
falaise f.	cliff	acantilado	Steilküste	悬崖	جرف
festif	festive	festivo	festlich	节日般的	عيديّ
financer	to finance	financiar	finanzieren	出资	موّل
financière	financial	financiero	finanziell	财务的	مالية
fixer	to set	establecer	befestigen	制定	حدّد
fleuve m.	river	río	Fluss	江、河	نهر
folie f.	madness	locura	Wahnsinn	疯狂	جنون
foie gras m.	foie gras	foie gras	Stopfleber	肥鹅肝	كبد مسمّن
foire f.	fair	feria	Messe	市集	سوق
fondation f.	foundation	fundación	Gründung	基金会	مؤسسة، جمعية
force f.	strength	fuerza	Stärke	力量	قوّة
foulard m.	scarf	fular	Schal	头巾	وشاح، منديل
fourchette f.	fork	tenedor	Gabel	餐叉	شوكة
fournisseur m.	supplier	proveedor	Lieferant	供应商	موّرد
francophone	French-speaking	francófono	frankophon	讲法语的	فرنكوفوني
fric (fam.) m.	money	pasta (fam)	Kies, Geld	钱	فلوس
frigo (fam.) m.	fridge	nevera	Kühlschrank	冰箱	برّاد
fruit m.	fruit	fruta	Frucht	水果	فاكهة، ثمرة
funiculaire m.	funicular	funicular	Seilbahn	缆索铁道	قطار سلكي
Galerie marchande f.	shopping centre	galería comercial	Einkaufspassage	商铺街	مجمّع تجاري، مجموعة مخازن
gaz m.	gas	gas	Gas	煤气	غاز
gêner	to bother	molestar	stören	妨碍	أزعج
grâce à	thanks to	gracias a	dank	多亏	بفضل
graine f.	seed	semilla	Korn, Saatgut	种子	بزرة، حبّة
gratuit	free	gratuito	kostenlos	免费的	مجاني
gratuitement	for free	gratuitamente	kostenlos	免费地	مجاناً
grave	serious	grave	ernst	严重的	خطير
grimper	to climb	trepar	erklimmen	攀登	تسلق
guérir	to cure	curar	heilen	治愈	أشفى
guetter	to watch	acechar	lauern	警戒	ترقب، ترصّد

FRANÇAIS	ANGLAIS	ESPAGNOL	ALLEMAND	CHINOIS	ARABE
Habiller	to dress	vestir	anziehen	给...穿衣服	ألبس
s'habiller	to get dressed	vestirse	sich anziehen	穿衣服	لبس
habitude f.	habit	costumbre	Gewohnheit	习惯	عادة
handicapé m.	disabled	minusválido	behindert	残疾人	معاق
hausse f.	increase/rise	alza	Steigerung	上升	ارتفاع، صعود
hebdomadaire	weekly	semanal	wöchentlich	每周的	أسبوعيّ
honte f.	shame	vergüenza	Schande	羞耻	خجل، عار
horaire m.	timetable	horario	Zeitplan	时刻表	توقيت
horreur	horror	horror	Grauen	恐怖	رعب، هوّل
humanitaire	humanitarian	humanitario	humanitär	人道主义的	إنساني
hurler	to yell	vociferar	schreien	吼叫	صاح، عوى
s'**I**dentifier à	to identify with	identificarse a	sich identifizieren	认同	تماثل
ignorer	not to know	ignorar	nicht wissen	忽略	جهل
illusion f.	illusion	ilusión	Illusion	幻觉	وهم
imiter	to imitate	imitar	imitieren	模仿	قلّد
impoli	rude	mal educado	unhöflich	无礼的	قليل التهذيب، وقح
importateur m.	importer	importador	Importeur	进口商	مستورد
imposer	to impose	imponer	auferlegen	强迫	فرض
impression f.	impression	impresión f.	Eindruck	印象	طبع، انطباع
impuissant	powerless	impotente	machtlos	无能为力的	ضعيف، واهن
impulsif	impulsive	impulsivo	impulsiv	冲动的	دفع، تحريك
inacceptable	unacceptable	inaceptable	inakzeptabel	不能接受的	غير مقبول
inadmissible	intolerable	inadmisible	unzulässig	不能容许的	مرفوض، غير مقبول
inciter	to encourage	incitar	anregen	鼓动	حثّ
inconnu	unknown	desconocido	unbekannt	未知的	مجهول
indicatif m.	dialling code	prefijo	Vorwahl	呼号	رمز
indice m.	sign/clue	índice	Indiz	标记	مؤشر
s'indigner	to be outraged	indignarse	sich empören	气愤	سخط، اغتاظ
individu m.	individual	individuo	Individuum	个人	فرد
individuellement	individually	individualmente	einzeln	个别地	فردياً
infini	infinite	infinito	unendlich	无限的	لانهاية
influence f.	influence	influencia	Einfluss	影响	تأثير
initiative f.	initiative	iniciativa	Initiative	主动权	مبادرة
injustice	injustice	injusticia	Ungerechtigkeit	不公正	ظلم
innovation f.	innovation	innovación	Innovation	革新	ابتكار
inondation f.	flood	inundación	Überschwemmung	洪水	فيضان
inquiet	worried	inquieto	beunruhigt	不安的	قلق
inscription f.	enrolment	inscripción	Anmeldung	登记	تسجيل، قيد
s'inscrire	to enrol	inscribirse	sich anmelden	登记	تسجّل
instantanément	instantly	instantáneamente	sofort	瞬间	فوراً، حالاً
s'insurger (contre)	to rise up (against)	sublevarse	sich auflehnen	强烈反对	ثار على، تمرّد
intention f.	intention	intención	Absicht	意图	نيّة
interdiction de	no [verb]-ing	se prohíbe	verboten	禁止	منع من
interdit de	[verb] prohibited	prohibido	verboten	禁止	ممنوع
s'intéresser à	to be interested in	interesarse a	sich interessieren	对...感兴趣	الاهتمام بـ
intitulé	title/heading	titulado	betitelt	标题	عنوان، بيان
intolérable	intolerable	intolerable	unerträglich	无法忍受的	لا يطاق
issu de	to result from	procedente de	hervorgegangen aus	出自	ناتج عن
Jamais	never	jamás	nie	从未	أبداً
jouer un rôle	to play a role	desempeñar un papel	eine Rolle spielen	演角色	لعب دوراً
juger	to judge	juzgar	urteilen	审判	حكم على، قيّم
justement	precisely/just	precisamente	genau	刚好	بالضبط
se justifier	to make excuses	justificarse	sich rechtfertigen	替自己辩护	برّر نفسه
Lamentable	pathetic	lamentable	beklagenswert	悲惨的	محزن، مثير للشفقة
laquelle	who/which	la cual	welche	这个	التي
lavabo m.	washbasin	lavamanos	Waschbecken	洗脸盆	مغسلة

FRANÇAIS	ANGLAIS	ESPAGNOL	ALLEMAND	CHINOIS	ARABE
le mien (la mienne)	mine	el mío (la mía)	das meine	我的	خاص بي، خاصة بي
le sien (la sienne)	his/hers	el suyo (la suya)	das seine	他她的 - 她的	خاص به، خاص بها
le tien (la tienne)	yours	el tuyo (la tuya)	das deine	你的	لك، خاص بك
lequel	who/which	el cual	welcher	这个	الذي
lessive f.	washing	colada	Wäsche	洗衣服	غسل
location f.	renting out	alquiler	Vermietung	出租	تأجير، استئجار
loger	to stay	vivir	wohnen	居住	سكن
logique f.	logic	lógica	Logik	逻辑	منطق
logo m.	logo	logotipo	Logo	商标	شعار
lointain	distant	lejano	fern	遥远的	بعيد
ludique	recreational	lúdico	spielerisch	游戏的	لعبيّ، مسلّ
lumière f.	light	luz	Licht	光	نور، ضوء
lutter	to fight	luchar	kämpfen	斗争	صارع، كافح، ناضل
luxe	luxury	lujo	Luxus	奢华	ترف، بذخ
Majorité f.	majority	mayoría	Mehrheit	多数	أغلبية
malgré	despite	a pesar de	trotz	尽管	بالرغم من
malheureusement	unfortunately	desgraciadamente	unglücklicherweise	不幸地	مع الأسف
manquer (à qqn)	to be missed (by)	echar de menos	jdn. verletzen	想念	كان موضع شوق
manquer	to miss	faltar	verpassen	缺少	نقص
marchandise f.	goods	mercancía	Ware	商品	سلعة، بضاعة
marque f.	brand	marca	Marke	品牌	علامة
marron f.	chestnut	castaña	Marone	栗子	كستناء
massacrer	to massacre	masacrar	massakrieren	屠杀	ذبح، فتك بـ
de masse	mass	de masa	Masse	大量	مجموع
matérialiste	materialistic	materialista	Materialist	唯物主义的	مادي
méchant	mean	malo	böse	凶恶的	شرير
médicament m.	medicine	medicamento	Medikament	药物	دواء
meilleur(e)(s)	best	mejor (es)	besser	较好的	أفضل
même si	even if	incluso si	selbst wenn	即使	حتى لو
menacer	to threaten	amenazar	bedrohen	威胁	هدّد
ménage m.	household	limpieza	Haushalt	家务	تدبير المنزل، أسرة
mensualité f.	monthly instalment	mensualidad	Monatsrate	月息	قسط شهري
mensuel	monthly	mensual	monatlich	每月的	شهري
mercure m.	mercury	mercurio	Quecksilber	汞	زئبق
message m.	message	mensaje	Mitteilung	信件，信息	رسالة، خبر
mieux	better	mejor	besser	更好的	أحسن، أفضل، أولى
mobilité f.	mobility	movilidad	Mobilität	活动性	حركية
se mobiliser	to rally/mobilize	movilizarse	sich mobilisieren	动员	تعبأ، تجنّد
mode m.	way/mode	modo	Art	方式	طريقة، نهج
modèle m.	model	modelo	Modell	原样	نموذج، مثال
modification f.	modification	modificación	Änderung	修改	تعديل
moitié f.	half	mitad	Hälfte	一半	نصف
motiver	to motivate	motivar	motivieren	鼓励	شجّع، حثّ، علّل
moyen m.	means/way	medio	Mittel	方法	وسيلة
moyens de transport m. pl.	means of transportation	medios de transporte	Transportmittel	交通工具	وسائل
multiplier	multiply	multiplicar	vervielfältigen	使倍增	ضاعف، ضرب
multitude f.	multitude	muchedumbre	Vielzahl	大量	جمهور وافر، كثرة
muser	to wander around	vagar	flanieren	闲逛	تسكع، تلهّى
Niveau m.	level	nivel	Ebene	水平	مستوى
notamment	notably	en particular	insbesondere	特别是	لاسيّما، خصوصاً
nu	naked	desnudo	nackt, bloß	裸露	عار
Objectif	objective	objetivo	Ziel	目标	هدف
obsédé	obsessed	obseso	besessen	着魔的	موَسوَس
occasion f.	occasion	oportunidad	Gelegenheit	机会	مناسبة
œuvre d'art f.	work of art	obra de arte	Kunstwerk	艺术品	تحفة فنية
offrir	to offer	ofrecer	anbieten, schenken	提供	قدّم، أهدى

173

FRANÇAIS	ANGLAIS	ESPAGNOL	ALLEMAND	CHINOIS	ARABE
opérer	to carry out	operar	vornehmen	实行	قام بـ
ordinateur	computer	ordenador	PC	计算机	حاسب آلي، كمبيوتر
oreiller m.	pillow	almohada	Kopfkissen	枕头	وسادة
originalité f.	originality	originalidad	Originalität	新颖	فرادة
Panneau m.	sign	cartel	Schild	路标	لوح
papoter	to chatter	chacharear	schwatzen	闲聊	ثرثر
paquebot m.	liner	paquebote	Passagierschiff	邮船	سفينة، باخرة
par ailleurs	in addition	por otra parte	übrigens	再说	من ناحية أخرى
par conséquent	as a result	por consiguiente	infolgedessen	因此	بالتالي
par contre	on the other hand	en cambio	andererseits	相反地	بالمقابل
parcours m.	tour	recorrido	Strecke	路线	مسار
parfois	sometimes	a veces	manchmal	有时	أحيانًا
parfumer	to perfume	perfumar	parfümieren	洒香水	عطّر
patient m.	patient	paciente	Patient	病人	مريض
patrimoine m.	heritage	patrimonio	Vermögen	家产	تراث، ثروة
peau f.	skin	piel	Haut	皮肤	جلد، بشرة
peindre	to paint	pintar	malen	画画	رسم، دهن
peintre m.	painter	pintor	Maler	画家	رسّام، دهّان
pelouse f.	lawn	césped	Rasen	草地	مرجة
pénétrer	to penetrate	penetrar	eindringen	钻进	دخل، ولج
perdu	lost	perdido	verloren	失去的	ضائع
permettre	to allow	permitir	erlauben	许可	سمح بـ، أتاح
personnalité f.	personality	figura	Persönlichkeit	人物	شخصية
petit écran m.	TV	televisión	Fernseher	电视	شاشة صغيرة
pétrole m.	oil	petróleo	Erdöl	石油	نفط، بترول
phénomène m.	phenomenon	fenómeno	Phänomen	现象	ظاهرة
piéton m.	pedestrian	peatón	Fußgänger	行人	ماش، راجل
pile f.	battery	pila	Batterie	电池	بطارية
place f.	job/position	puesto	Platz	广场	مكان، مركز
se plaindre	to complain	quejarse	sich beklagen	抱怨	اشتكى
plaisance (bateaux de) m.	pleasure boats	navegación deportiva	Jacht	游艇	سفن نزهة، سفن تسلية
plaisanter	to joke	bromear	scherzen	开玩笑	مزح
plan m.	map	mapa	Ebene	平面图	خريطة
plan m.	plan	plan	Plan	计划	خطّة
plein de	full of	lleno de	voll von	充满....的	مليء بـ، يعجّ بـ
plier	to fold	plegar	falten	折叠	طوى، ثنى
plusieurs	several	varios	mehrere	好几个	كثيرون، عدّة
poli	polite	educado	höflich	有礼的	مهذّب، مؤدّب
politesse f.	politeness	cortesía	Höflichkeit	礼貌	تهذيب، أدب
polluer	to pollute	contaminar	verschmutzen	污染	لوّث
populaire	popular	popular	populär	受欢迎的	شعبي، رائج
porter	to carry	llevar	tragen	提	حمل
poser une question	to ask a question	plantear una pregunta	fragen	提问题	طرح سؤالًا
poste m.	position/job	correos	Arbeitsplatz	职位	مركز، وظيفة
pour que	so that	para que	damit	为了	من أجل، لكي
pourri	rotten	podrido	faul	腐败的	مهترئ
pourtant	though	no obstante	dennoch	然而	مع ذلك
premièrement	firstly	primero	erstens	首先	أوّلًا
prendre en compte	to take into account	considerar	berücksichtigen	考虑	أخذ في الحسبان، أخذ في الاعتبار
préserver	to preserve	preservar	bewahren	保护	صان، حافظ على
pressé	in a hurry	apresurado	dringend, eilig	急忙的	مستعجل
prévenir	to warn	prevenir	benachrichtigen	预先通知	نبّه، أخطر، اتّقى
prévention f.	prevention	prevención	Vorbeugung	预防	الوقاية
prévoir	to plan	prever	vorsehen	预见	توقّع، قدّر، تحسّب لـ
prière de	please [verb]	se ruega	bitte	请	رجاءً
producteur m.	producer	productor	Produzent	生产者	منتج
produit m.	product	producto	Produkt	产品	غلّة، ريع، منتج

FRANÇAIS	ANGLAIS	ESPAGNOL	ALLEMAND	CHINOIS	ARABE
profit *m.*	benefit/profit	ganancia	Nutzen, Profit	利润	ربح
profiter de	make the most of	aprovecharse de	etwas nutzen	利用	استفاد من
se promener	to go for a walk	pasearse	spazieren gehen	散步	تنزّه
promiscuité *f.*	lack of privacy	promiscuidad	Aufeinanderhocken	混杂	اختلاط
proposition *f.*	proposal	propuesta	Vorschlag	建议	اقتراح
propre	clean	limpio	sauber	干净	نظيف
proprio (fam.) *m.*	landlord	dueño	Eigentümer	房东	مالك
protection *f.*	protection	protección	Schutz	保护	حماية
protester (contre)	to protest	protestar (contra)	protestieren	抗议	اعترض، احتجّ
provoquer	to cause	provocar	hervorrufen	导致	تسبّب بـ
puce *f.*	to set one thinking	mosca détrás de la oreja	Argwohn erregen	引起注意	(أثار) الظنّ
puisque	since	ya que	da	既然	طالما
puits *m.*	well	pozo	Brunnen	井	بئر
pure	pure	pura	rein	纯的	طاهرة، صافية
Quand même	all the same	incluso	trotzdem	即使	مع ذلك
quant à	as for	en cuanto a	was … betrifft	至于	أمّا بالنسبة لـ
quelquefois	sometimes	a veces	manchmal	有时	أحيانًا
quelqu'un	someone	alguien	jemand	某人	شخص ما، أحد
quotidien	daily	diario	täglich	每日的	يومي
Raccrocher	to hang up	colgar	auflegen	挂	أعاد السمّاعة
racine *f.*	root	raíz	Wurzel	根	جذر
raconter	to tell	contar	erzählen	叙述	أخبر، حكى
radicalement	radically	radicalmente	vollständig	根本的	جذريًا
raisonnable	reasonable	razonable	vernünftig	有理的	عاقلا
ralliement *m.*	rallying	reunión	Sammeln	重新集合	التحاق، انضمام
rame (de métro) *f.*	metro train	tren (de metro)	Zug	地铁列车	قطار
ranger	to put away/tidy	ordenar	aufräumen	整理	رتّب
rapporter	to bring back	devolver	zurückbringen	拿回来	جلب
rare	rare	raro	selten	罕见的	نادر
rarement	rarely	escasamente	selten	难得	نادرًا
rassurer	to reassure	tranquilizar	beruhigen	使放心	طمأن
ravi	delighted	encantado	erfreut	高兴	مبتهج، ممتنّ
réagir	to react	reaccionar	reagieren	反映	ركس، استجاب
réaliser	to fulfil	realizar	verwirklichen	实现	حقق، أنجز، أدرك
récemment	recently	recientemente	vor kurzem	最近	مؤخرًا
recevoir	to receive	recibir	empfangen	招待	استقبل
réchauffement *m.*	warming	calentamiento	Erwärmung	重新变暖	تدفئة ثانية، سخونة
réclamation *f.*	complaint	reclamación	Reklamation	要求	مطالبة
réconforter	to comfort	reconfortar	trösten	安慰	عزّى، سلى، قوّى
réfléchir	to think (about)	pensar	überlegen	思考	فكر، تأمّل
reconnaissance *f.*	gratitude	reconocimiento	Anerkennung	感激	اعتراف
recruteur *m.*	recruiter	reclutador	Werber	征集	مجنّد، مسؤول اختيار
réflexion *f.*	thought	reflexión	Überlegung	思考	تفكير، تأمّل
refuser	to refuse	negar	verweigern	拒绝	رفض
régler	to settle	solucionar	beilegen	解决	سوّى، حلّ
regretter	to regret	lamentar	bedauern	后悔	أسف، ندم على
rejeter	to reject	rechazar	ablehnen	抛弃	رفض، رذل
rejoindre	to meet up with	reunir	treffen	与…会合	انضمّ، التحق بـ
réjouir	to delight	alegrar	erfreuen	使高兴	أفرح، أسرّ
se réjouir de	to be delighted	alegrarse de	sich freuen über	高兴	ابتهج، فرح
religieux	religious	religioso	religiös	宗教的	ديني
rembourrer	to stuff	rellenar	polstern	堵塞垫料	حشا
rencontrer	to meet	encontrar a	treffen	遇见	لقي، لاقى، لتقى بـ
se rendre compte de	to realize	darse cuenta de	bemerken	体会到	فهم، أدرك
rénovation *f.*	renovation	renovación	Renovierung	更新	تجديد، ترميم
rénover	to renovate	renovar	renovieren	更新	جدّد، رمّم
renvoyer	to fire	despedir	kündigen	开除	طرد

FRANÇAIS	ANGLAIS	ESPAGNOL	ALLEMAND	CHINOIS	ARABE
repasser	to iron	planchar	bügeln	烫	كوى
repérer	to mark	localizar	auffinden	找出	كشف، عاين
répondeur m.	answer phone	contestador	Anrufbeantworter	应答机	مجاوبة مسجّلة
représentant m.	representative	representante	Vertreter	代表	ممثل، مندوب
répression f.	repression	represión	Unterdrückung	镇压	قمع
reprocher	to criticize	reprochar	vorwerfen	责备	لام، أخذ على
respecter	to respect	respetar	respektieren	尊敬	احترم
respirer	to breathe	respirar	atmen	呼吸	تنفس
responsable m./f.	person in charge	responsable	Verantwortlicher	负责人	مسؤول
résultat m.	result	resultado	Ergebnis	结果	نتيجة
réunion f.	meeting	reunión	Versammlung	会议	اجتماع
revenir	to come back	volver	zurückkommen	回来	عاد، رجع
rigoler	to laugh	reírse de	lachen	耍笑	ضحك، مزح
robinet m.	tap	grifo	Wasserhahn	龙头	صنبور، حنفية
rôle m.	role	papel	Rolle	角色	دور
rusé	cunning/crafty	astuto	schlau	狡猾的	محتال
rythme m.	rhythm	ritmo	Rhythmus	节奏	وتيرة، وقع
Sachet m.	bag	bolsa	Beutel	袋子	كيس صغير، ظرف
sacré	holy	sagrado	heilig	神圣的	مقدّس
sans	without	sin	ohne	没有	بدون
sans abri	homeless person	sin hogar	obdachlos	无藏身处	بدون مأوى
sapin m.	fir tree	abeto	Tanne	杉	شجرة تنّوب
sauver	to save	salvar	retten	救	أنقذ، خلص
savoir-vivre	manners	usos sociales	Lebensart	良好的教养	آداب السلوك
savon m.	soap	jabón	Seife	肥皂	صابون
savoureux	tasty	sabroso	köstlich	美味可口的	لذيذ، عذب
scandaleux	scandalous	escandaloso	skandalös	令人气愤的	مشين، مخز، فاضح
sculpture f.	sculpture	escultura	Skulptur	雕刻	منحوتة
sèche-cheveux m.	hairdryer	secador	Haartrockner	吹风器	مجفّقة شعر
sécheresse f.	drought	sequía	Trockenheit	旱灾	جفاف
séduisant	attractive	atractivo	verlockend	迷人的	فاتن
séjour m.	stay	estancia	Aufenthalt	逗留	إقامة
au sein de	within	en el seno de	mitten in	在...内部	في قلب، وسط
semblable	similar	semejante	ähnlich	相似的	مشابه، شبيه
semestriel	twice-yearly	semestral	halbjährlich	每六个月一次的	نصف سنوي
se sentir bien	to feel good	sentirse bien	sich wohl fühlen	感到舒适	شعر بالارتياح
serrer	to tighten	apretar	anziehen	束紧	شدّ، ضغط، ضيّق
se serrer la ceinture	to tighten one's belt	apretarse el cinturón	den Gürtel enger schnallen	束紧裤带	تقشّف
serveur m.	waiter	mozo	Ober	服务员	خادم، نادل
service m.	department	servicio	Abteilung, Dienst	服务	خدمة
serviette f.	napkin	servilleta	Serviette	餐巾	منشفة، فوطة
servir à	to be used for	servir a	dienen zu	用作	نفع لـ، خدم لـ
si bien que	so much so that	si bien que	so dass	尽管	حتى أن، بحيث أن
siège m.	seat	asiento	Sitz	座位	مقعد
signer	to sign	firmar	unterzeichnen	签署	وقع
sincèrement	sincerely	sinceramente	aufrichtig	真诚地	بصدق
slogan m.	slogan	eslogan	Slogan	口号	شعار
société f.	company	sociedad	Gesellschaft	公司	شركة
sociologue f.	sociologist	sociólogo	Soziologe	社会学家	عالم اجتماع
soigner	to treat	curar	pflegen	照料	اعتنى بـ ،
soldes m.	sales	saldos	Ausverkauf	处理商品	بيع تصفية
solidarité f.	solidarity	solidaridad	Solidarität	团结一致	تضامن
solitude f.	solitude	soledad	Einsamkeit	孤独	وحدة، عزلة
sonnerie f.	ring	timbre	Klingeln	铃响声	رنين جَرس
sorcière f.	witch	bruja	Hexe	巫婆	ساحرة
souhaiter	to wish	desear	wünschen	希望	تمنّى
soulager	to relieve	aliviar	erleichtern	减轻	خفف عن، أراح
souvent	often	a menudo	oft	经常	غالبًا
spacieux	spacious	espacioso	geräumig	宽敞的	واسع، فسيح، رحب

FRANÇAIS	ANGLAIS	ESPAGNOL	ALLEMAND	CHINOIS	ARABE
spécifique	specific	específico	spezifisch	特殊的	نوعي، محدّد
stable	stable	estable	stabil	稳定的	ثابت، مستقرّ
statue f.	statue	estatua	Statue	雕像	تمثال
stress m.	stress	estrés	Stress	压力	ضغط، رهق
stressé	to be under stress	estresado	gestresst	有压力的	مرهق، مضغوط
strict	strict	estricto	strikt	严密的	صارم
subir	to be subjected to	sufrir	ertragen	遭受	تحمّل، تكبّد
suffire	to be enough	bastar	reichen	满足	كفى
suivre	to follow	seguir	folgen	跟随	تبع، تابع، اقتفى
superficiel	superficial	superficial	oberflächlich	表面的	سطحي
superflu	unnecessary	superfluo	überflüssig	多余的	زائد
supérieur	upper	superior	obere(r)	上面的	رئيس
supporter	to withstand	soportar	ertragen	支持	تحمّل
surpeuplé	overpopulated	superpoblado	übervölkert	人口过剩的	مكتظ بالسكان
surveiller	to keep an eye on	vigilar	überwachen	监视	راقب
symbole m.	symbol	símbolo	Symbol	象征	رمز
Tâches ménagères f.	household chores	tareas domésticas	Hausarbeit	家务	مهام/أعمال منزلية
taie d'oreiller f.	pillowcase	funda de almohada	Kopfkissenbezug	枕套	وجه وسادة
tailleur m.	(woman's) suit	traje de chaqueta	Kostüm	裁缝	طقم
un tas de	a heap/pile of	varios	ein Haufen	许多	ركام
téléphérique m.	cable car	teleférico	Drahtseilbahn	架空索道	تلفريك
télésiège m.	chair lift	telesilla	Sessellift	缆车	تلسياج
témoignage m.	story/account	testimonio	Zeugenaussage	证据	شهادة
temporaire	temporary	temporal	vorübergehend	暂时的	وقتي، مؤقت
tendu	tense	tenso	gespannt	绷紧的	متوتّر، مضغوط
terrasse f.	terrace	terraza	Terrasse	平台	شرفة
tiers monde m.	Third World	tercer mundo	Dritte Welt	第三世界	عالم ثالث
tolérance f.	tolerance	tolerancia	Toleranz	容许	تسامح
tolérer	to tolerate	tolerar	dulden	容许	قبل بـ، تسامح
tordu	twisted	torcido	verbogen	扭曲的	ملتو
toujours	always	siempre	immer	永远	دائماً
toujours	still	aún	immer noch	总是	ما زال
toxique	toxic	tóxico	giftig	有毒的	سامّ
tradition f.	tradition	tradición	Tradition	传统	تقليد
traitement m.	treatment	tratamiento	Behandlung	处理	معالجة، علاج
traître	traitor	traidor	heimtückisch	叛徒	خائن
tramway m.	tramway	tranvía	Straßenbahn	有轨电车	ترام، حافلة كهربائية
tri m.	sorting	selección	Auswahl	挑选	فرز
trimestriel	quarterly	trimestral	vierteljährlich	每季度一次的	فصلي، ربع سنوي
tromper	to deceive	engañar	täuschen	欺骗	خدع
tropical	tropical	tropical	tropisch	热带的	مداري، استوائي
trottoir m.	pavement	acera	Bürgersteig	人行道	رصيف
tuile f.	tile	teja f.	Dachziegel	瓦	قرميدة
type m.	chap	tipo	Typ	人	رجل، شخص
Uniforme m.	uniform	uniforme	Uniform	制服	بزّة، زيّ
urbain	urban	urbano	städtisch	城市的	مديني، حضري
Vaccin m.	vaccine	vacuna	Impfe	疫苗接种	طعم، لقاح
vaisselle f.	crockery/dishes	vajilla	Geschirr	餐具	آنية
valeur	value	valor	Wert	价值	قيمة
la veille f.	the day before	la víspera	Vorabend	前夜	عشيّة
verglas m.	black ice	hielo en el pavimento	Glatteis	薄冰	رقاق جليد
vieux, vieil	old	viejo	alt	年老的	قديم، هرم
violemment	violently	violentamente	heftig	猛烈地	بعنف
voie f.	way/lane	vía	Weg	道路	طريق، سبيل
voile f.	veil	vela	Segel	帆	شراع
vrai	true	verdadero	wahr	真实的	صحيح

1 🎧 Écoutez et écrivez comment était la vie il y a 50 ans. → (7 points)

1. ~~Toutes~~ a beaucoup changé.
2. Dans la communication surtout *non plus de telephone.*
3. Il n'y avait pas d'ordinateurs, ~~des~~
4. ~~Les~~ telephones ne ~~sonnaient~~ pas tous les temps. *n'arrêt pas de sonner.*
5. pas beaucoup de bruit ~~et~~ voitures.
6. ~~Dans~~ Les gens ne voyageaient pas beaucoup.
7. Pas beaucoup de pollution.

2 Écrivez le nom de chaque élément du dessin. → (5 points)

n° 1 : *une* assiette
n° : *une* serviette
n° : *une* fourchette
n° : *un* couteau
n° : *une* cuillière
un verre.

~~Mettre la table~~
Mettre la table
Mettre le couvert.

3 Écrivez ce que fait chaque personne. → (3 points)

1. Il ~~fait~~ passe l'aspirateur 2. Elle fait la vaisselle 3. Il fait le repassage

4 Remettez dans l'ordre le nom et l'adjectif. Faites les accords nécessaires. → (6 points)

1. délicieux / un gâteau .... 4. premier / la page ....
2. vieux / une voiture .... 5. nouveau / un ami ....
3. autre / des exercices .... 6. brésilien / une étudiante ....

5 Mettez le verbe entre parenthèses à l'imparfait. → (5 points)

1. Quand je (être) *étais* petit, les ordinateurs (ne pas exister) *n'existaient pas.*
2. Il (faire) *faisait* froid à Montréal ?
3. Où est-ce que tu (vouloir) *voulais* aller ?
4. Excuse-moi, je (ne pas savoir) *ne savais pas.*

6 Remplacez les mots soulignés par un pronom. → (4 points)

1. – Il est à qui ce téléphone portable ?
 – Ah, merci, c'est <u>mon téléphone portable</u> ! *le mien.*
2. – Tu as mon adresse électronique ?
 – Euh, non, non, j'ai l'adresse de Lucie mais je n'ai pas <u>ton adresse électronique</u>. *la tienne.*
3. – Vos informations ne sont pas très bonnes !
 – Elles sont aussi bonnes que <u>vos informations</u> ! *les ~~vous~~ vôtres.*
4. – Tu as une échelle ?
 – Non, mais mes voisins vont me prêter <u>leur échelle</u>. *la leur.*

Test unité 2

1 🎧 Écoutez et complétez les phrases proposées. → *(3 points)*

1. Il va partir au Japon l'année prochaine afin de *a prendre le langue et la culture.* *(decouvris)*
2. Jean-Philippe parle beaucoup de son métier à sa fille, pour qu'*elle devienne med*
3. Martine explique lentement afin que *les étudiants puissent bien comprends.*

2 🎧 Écoutez et dites ce que les personnes viennent de faire. → *(4 points)*
Utilisez le passé récent.

1. Alice *vient de courir presque une heure.*
2. Louis *vient de écrire se*
3. Emmanuel *vient de marcher sous l*
4. Madame et Monsieur Legros *viennent de d'arres*

3 Indiquez le nom correspondant à chaque verbe proposé et rayez → *(4 points)*
l'article qui ne convient pas.

peindre : le, la *peinture*   réfléchir : le, la *reflexion*
créer : le, la *création*   changer : le, la *le changement*

4 Posez les questions correspondant aux réponses. Utilisez → *(6 points)*
qui est-ce qui/que **ou** qu'est-ce qui/que.

1. – *Qui est-ce qui a pris les clés.* ?
   – C'est Lucie qui a pris les clés.
2. – *Qu'est-ce que Marie à Prefere ?* ?
   – Marie ? Elle a préféré la jupe rouge.
3. – .... ?
   – Demain ? Je ne sais pas. Je resterai à la maison ou j'irai voir des amis.

5 Posez des questions (avec l'inversion sujet-verbe) pouvant → *(6 points)*
correspondre à ces réponses.

1. *Et Quand pars-tu ?* ? Je pars demain soir, à 19 heures.
2. *Comment voyagent-il à Paris* ? Je crois qu'ils y vont en voiture.
3. *Où habitent-ils* ? À Paris, dans le IIIe arrondissement.
4. *Avez-vous des voitures* ? J'en ai deux.
5. *Donnez-moi votre nombre* ? C'est le 05 28 10 02 23.
6. *Pourquoi as-tu parti de portable*
   le concert ? ? Parce que je n'aime pas le rock.

6 Mettez le verbe entre parenthèses à la forme qui convient. → *(7 points)*

1. – Tu es sûr que Pierre (venir) *vient* demain soir ?
   – Non. J'aimerais bien qu'il (venir) *vienne* mais je n'en suis pas sûre.
2. – Tu me demandes ça pour que je te (dire) *dise* que tu es belle ?
   – Mais non, je sais déjà que je (être) ...... belle !
3. – Tu veux qu'on (aller) ...... chez Luc ensemble ou tu y vas tout seul ?
   – Je préfère que vous (m'attendre) ......, c'est plus sympa d'y aller ensemble.
   – D'accord, mais il faut qu'on (partir) ...... à huit heures au plus tard.

1 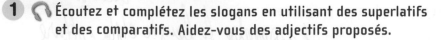 Écoutez et complétez les slogans en utilisant des superlatifs et des comparatifs. Aidez-vous des adjectifs proposés. → *(9 points)*

cher - bon - efficace

1. Calilinge, la _ _ _ _ _ des lessives pour votre linge fragile et délicat.
2. Le _ _ _ _ _ lourd et le _ _ _ _ _ petit _ _ _ _ téléphones portables : le GH213.
3. Magnifiteint : la _ _ _ _ _ et la plus _ _ _ _ _ des crèmes de beauté !
4. _ _ _ _ _ de goût et _ _ _ _ _ _ _ _ _ _ calories dans les nouveaux desserts Sveltime.

2 Observez ces dessins et faites six phrases pour comparer Céline il y a 20 ans et Céline maintenant. → *(6 points)*

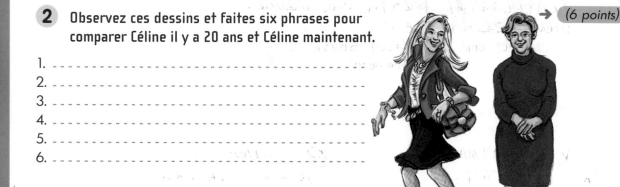

1. _____
2. _____
3. _____
4. _____
5. _____
6. _____

3 Complétez les phrases avec le comparatif ou le superlatif qui convient. → *(5 points)*

1. Tu parles bien français mais c'est Laura qui le parle _ _ _ _ _ .
2. Sa première chanson était très bonne mais celle-ci est _ _ _ _ _ .
3. Rêver, c'est bien ; agir, c'est encore _ _ _ _ _ .
4. Céline Cano est une très bonne nageuse. Elle est _ _ _ _ _ de la région Centre.
5. Pas mal ton idée mais Yves a deux _ _ _ _ _ propositions.

4 Rayez les adjectifs qui ne conviennent pas. → *(4 points)*

1. Les gâteaux Paquier sont si (efficaces - savoureux - spacieux) qu'ils plaisent à toute la famille.
2. Tu ne devrais pas acheter ce fauteuil ; il n'est pas (séduisant - confortable - efficace).
3. C'est très (agréable - spacieux - rapide) de se promener en famille dans la nouvelle Renault.
4. Cette nouvelle boisson aux oranges est vraiment (délicieuse - rapide - spacieuse).

5 Complétez les réponses. → *(6 points)*

1. – Tu as des frères et des sœurs ?
   – Non, _____

2. – Léa a déjà vu ce film ?
   – Non, _____

3. – C'est vrai que vous avez toujours beaucoup d'argent sur vous ?
   – Non, _____

4. – Il était sympa ce petit café près de la mairie. Tu y vas toujours ?
   – Non, _____

5. – Tu as encore des bonbons à la fraise ?
   – Non, _____

6. – Tu es déjà allé en Asie ?
   – Non, _____

Test unité 4

1 Écoutez et complétez le tableau. → (6 points)

	sujet de la discussion	expressions utilisées pour dire son inquiétude	expressions utilisées pour réconforter
dialogue 1			
dialogue 2			

2 Complétez les phrases avec *aussi* ou *non plus*. → (3 points)

1. – On part pendant les vacances de Pâques. On va à la Martinique.
   – La Martinique ? C'est amusant : Bénédicte et Carlos y vont ــــــ.
2. – Tu peux aller à la réunion du Conseil demain soir ? Parce que, moi, je n'ai vraiment pas le temps !
   – Oui, bah, moi ــــــ, je n'ai pas le temps !
3. – Le directeur leur a demandé de travailler sur le projet multimédia, mais Sophie n'y connaît rien en informatique.
   – Et Valérie ــــــ !

3 Complétez les phrases en utilisant *le/la/les même(s) ... (que)*. → (3 points)

1. Anne a lu le texte de la page 36. Medhi a lu le texte de la page 46. → Anne n'a pas lu ــــــ.
2. La mère a de longs cheveux noirs. La fille a de longs cheveux noirs. → Elles ont ــــــ.
3. J'habite rue Guérin. Élodie habite rue Guérin. → Élodie habite ــــــ.

4 Écrivez les verbes entre parenthèses à l'imparfait ou au passé composé. → (6 points)

1. Je (être) ـــــ sous la douche quand quelqu'un (sonner) ـــــ à la porte.
2. Non, nous (ne pas sortir) ـــــ hier soir, mon mari (vouloir) ـــــ se coucher tôt.
3. Sandrine (discuter) ـــــ avec Mathilde quand, tout à coup, le directeur (entrer) ـــــ dans son bureau.

5 Écrivez les verbes entre parenthèses au passé composé. → (4 points)

1. Attends, tu vas lire la lettre que Julien me (écrire) ــــــ.
2. Chérie, tu sais, les chocolats pour ta mère, le chien les (manger) ــــــ.
3. Alors quels livres vous (lire) ـــــ ?
4. Je ne retrouve pas ma disquette. Est-ce que quelqu'un la (prendre) ـــــ ?

6 Transformez les phrases en utilisant les mots indiqués entre parenthèses. → (3 points)

1. La Lithuanie fait partie de l'Union européenne depuis le 1er mai 2004.
   → (il y a... que) ــــــ.
2. Les Jeux olympiques modernes existent depuis 1896.
   → (ça fait... que) ــــــ.
3. François Mitterrand a quitté la vie politique en 1995. Il a été président de la République pendant 14 ans, de 1981 à 1995.
   → (il y avait... que) ـــــ

7 Récrivez ce programme de voyage en remplaçant les verbes par des noms. → (5 points)

Dimanche : On part de Lyon à 17 heures. → _____
On arrive à Rabat à 19 h 10. → _____
Lundi : On visite la Médina, le quartier historique. → _____
Mercredi : On traverse les montagnes de l'Atlas. → _____
Vendredi : On explore la région de Marrakech. → _____

unité 5 Test

1 🎧 **Écoutez le dialogue entre Emma et Pascal et cochez les réponses qui conviennent.** → *(5 points)*

1. Emma et Pascal sont
   - ☐ frère et sœur.
   - ☐ mari et femme.
   - ☐ amis.
   - ☐ collègues de bureau.

2. Emma
   - ☐ est allée seule chez Laure et Bruno.
   - ☐ est allée chez Laure et Bruno avec Pascal.
   - ☐ est allée chez Laure et Bruno avec Benoît.
   - ☐ n'est pas allée chez Laure et Bruno.

3. Pascal dit qu'il
   - ☐ verra Benoît pour un dossier urgent.
   - ☐ a parlé avec Benoît du dossier urgent la semaine dernière.
   - ☐ a vu Benoît ce soir pour parler du dossier urgent.
   - ☐ ne peut pas voir Benoît parce qu'il part en Italie.

4. Emma a téléphoné
   - ☐ à Benoît.
   - ☐ à Pascal au bureau.
   - ☐ à Laure et Bruno.
   - ☐ à Pascal sur son téléphone portable.

5. Pascal dit qu'il
   - ☐ était dans son bureau.
   - ☐ a quitté le bureau à 18 heures.
   - ☐ attendait Emma à la maison.
   - ☐ était dans le bureau de Benoît.

2 **Complétez les phrases avec** *tout, toute, tous* **ou** *toutes*. → *(4 points)*

1. Ne t'inquiète pas, j'ai - - - - - mon temps.
2. - - - - - mes amies m'ont fait une très belle surprise pour mon mariage.
3. Ah ! bon ? Tu vas courir - - - - - les matins ?
4. On s'est beaucoup amusés. On a dansé - - - - - la nuit.

3 **Écrivez les verbes entre parenthèses au plus-que-parfait.** → *(5 points)*

1. Vous (comprendre) - - - - - son explication, vous ?
2. Ils (se lever) - - - - - très tôt pour voir le lever du soleil sur les montagnes.
3. Anne (ne pas recevoir) - - - - - mes messages électroniques.
4. Elles (entendre) - - - - - leur mère mais elles ne (pas la voir) - - - - - .

4 **Choisissez la ou les réponse(s) qui peut (peuvent) convenir à chaque situation.** → *(5 points)*

1. Vous venez de gagner un beau voyage au soleil.
   - ☐ Ça me réjouit. ☐ Ça m'énerve. ☐ Je suis ravi(e). ☐ C'est intolérable !

2. Il y a des travaux devant chez vous et beaucoup de bruit jusqu'à 23 heures.
   - ☐ Je me réjouis. ☐ J'en ai assez. ☐ Je m'indigne. ☐ C'est insupportable !

5 **Mettez les verbes proposés au passé composé, à l'imparfait ou au plus-que-parfait.** → *(8 points)*

1. Elle (avoir) - - - - - un petit accident parce qu'elle (ne pas voir) - - - - - qu'une voiture (arriver) - - - - - au moment où elle (sortir) - - - - - de son garage.

2. Sylvie (me dire) - - - - - qu'elle (ne pas recevoir) - - - - - ma carte du Viêtnam.

3. Est-ce que vous (réfléchir) - - - - - à la proposition que je (vous faire) - - - - - ?

6 **Transformez les phrases en utilisant un gérondif.** → *(3 points)*

1. J'ai rencontré Emmanuelle quand je suis allée à l'université.
2. Tu écoutes de la musique quand tu travailles ?
3. Quand tu partiras, ferme bien la porte à clé !

Test unité 6

1 🎧 **Écoutez et répondez aux questions.** → *(5 points)*

1. Les deux personnes sont :
   - ☐ un homme et sa femme.   ☐ deux amis.
   - ☐ un propriétaire et une locataire.   ☐ deux collègues de travail.

2. Au début de la scène, ils sont :
   - ☐ dans la cuisine.   ☐ dans la salle de bain.
   - ☐ dans la chambre.   ☐ dans le salon.

3. Qu'est-ce qu'on peut ouvrir avec les clés ?

   1. _____   2. _____   3. _____

2 **Écrivez un minidialogue avec chacune de ces phrases.** → *(6 points)*

1. C'est lamentable !   2. Vous vous trompez !   3. Je suis déçu(e).

_____   _____   _____

_____   _____   _____

_____   _____   _____

3 **Rayez le mot qui ne convient pas.** → *(3 points)*

1. Il faut avoir un bon diplôme (pour que ; de façon à) obtenir ensuite un bon travail.
2. Je vous rappelle plus tard (afin que ; pour) on fixe un rendez-vous la semaine prochaine.
3. Téléphonez au 0.800.930.930 (de façon que ; afin de) nous donner votre avis sur ce produit.

4 **Complétez ces phrases.** → *(4 points)*

1. Comme je voudrais changer de travail, on envisage de _____
2. Nous avons perdu beaucoup d'argent. Nous avons l'intention de _____
3. La maison est trop petite, on a prévu de _____
4. Le nouveau directeur a pour objectif de _____

5 **Complétez le tableau.** → *(5 points)*

nom	l'accueil	la création	le respect	_____	_____	la destruction
verbe	accueillir	_____	_____	aménager	construire	_____

6 **Remplacez les mots soulignés par un pronom.** → *(7 points)*

1. Audrey ? Je vais vous présenter <u>Audrey</u>.
2. Non, je n'ai pas tout mangé ! Je t'ai gardé un morceau <u>de gâteau</u> !
3. Oui, oui, il m'a parlé <u>de son projet</u>.
4. Non, je vais chez elle demain pour montrer <u>mes photos</u> à <u>Valérie</u>.
5. Caroline nous a apporté <u>les résultats</u> ce matin.
6. Attendez, je vais vous faire une copie <u>de ma lettre</u>.

1 a) Écoutez et associez chaque document à un minidialogue. → *(4 points)*

Interdit de marcher sur la pelouse.

DÉFENSE D'ENTRER

dialogue 1 : document _ _ _ _ _   dialogue 3 : document _ _ _ _ _
dialogue 2 : document _ _ _ _ _   dialogue 4 : document _ _ _ _ _

b) Où peut-on trouver chacun de ces panneaux ? Cochez la case qui convient. → *(4 points)*

	dans un restaurant	dans un parc	dans un musée	dans une banque
panneau 1	☐	☐	☐	☐
panneau 2	☐	☐	☐	☐
panneau 3	☐	☐	☐	☐
panneau 4	☐	☐	☐	☐

2 Transformez chacune de ces phrases en utilisant le verbe *manquer*. → *(4 points)*

1. Pour Katia, c'est difficile de vivre sans Paul. _
2. Ça coûte 22 € et je n'ai que 21 €. Il me faut 1 €. _ _ _ _ _ _ _ _ _ _ _ _ _ _ _ _
3. Dépêche-toi, le train va partir sans toi ! _
4. Je vais être triste sans mes amis. _

3 Complétez en mettant le verbe qui convient à la forme correcte. → *(5 points)*

jeter - déranger - fumer - pénétrer - entrer

1. Ne _ _ _ _ _ pas vos déchets dans la nature ; des poubelles sont à votre disposition.
2. _ _ _ _ _ par la porte à l'est du bâtiment.
3. Défense de _ _ _ _ _ dans les salles de cours.
4. Il est interdit de _ _ _ _ _ dans ce bâtiment sans autorisation.
5. Prière de ne pas _ _ _ _ _ _.

4 Mettez le verbe entre parenthèses au subjonctif. → *(4 points)*

1. Il faut que je (faire) _ _ _ _ _ le ménage samedi.
2. J'aimerais que nous (pouvoir) _ _ _ _ _ nous revoir bientôt.
3. Vos parents voudraient que vous (aller) _ _ _ _ _ les voir plus souvent.
4. Tu as fait ça pour que je (prendre) _ _ _ _ _ le train avec toi ?

5 Mettez le verbe entre parenthèses à la forme qui convient. → *(6 points)*

1. J'ai envie que nous (partir) _ _ _ _ _ tous ensemble au Maroc.
2. Il n'est pas bon que tu (aller) _ _ _ _ _ chez Marc à cette heure-là.
3. Je pense que Pierre et Louis (être) _ _ _ _ _ à la maison. Appelons-les.
4. Je suis désolée que tu (ne pas comprendre) _ _ _ _ _ la situation.
5. Elle est sûre que Frédéric (avoir) _ _ _ _ _ l'adresse du restaurant ?
6. J'ai bien peur qu'il (pleuvoir) _ _ _ _ _ dimanche…

6 Remplacez les éléments soulignés par un pronom. → *(3 points)*

1. Je ne savais pas <u>que tu n'habitais plus à Paris</u>.
2. Pensez <u>à fermer toutes les fenêtres et la porte quand vous partirez</u>.
3. Nous avons besoin <u>que quelqu'un nous aide à faire cet exercice</u>.

Test unité 8

1 🎧 Écoutez et complétez le tableau. → *(6 points)*

	problème	expression utilisée pour reprocher	expression utilisée pour se justifier
dialogue 1			
dialogue 2			
dialogue 3			

2 Écrivez un minidialogue avec chacun de ces verbes. → *(4 points)*

1. servir à

2. profiter de

- -

- -

- -

3 Faites une seule phrase en utilisant *dont*. → *(6 points)*

1. C'est une affaire personnelle. Je ne veux pas parler de cette affaire personnelle.
2. On a trouvé un petit hôtel. On est très contents de ce petit hôtel.
3. Il faut rencontrer les parents des élèves. Les résultats de ces élèves sont très mauvais.
4. L'État donnera de l'argent aux propriétaires. Les maisons des propriétaires ont été inondées en 2003.
5. C'est un nouveau produit. Je suis assez satisfait de ce nouveau produit.
6. Je vais essayer de trouver le livre. Vous avez besoin de ce livre.

4 Écrivez les phrases à la forme passive. → *(3 points)*

1. Le Docteur Manco a opéré mon mari.
2. Tous les mois, les services de sécurité vérifient les machines.
3. La société Brochard construira le nouvel immeuble.

5 Écrivez les phrases à la forme passive (sans reprendre le sujet). → *(3 points)*

1. Est-ce que vous avez contacté Madame Chauveau ?
2. On vous enverra les résultats la semaine prochaine.
3. Le directeur a modifié le programme.

6 Complétez les phrases. → *(5 points)*

1. Elle ne peut pas venir demain parce que -
2. Comme ma femme n'est pas française, -
3. Je n'irai pas à l'université puisque -
4. Il y a de la neige sur la route, alors -
5. Non, je n'ai pas son adresse, par conséquent -

7 Rayez le mot qui ne convient pas. → *(3 points)*

1. On a pu trouver une solution (à cause de ; grâce à) la directrice.
2. Il y a souvent des problèmes en été (à cause de ; grâce à) la chaleur.
3. On va faire beaucoup d'économies (à cause de ; grâce à) cette nouvelle machine.

1 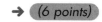 Écoutez et dites ce qu'exprime chaque personne. Cochez les cases → **(6 points)**
qui conviennent.

	1	2	3	4	5	6
demande polie						
information incertaine						
proposition						
condition/hypothèse						

2 Mettez le verbe entre parenthèses au conditionnel présent. → **(6 points)**

1. Nous (pouvoir) _ _ _ _ _ inviter Fabienne et Nicolas, dimanche ?
2. Il (falloir) _ _ _ _ _ que tu rappelles ta mère, elle a appelé cet après-midi.
3. Je (manger) _ _ _ _ _ bien une petite tarte aux pommes, pas toi ?
4. Si tu le savais, tu me le (dire) _ _ _ _ _ ?
5. Vous (devoir) _ _ _ _ _ en parler à votre médecin.
6. Béa et Lionel (partir) _ _ _ _ _ trois semaines en Chine cet été.

3 Associez un élément de chaque colonne. → **(6 points)**

1. Il t'écrira
2. Appelle-moi
3. Il t'écrirait
4. Promis. Je viens
5. J'ai trop de travail. Je viendrais te voir plus souvent
6. Tu pourrais prendre un café avec moi

a. si tu as le temps.
b. si tu avais le temps.
c. s'il a le temps.
d. si j'avais le temps.
e. s'il avait le temps.
f. si j'ai le temps.

4 Rayez l'expression qui ne convient pas. → **(3 points)**

1. (Au cas où - Dans ce cas) _ _ _ _ _ tu ne pourrais pas me joindre, appelle sur le portable de François.
2. (dans le cas contraire - imagine que) Tu vas réussir ; _ _ _ _ _ , tu recommenceras l'année prochaine,
ce n'est pas un drame.
3. (Au cas où - En cas de) _ _ _ _ _ maladie, vous devez prévenir par téléphone.

5 Écoutez et cochez les répliques qui expriment la tristesse ou la déception. → **(5 points)**

	1	2	3	4	5	6	7	8
tristesse								
déception								

6 Écrivez un minidialogue avec chacune de ces expressions. → **(4 points)**

1. C'est très décevant.   2. C'est plutôt triste, non ?

_   _

_   _

_   _

Test unité 10

1 🎧 Écoutez et écrivez les caractéristiques d'une « lolita ». → (5 points)

1. --
2. --
3. --
4. --
5. --

2 Imaginez une réponse en utilisant la structure proposée. → (5 points)

1. Tu as changé d'ordinateur ?   → **c'est pour ça que...**
2. Et c'est quoi, tous ces programmes ?   → **c'est pour...**
3. Tu utilises beaucoup l'internet ?   → **ça permet de...**
4. Tu as aussi un graveur de CD ?   → **ça sert à...**
5. Mais tu as vraiment besoin de tout ça ?   → **si...**

3 Rayez le mot qui ne convient pas. → (3 points)

1. Oh là là, je ne [sens ; me sens] pas bien ce matin. J'ai mal dormi...
2. Il a pris froid. Il n'avait pas [mis ; porté] de manteau pour sortir.
3. Sandrine [habille ; s'habille]. Elle sera là dans cinq minutes.

4 Écrivez un minidialogue. → (4 points)

1. C'est lamentable !   2. Je proteste (contre...).

- - - - - - - - - - - - - - - - - -   -

- - - - - - - - - - - - - - - - - -   -

5 Remplacez les mots soulignés par des pronoms : *celui, celle..., lequel, laquelle...* → (5 points)

1. – Vous avez toutes les adresses ?
   – Non, je n'ai pas trouvé l'adresse de Philippe Lebel.

2. – Tu me donnes une photo ?
   – Oui, quelle photo tu veux ?

3. – Il y a deux hôtels qui paraissent bien.
   – Quel hôtel est le plus près de la gare ?

4. – Euh, chérie, j'ai cassé ton joli vase bleu !
   – Ah, non ! Pas le vase que j'ai rapporté du Japon ?

5. – Et les deux ordinateurs sont au même prix ?
   – Ah, non, cet ordinateur-là coûte 990 euros, l'autre 1340.

6 Transformez les phrases en mettant en relief l'élément souligné. → (4 points)

1. – Comment tu as su que Corinne n'était pas allée à Brest ?
   – Monsieur Leclerc me l'a dit.

2. – Qui va à Grenoble, Lucien ou toi ?
   – Il va à Grenoble ; moi, je vais à Annecy.

3. – Quel jour on voit Madame Sugahara ? Lundi ou mardi ?
   – Elle arrive lundi, mais on a rendez-vous mardi.

4. – Euh... je n'ai pas beaucoup de temps, tu peux revenir demain ?
   – Non ! Je veux te parler maintenant !

7 Transformez les phrases en mettant en relief l'élément souligné. → (4 points)

1. Il voudrait que tout soit terminé le 30 avril.
2. J'ai compris qu'il n'avait plus d'argent.
3. Votre mauvais résultat à l'examen m'ennuie beaucoup.
4. Il faut montrer que tu n'as pas peur.

1 Complétez les phrases avec le mot qui convient.   → (4 points)

Je travaille dans une société de communication et je suis au _ _ _ _ _ des réclamations. Avant, j'étais au marketing et j'ai changé de _ _ _ _ _ depuis un an. J'aime beaucoup ma société ; nous sommes 40 employés et nous avons trois _ _ _ _ _ qui nous représentent auprès de la direction. Ils participent à des _ _ _ _ _ et discutent des problèmes que nous pouvons rencontrer dans le cadre de notre travail.

2  Écoutez ces minidialogues et dites si les affirmations sont vraies ou fausses.   → (5 points)

	vrai	faux
1. Monsieur Garraud n'est pas là.	■	■
2. Louis Moutier rappellera plus tard.	■	■
3. Sam oublie de se présenter.	■	■
4. Sam téléphone dans une société.	■	■
5. Nathalie est là et va parler à Sam.	■	■

3 Remplacez les expressions soulignées par un adverbe.   → (5 points)

1. Émilie parle <u>avec douceur</u>.
2. Il m'a répondu <u>avec calme</u>.
3. Il faut écouter <u>avec patience</u>.
4. Tu devrais travailler <u>avec sérieux</u>.
5. Elle marche <u>avec élégance</u>.

4 Complétez les phrases avec l'expression qui convient.   → (5 points)

même si - quand même - bien que - malgré - alors que

1. _ _ _ _ _ Samuel ne soit pas là en ce moment, j'ai invité des amis à dîner vendredi soir.
2. Tu as fait de la choucroute _ _ _ _ _ je ne mange jamais de porc.
3. _ _ _ _ _ la grève des pilotes d'avion, je vais essayer de partir ce soir pour Madrid.
4. _ _ _ _ _ je le savais, je ne vous dirais rien.
5. Je sais que cela ne vous plaît pas, je vais _ _ _ _ _ en parler à mes parents…

5 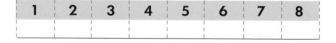 Écoutez et retrouvez les répliques qui expriment l'opposition. Cochez les cases qui conviennent.   → (5 points)

1	2	3	4	5	6	7	8

6 Mettez le verbe entre parenthèses au temps qui convient.   → (6 points)

1. Ah ! Bah, te voilà enfin. On (t'attendre) _ _ _ _ _ depuis une heure !
2. Marta (travailler) _ _ _ _ _ ici il y a cinq ans. Elle n'est restée que deux mois.
3. Il a été malade et il (maigrir) _ _ _ _ _ de 10 kilos en quelques mois.
4. Il y a un an, nous (être) _ _ _ _ _ au Canada et nous faisions du tourisme.
5. Bruno (ne pas me rappeler) _ _ _ _ _ depuis notre dispute.
6. À 10 heures, le train est enfin parti, alors que je (monter) _ _ _ _ _ depuis déjà une heure.

Test unité 12

1 🎧 Écoutez Christine et Jean-Michel et cochez la réponse qui convient. → (6 points)

	vrai	faux	?
1. Christine adore offrir des cadeaux.	▣	▣	▣
2. Elle aime beaucoup Noël.	▣	▣	▣
3. Pour Jean-Michel, Noël est la fête des enfants.	▣	▣	▣
4. Jean-Michel s'achète lui-même les choses dont il a besoin.	▣	▣	▣
5. Jean-Michel adore la Saint-Patrick.	▣	▣	▣
6. Christine aime bien la fête du Beaujolais nouveau.	▣	▣	▣

2 🎧 Écoutez ces répliques et cochez la case qui convient. → (6 points)

	1	2	3	4	5	6	7	8
exprime la surprise								
approuve une opinion								

3 Rayez l'élément qui ne convient pas. → (6 points)

1. Je pensais qu'il arriverait le matin, (en effet / en fait), il est arrivé en fin de journée.

2. Vous remplirez cette fiche, s'il vous plaît ; (par ailleurs / en réalité), il faudra nous fournir deux enveloppes timbrées.

3. Delphine s'occupe d'informatique ; (quant à / de plus) sa sœur, elle développe des sites internet.

4. J'ai parlé avec la secrétaire, puis avec le technicien informatique. Mais personne ne pouvait m'aider. (En réalité / Alors), je suis partie.

5. On peut défendre le commerce éthique et on peut (donc / aussi) encourager le commerce équitable.

6. Mesdames, Messieurs, (au lieu de / en raison de) un incident technique, le train n° 8825,

4 Exprimez ces phrases d'une autre manière en gardant le même sens. → (6 points)

1. Il a beau travailler dur, il n'a pas de bons résultats.

2. Puisqu'il pleut aujourd'hui, on n'ira pas se promener dans la forêt.

3. J'ai très mal à la gorge, c'est pourquoi je ne peux plus parler.

4. On arrivera plus tôt de façon à t'aider à préparer le repas.

5. Il y a beaucoup de neige, par conséquent, on risque d'être un peu en retard au rendez-vous.

6. Il est tard, je vais quand même finir ce travail.

5 Choisissez les mots qui conviennent pour compléter le texte. → (6 points)

dépenses - économie - bousculades - publicités - boutiques - fêtes - rues - achats - soldes - économies - affaire

Chaque année, en janvier et en juillet, c'est le moment des _ _ _ _ _. Beaucoup de monde se rue dans les _ _ _ _ _ pour tenter de trouver la bonne _ _ _ _ _. Il y a même parfois des _ _ _ _ _ et des disputes ! Les commerçants poussent leurs clients à faire leurs _ _ _ _ _ très vite et leur donnent le sentiment qu'ils font alors des _ _ _ _ _.

U = unité
A = activité

➤ après ➤ après que	*Je partirai **après** 8 heures. / **après** avoir dîné.* *Elle a pleuré **après qu'**il est parti.*	**U5** A8, 9, 10, 11
➤ aussi (que), autant (que)	*Je cours **aussi** vite que toi.* *Ils n'ont pas **autant** de chance que nous.*	**U3** A4, 5, 6, 8
➤ aussi, non plus	*Moi **aussi**, j'ai très faim.* *Je n'aime pas ça et Pierre **non plus**.*	**U4** p. 39
➤ avant ➤ avant de ➤ avant que	*Je ne te verrai pas **avant** ce soir.* *Embrasse tout le monde **avant de** partir.* *Je lui ai parlé **avant qu'**elle parte.*	**U5** A8, 9, 10
➤ ça	*Tu connais **ça**, toi ?*	**U10** A9, 12
➤ ça fait… que	***Ça fait** un mois **que** je n'ai pas vu Laura.*	**U4** A11, 12, 13
➤ celui, celle(s), ceux, celui-ci, celle-là	*Les beaux pantalons ! J'aime bien **celui-là**.* *Je n'ai pas ma clé. Où est **celle** d'Agathe ?* ***Ceux** qui veulent peuvent sortir cinq minutes.*	**U10** A9, 10, 11, 12
➤ déjà	*Tu as **déjà** fini ?*	**U3** A16, 17
➤ de plus en plus ➤ de moins en moins	*J'ai **de plus en plus** envie de changer de travail.* *Il a **de moins en moins** d'amis.*	**U11** p. 126
➤ depuis	*J'habite ici **depuis** 20 ans. / **depuis** 1986.* *Je ne l'ai pas vu **depuis** longtemps.*	**U4** A13 **U11** A18, 19, 20, 21
➤ dont	*Tu connais cet écrivain **dont** le livre a reçu le prix Femina ?* *L'homme **dont** elle est amoureuse revient à Paris.* *La clé **dont** j'ai besoin est restée dans ma voiture.*	**U8** A6, 7
➤ en	*Je ne pars pas à la piscine, j'**en** viens !* *Il faut que vous m'aidiez. J'**en** ai besoin.* *J'ai beaucoup ri **en** voyant ce spectacle.*	**U5** p. 58 **U7** A21, 22 **U5** A13, 14, 15, 16
➤ encore	*Il habite **encore** à Nice ?*	**U3** A16, 17
➤ il y a	*Il est parti **il y a** deux ans.*	**U4** A13, **U11** A19, 20
➤ il y a … que	***Il y a** 400 ans **que** ce château a été construit.*	**U4** A11, 12, 13
➤ le	*J'aimerais voyager partout dans **le** monde.* *Je **le** souhaite vraiment.*	**U7** A21, 22
➤ le lui, le leur ➤ la lui, la leur ➤ l'en, l'y ➤ les lui, les leur, les en, les y ➤ le-moi, la-moi, les-moi ➤ le-nous, la-nous, les-nous	*Il **le lui** dit.* *Il **la leur** donne.* *Il **l'y** conduit.* *Il **les lui** a donnés.* *Donne-**le-moi** !* *Rendez-**la-nous** !*	**U6** A13, 14, 15
➤ le mien, la tienne, les leurs…	*Tu as mon adresse mais je n'ai pas **la tienne**.* *Mon fils est grand. **Le vôtre** est plus petit ?*	**U1** A15, 16
➤ le (la, les) meilleur(e)(s)	*C'est **le meilleur** restaurant de la ville.*	**U3** A12
➤ le mieux	*C'est Juan qui comprend **le mieux** le français.*	**U3** A12
➤ le plus, le moins	*C'est **le plus** grand.* *Nous sommes **les moins** riches.*	**U3** A9, 10, 11, 13

Guide des contenus

Table des crédits

Couverture : © Max Dia/Getty Images - **p. 8** : "Y'a une fille qu'habite chez moi", Paroles et Musique : Bruno Nicoli dit Benabar, Arrangement : Fabrice Ravel-Chapuis © Universal Music Publishing ; **p. 16** : h © Alain Benaïnous/Gamma – m © Eric Catarina/Gamma – b © H. Diard/Planet Reporters Réa ; **p. 18** : fonds © Dave G. Houser/Corbis – Adagp, Paris 2004 – 1 " Tirets jaune, jaune-vert, jaune-orange" François Morellet, 1956 © Musées d'Angers – Adagp, Paris 2004 – a Nemausus Building, Nimes de Jean Nouvel © Chris Bland/Eye Ubiquitous/Corbis – Adagp, Paris 2004 – b "Petit buste" Alberto Giacometti © Photos12.com - ARJ/Adagp, Paris 2004 – c "Le concours" dernier ballet de Maurice Béjart © Emmanuel Scorcelletti/Gamma – d Henri Cartier Bresson © Sipahioglu/Sipa ; **p. 19** : fonds © Dave G. Houser/Corbis – 2 "Tutti Frutti" Robert Malaval, 1973 © Musées d'Angers – Adagp, Paris 2004 ; **p. 20** : © Musée National d'Art Moderne – Centre Georges Pompidou ; **p. 21** : "Petit Oiseau" de Fernando Botero © Jeremy Horner/Corbis ; **p. 24** : Nicolas de Staël "Les Martigues", 1953/1954 © Kunstmuseum Winterthur, Prêt en permanence de la Fondation Volkart, 1966 – Adagp, Paris 2004 ; **p. 26 –27** : fonds Avec les remerciements de La Halle Saint-Pierre, Paris (intérieur du Musée) ; **p. 27** : h DR – 1 "Fenêtre" de Pierre Buraglio, 1977 Centre Pompidou-MNAM-CCI, Paris/© Photo CNAC/MNAN dist. RMN – Adagp, Paris 2004 – 2 "Juge à dossiers" © Plantu – 3 © Collection cinéma/Photos12.com – © Mairie de Paris (pour les textes) ; **p. 28** : 1 © Prisma Presse – Ça m'intéresse – 2 Fiat Auto France – 6 © Jorn Rynio/Getty Images – 8 © Carrefour – 8 TELE 2 ; **p. 30** : © Pascal Colrat - INSEE ; **p. 31** : d © Franz-Marc Frei/Corbis – g © Thierry Perrin/Hoa-Qui ; **p. 32** : 1 © Zurban – 3 Château de Brézé (www.chateaudebreze.com) ; **p. 33** : 2 © Fotomorgana/Corbis – **p. 35** : © P. Mascart / Reporters-Réa ; **p. 36** : fonds Mauritius/Photononstop ; **p. 37** : fonds Mauritius/Photononstop – g DR – d © Mars Alimentaire ; **p. 42** : fonds © E. Beracassat/Hoa-Qui – g © Hachette Livre Photothèque – d © Hachette Livre Photothèque ; **p. 43** : fonds © Collection Jonas/Kharbine-Tapabor ; **p. 48** : © José Fuste Raga/Corbis ; **p. 50** : h © Ian Hanning/Réa – b © ND/Roger-Viollet ; **p. 51** : h © Hulton-Deutsch Collection/Corbis – bg © ND/Roger-Viollet – bd © 2086/Gamma ; **p. 52** : © Eliane Sulle/Getty Images ; **p. 53** : © Gallimard ; **p. 55** : © Anne Marie Dauvilliers ; **p. 60** : © Association "D'un Monde à l'Autre" (23 rue Roger Salengro – 59200 Tourcoing – Tél : 03 20 26 08 86 Fax : 03 20 26 03 22 - www.fraternet.org/dmal) ; **p. 61** : "Moi Raciste" © Concerto SPRL Bruxelles ; **p. 62** : h © Les Humanoïdes Associés SA, Genève – 1 © Philippe Terrancle/Corbis Sygma – 2 © Gunter Marx Photography/Corbis – 3 © Bruno Perousse/Hoa-Qui – 4 © Alain Le Bot/Gamma – 5 © WPA/Pouzet20mn/Sipa ; **p. 63** : © Les Humanoïdes Associés SA, Genève ; **p. 64** : © Alain Denantes/Gamma ; **p. 66** : © Marta Nascimento/Réa ; **p. 70** : a © Lescouret/Photononstop – b © Marc Garanger/Corbis – c © Pratt/Photononstop – d © Loïc/Photononstop – e © Philippe Roy/Hoa-Qui ; **p. 71** : d © Pratt/Photononstop ; **p. 80** : " Impression Soleil Levant " de Claude Monet © AKG Paris ; **p. 84** : © Robert Laffont ; **p. 91** : hg © Philippe Desmazes-STF/AFP – hd © Cuttica/Contrasto-Réa – mg © Richard Damonet/Réa – md © Ian Hanning/Réa ; **p. 92** : Bios/Prempool kitt/UNEP/Still Pictures ; **p. 93** : Bios/Edwards Mark/Still Pictures ; **p. 94-95** : © Ministère de l'Ecologie et du Développement Durable/TBWA Corporate (Boulogne Billancourt) ; **p. 96** : a © Amnesty International (76, boulevard de la Villette - 75019 Paris – Tél : 01 53 38 65 65 - Fax : 01 53 38 55 00 - www.amnesty.asso.fr) /TBWA Corporate (Boulogne Billancourt) – b © Fondation Abbé Pierre (3-5, rue de Romainville – 75019 Paris – Tél : 01 55 56 37 00 – Fax : 01 55 56 37 01 – www.fondation-abbe-pierre.fr)/© Ljubisa Danilovic/© Sébastien Godefroy – c © Unicef France (3, rue Duguay Trouin – 75282 Paris cedex 06 - www.unicef.asso.fr) ; **p. 97** : d © Fondation Recherche Médicale (54, rue de Varenne – 75335 Paris cedex 07 – Tél : 01 44 39 75 75 Fax : 01 44 39 75 99 – www.frm.org) – e © Action contre la faim (4, rue Niepce – 75014 Paris – Tél : 01 43 35 86 06 Fax : 01 43 35 88 00 - www.acf-fr.org) ; **p. 98** : © LCI ; **p. 100** : Extrait de "Le succulent du chat" de Philippe Geluck/© Casterman S.A. ; **p. 108** : b DR ; **p. 112** : © World Pictures/Sunset ; **p. 118** : 1 © David Lees/Getty Images – 2 © Fabio Cardoso/Age/Fotostock/Hoa-Qui – 3 © Mauritius/Photononstop ; **p. 118-119** : fonds © Amaury/Sipa ; **p. 124** : g © Reg Charity/Corbis – mh © Teresa Ponseti/Age/Hoa-Qui – mb © Eric Audras/Photononstop – d © John Kelly/Getty Images ; **p. 128** : Emmanuel Scorcelletti/Gamma ; **p. 130** : © Strygge (Illustration et Graphisme – www.strygge.com) ; **p. 131** : © Steve Craft/Masterfile ; **p. 134** : h © Charles Schuck/Age/Hoa-Qui – b © José Fuste Raga/Hoa-Qui ; **p. 138** : h © Age/Photononstop – hm © Erik Dreyer/Getty Images – bm © Sunset – b © Rolf Bruderer/Corbis – g © Fellous/Réa.

Illustrations : Cyrille Berger 10 (bas), 22, 28 (3), 41, 45, 49 (1), 59, 64, 67 (1), 79, 81, 82 (haut), 88, 101, 113 (gauche), 117, 135, 142, 178 – Jean-Pierre Joblin 15, 65, 66, 68, 69, 99, 103, 114, 122, 123, 125 – Yannick Lefrançois 11, 17 (haut), 26, 28 (4), 36, 42, 43, 45 (3), 46, 47, 49 (3), 50, 60, 67 (2), 71, 76, 82 (bas), 84, 94, 104, 119, 128, 139 – Valérie Gibert 45 (2), 49 (2), 67 (3), 74, 108, 110-111, 113 (droite),180 – Jean-Louis Marti 10 (haut), 16, 17, (bas), 29 (5-6), 32 (2), 33 (1), 77,

Photographies : Bruno Arbesu 8, 9, 53 (haut), 56, 178, 85 (a-c-d), 86 (fond), 87, 90, 121 – Amandine Bollard 11, 12, 26-27 (fond), 42-43 (centre), 53 (bas), 84, 85 (b), 86, 87, 98 (3-4-5), 120,

Montages photographiques : Eftersom 7 (fond), 41 (fond), 52-53, 74 (fond), 86-87, 94-95, 109 (fond), 120-121 – Jean-Louis Marti 28-29, 38-39, 96-97,

Nous avons recherché en vain les auteurs ou les ayants droits de certains documents reproduits dans ce livre. Leurs droits sont réservés aux Éditions Didier.

Couverture et conception maquette : Chrystel Proupuech
Mise en pages : Isabelle Aubourg
Photogravure : Euronumérique

> Les auteurs remercient très vivement les enseignants de France et de l'étranger
> qui ont gentiment accepté de se prêter à diverses consultations
> et les nombreux collègues et amis qui les ont chaleureusement soutenus.

© Les Éditions Didier, Paris 2004   ISBN 978-2-278-05532-6   Imprimé en Italie

Achevé d'imprimer en février 2009 par Rotolito Lombarda - Dépôt légal : 5532/10